천국을 향하는 순례자가 만난 예수!

루카복음

곽승룡 지음

천국을 향하는 순례자가 만난 예수!

루카복음

목차

2부 예루살렘으로 가는 길(루카 9,51-24,53)

프롤로그

개인 및 그룹성경공부 가이드

개인 성경공부

1. 말씀을 통해서 나에게 전하는 하나님의 뜻을 알도록, 각 장을 공부할 때마다 기도로 준비한다.

2. 그룹 나눔과 개인 성찰: 하느님과 각장의 주제를 나와 직면하도록 도와준다.

3. 질문과 나눔은 귀납적으로 유도하는 방법을 사용했으며, 성경이 무엇을 말하고자 하는지 스스로 발견하도록 돕는다.

4. 이 공부는 3가지 모양의 질문을 포함하는데 첫째, 질문을 관찰하면 기본 사실들의 팩트(누가, 무엇을, 언제, 어디서, 어떻게)에 대해 묻는 것을 알 수 있다. 둘째, 질문의 해석은 말씀의 뜻을 탐구하게 하며 셋째, 삶에 적용할 수 있는 질문은 성경 본문의 의미들을 발견하여 그리스도 안에서 성장하도록 돕는다. 이 3가지가 성경에서 보물을 발견하는 열쇠이다.

5. 질문에 대한 생각을 응답공간에 적어본다. 마치 개인노트나 잡지를 만들어 보는 마음으로 차분하게 적어간다. 이러한 글쓰기는 하느님 말씀과 자신에 대한 보다 깊은 이해와 선명함을 가져다 줄 수 있다.

6. 익숙하지 않은 말들, 이름들, 장소들을 검색해본다.

7. 기도하기: 마음에 와 닿은 것을 실행할 수 있도록 기도하고, 배운 것에 대해 하느님께 감사하도록 안내한다.

8. 실천하기를 매일 점검한다. 특히 상대방이 느낄 수 있는 사랑을 실천하고 체크 한다.

9. 말씀묵상을 통해 영성가들이 추구한 영적 의미를 탐구할 수 있다.

그룹성경공부

1. 개인 성경공부 가이드를 기초로 한다.

2. 그룹 나눔과 개인 성찰 및 질문과 나눔의 논의에 참여하는 것은 자발적으로 한다.

3. 그룹 멤버들은 논의의 주제를 유지한다.

4. 그룹 멤버들은 해석자 또는 강사의 위치가 아니라 논의에 초점을 맞춘다. 말씀의 한 구절 한 구절에 기본을 두고 응답할 때, 말씀의 특별한 구절에 중점을 두면서 성경을 부분과 전체로 균형 있게 이해할 수 있게 된다.

5. 그룹 멤버들 가운데는 예민한 분들도 있을 수 있다. 그들이 깨닫고 배워 기록한 내용을 순간순간 조심해서 경청한다. 오히려 그들의 통찰에 놀라기도 할 것이다. 질문들은 다양한 응답으로 나타날 것이다. 정답에 목표를 두는 특별한 질문은 가지고 있지 않으며, 오히려 질문들이 우리를 더욱 철저하게 말씀의 구절들을 탐구하도록 이끈다.

6. 그룹 멤버들 가운데 한 사람이 논의를 주도하지 않도록 조심한다. 각자의 응답을 공정하고 공평하게 경청하고 나누는 기회를 존중한다.

7. 논의하는 말씀들과 그룹 멤버들을 통해서 나를 가르치시는 하느님을 기대하며, 기쁘고 밝은 시간을 함께 하여 맺는 공부의 열매들을 각자가 받는다. 각자가 개인 성경공부 혹은 그룹 성경공부를 통해 말씀을 실천하는 길을 찾는다. 그룹 멤버들은 서로 나눈 어떤 의견도 신뢰한다. 그리고 특별히 허락된 것이 아니라면 논의 된 것을 그룹 밖에서 토론하지 말아야 한다.

8. 그룹 대표봉사자는 강의하지 않는다. 하지만 그룹 멤버들이 배우고 공부한 것을 논의하도록 격려하고 용기를 준다. 대표봉사자는 가이드 기본에 따라서 질문하며, 그밖에 필요한 조언과 제안들을 찾을 수 있다.

1부

삶의 자리에서 헌신하다

루카 1,1-9,50

1. 희망의 사람들
(루카 1장)

캘리포니아의 한 부부가 신문 1면을 장식했습니다. 그들은 60대이고, 부인은 태어날 첫 번째 아이를 기다리고 있었습니다! 일주일 후에 우리는 행복한 필리핀 이민자 부부와 예쁜 딸의 사진을 보았습니다. 40년 만에 그들의 꿈이 이루어졌습니다.

• **그룹 나눔** 캘리포니아 부부의 이야기를 생각할 때 어떤 생각이 떠오릅니까?

• **개인 성찰** 하느님의 유일한 개입이 아니고서는 설명하기 어려운 특별한 경험에 대해서 생각해 봅시다. 나는 그 경험으로부터 하느님의 어떤 큰 시야를 보고 배웠습니까?

루카는 그의 복음을 획기적인 소식들로 시작합니다. 400년이 넘도록 하느님의 사람들은 예언의 목소리를 듣지 못했습니다. 사람들은 궁금했습니다, 하느님이 우리를 잊으셨나? 우리를 구원하기 위해 메시아를 보내시겠다는 많은 약속을 어기시는 것인가? 아닙니다. 하느님은 강한 빛으로 이스라엘의 어두움을 뚫으려 하시고, 이 일을 아주 의외의 사람들 곧 자녀가 없는 나이 많은 부부와 가난한 목수와 약혼한 십대 소녀를 통해서 하십니다. 루카 1,5-25를 읽습니다.

가 질문과 나눔

1. 하느님은 이 노부부를 특별한 일을 위해 선택하셨습니다. 5-10절의 몇 가지 요인은 하느님께서 선택하신 그 이유에 대한 힌트를 줍니다. 무엇이 그 이유들일까요?

2. 좋든 나쁘든 천사들은 최근에 꽤 인기를 얻었습니다. 그러나 이 구절의 천사는 대중문화에서 묘사되는 천사와 어떤 면에서 다릅니까?(11-17절)

3. 나는 즈카르야가 보인 불신앙의 반응에 동정적입니까? 아니면 비판적입니까?(18-22절) 내 견해를 설명해 봅니다.

4. 메시아의 선구자가 태어난 상황은 매우 이례적이었습니다. 하느님께서 왜 이 특별한 탄생이 이례적이기를 원하셨다고 생각합니까?

5. 루카 1,26-56에서 가브리엘 천사의 두 번째 탄생예고인 예수님의 탄생예고를 읽어봅니다. 이것이 세례자 요한의 첫 번째 탄생 보다 어떤 면에서 더욱 특별할까요?

6. 마리아와 즈카르야의 반응이 어떻게 비교됩니까?

7. 나는 하느님이 천사를 통해 약속하신 것과 성경을 통해 약속하신 것 중 어떤 것이 더 믿기 쉬울까요? 왜 그렇습니까?

8. 응답하는 마리아의 노래(46-55절)에서 나의 하느님에 대한 개념은 그녀와 어떻게 비교됩니까?

9. 루카 1,57-80을 읽습니다. 사람들이 바라보는 요한의 탄생을 루카가 세 단락에 걸쳐서 묘사하고 있음에 주목합니다. 이 사실을 반복하는 루카의 목적이 있다면 그것이 무엇일까요?

10. 성령은 (1)구원자 하느님께서 하실 위대한 행위와 (2)즈카르야의 자식과 구원자와의 특별한 관계(76-79절)를 보기 위해 그의 믿음을 단련시키십니다(68-75절). 당신이 그 예언을 경청하는 이웃들 중 한 명이라고 생각해보시고, 당신이 경건한 유다인이라면 어떤 부분이 당신의 마음을 특별하게 움직이나요? 설명을 해보세요.

11. 즈카르야와 마리아는 하느님에 대한 그들의 믿음을 다르게 표현했습니다. 내가 하느님의 신뢰를 전적으로 구할 때, 그들이 추앙하는 하느님과의 상호작용 중에 무엇이 희망을 줍니까?

기도하기

참 희망의 유일한 원천이 되신 하느님께 감사합시다.

실천하기

루카는 마리아의 관점에서 예수님의 탄생을 기록합니다. 마태 1,18-24; 2,13-16, 19-23에서 요셉의 관점을 고려해 봅시다. 예수님의 양부 요셉 또한 특별한 신념을 가지고 있습니다. 그는 무엇을 겪어야 했습니까?

• **나의 천사관을 넓히기 위해:** 히브리서 1장은 천사의 전반적인 이해를 전달해 줍니다(그 당시 그들을 경배하려는 유혹을 받는 사람들에게). 특히 14절을 참고합니다. 그들은 구약에서 활발하게 활동했습니다. 그들은 창조를 보았고(욥 38,7), 악마들을 파멸시켰으며(창세 19,1과 다음), 호전적인 잠재력을 가지고 있었고(창세 32,1-22), 거짓 예언자를 제지시켰고(민수 22,21-35), 하느님의 법을 모세에게 전했고(사도 7,38.53), 하느님의 전령으로 일했으며(판관 6,11-23), 그분의 종들을 도왔고(1열왕 19,5-7), 군사적 도움도 주었습니다(2열왕 19,35). 그들은 유혹 당하시는 예수님께 힘을 주었고(마르 1,13; 루카 22,43) 부활과 승천 때 함께 있었습니다(루카 24,4-7; 사도 1,9-11). 또한 그들은 제자들이 복음을 전파할 때 안내했습니다(사도 8,26; 10,3-8; 12,7-10; 27,23).

ⓝ 말씀묵상

• **"저는 늙은이고 제 아내도 나이가 많습니다."(루카 1,18):** 아브라함과 사라는 후손을 볼 가망이 없는 나이에, 이사악을 얻었고, 한나도 사무엘이 태어났을 때 벌써 노인이었다. 세례자 요한의 탄생도 상황이 비슷했다. 위경복음은 처녀 마리아의 경우에도 비슷한 탄생을 보여주고 있다. 무슨 의미일까? 성령의 업적 때문에 예수님이 탄생하셨다는 상징을 미리 선포하는 것이다. 모든 그리스도인들에게는 가치 있는 중요한 진리를 강조하는 원의가 있지만, 쉽게 그것을 잊곤 한다. 세상에서 태어나는 인간은 모두 하느님의 계획안에서 그 역할을 하고 있다. 한편 부모들은 단지 하느님 섭리의 손바닥에 있는 기구이다. 그래서인지 모든 이들은 성령으로부터 태어난다. 모든 인간 생명은 하느님 사랑의 뛰어난 업적이다. 성경의 하느님은 살아계신 하느님이다. 살아계시고 다스리시며 더욱 값진 선물로서 인간들에게 생명을 주신다.

• **은총이 가득한 이여!(루카 1,28):** 그리스말 karis(은총)는 '아름다움, 우아함, 온화, 사랑스러움'을 뜻하는 어원을 가지고 있다. 천사는 마리아가 가장 아름답다고 말한다. 이 말이 우리 눈에는 세속적으로 들릴 수 있다. 하지만 은총은 의심 없는 아름다움이며

영원한 아름다움을 뜻한다. 대개 사람들은 빨리 사라지는 외적인 아름다움 곧 표면적인 아름다움을 추구한다. 영성생활은 내적이고 영원한 아름다움을 위한 감각이 깨어나면서 시작한다. 이미 플라톤이 증명했었는데, 우리의 눈을 뜨게 하는 믿음이 새로운 세상과 지평의 아름다움을 드러낸다.

• **은총이 가득하신 마리아님,**

성모송 Ave Maria, Gratia Plena!

은총이 가득하신 마리아님, 기뻐하소서!

주님께서 함께 계시니 여인 중에 복되시며

태중의 아들 예수님 또한 복되시나이다.

천주의 성모 마리아님,

이제와 저희 죽을 때에

저희 죄인을 위하여 빌어주소서.

◎ 아멘.

하느님께 받은 선물을 우리는 '은총'이라고 부른다. 성경에서 하느님의 자비와 은총은 충만히 계시된다. "주님은, 주님은 자비하고 너그러운 하느님이다. 분노에 더디고 자애와 진실이 충만하며 천대에 이르기까지 자애를 베풀고 죄악과 악행과 잘못을 용서한다."(탈출 34,6-7) "율법은 모세를 통하여 주어졌지만 은총과

진리는 예수 그리스도를 통하여 왔다."(요한 1,17)

1. 은총을 받는 척도와 기준은 무엇일까?

성모송 기도문에서 대천사 가브리엘이 마리아에게 표현한 '은총이 가득하다'는 말은 일방적으로 다가오고, 단지 부정적으로나 수동적으로 드러난 선물이 아니다. 하느님과 인간이 서로 말을 걸어 이루어진 대화이며 그 결과다. 그러므로 마리아 인생의 최고점이 잉태고지 사건 곧 성모영보라고 생각한다. 우리 모든 신앙인들이 마리아를 멘토로 모시는 것 역시 이 부분이어야 한다. 그런데 우리는 은총이란 선물을 하느님으로부터 어떻게 받을 수 있을까? 그것은 예수님과 함께 얼마나 일치하고 있는가라는 척도에 따라 다가오는 선물이다. 곧 예수님과의 일치는 은총의 조건이 아니라 태도이며 자세이다. 이 점에서 구세주와 하나 되는 그러한 일치의 삶을 실행한 분이 바로 마리아다.

은총의 메카니즘은 다음과 같다. 은총→ 그리스도와 일치→ 서로 대화→ 개인의 자유로운 동의이다. 마리아의 인격과 인생은 성부와 성자와 성령과 함께 관계를 맺는 연관성에서 올바로 드러난다. 이와 같이 하느님의 삼위일체 신비가 마리아의 믿음과 삶 속에서 존재한다. 세상을 움직이는 성령의 현존과 구원역사의 흐름 속에서, 하느님의 행위와 그리스도의 육화는 바로 마리아의 특별한 역할로 드러난다. 한편 성경은 마리아의 신앙적 응답을 그리스도의 육신잉태에 앞서 한층 더 강조하고 있는 듯하다. 마리아의 신앙 중심은 바로 하느님 아버지에 대한 믿음, 곧 하느님 나라에 있다. 교회헌장 56항은 마리아가 자유로운 신앙과 순명으로 인류구원에 협력하셨다고 선언한다.

2. 마리아는 은총이 가득하신 여인이다

마리아는 전 생애 곧 어머니 안나의 모태에서부터 그리스도의 강생, 종말 등 인생 전체에서 하느님 은총의 충만함으로 받아들여진 자였다. 이러한 은총의 충만함은 그녀를 죄악과 함께 서 있을 수 없게 인도하였다. 그래서 가톨릭 신앙인은 은총이 가득한 마리아의 원죄 없이 잉태되심 곧 무염시태 교의를 신앙으로 고백하고 있다. 창세기는 고백한다. "여자의 후손은 너의 머리에 상처를 입히고 너는 그의 발꿈치에 상처를 입히리라."(창세 3,15) 무염시태의 의미는 마리아가 "인격적 모든 부정에서 보존되었다."는 뜻이다. 다시 정확하게 말해서 '인간이 죄를 지었더라도 인간이 죄의 본질이 되는 것은 아니다'는 의미를 담고 있다. 우리말에 "죄는 미워하되 사람은 미워하지 않는다."는 뜻과 관련이 있는 듯하다.

오늘의 세상은 어떠한가? 죄악의 흐름이 어떻게 진행될까? 우리는 이미 이광호 교수님의 '미디어와 성(性) 특강을 통해 보았지만, 이 세상에 얼마나 왜곡된 성문화가 만연하고 있는가? 한국 사회는 살인, 폭력, 포르노의 공화국인 듯하다. 죽음의 문화, 곧 악의 실체를 선이라는 미디어로 포장하고 있다. 우리 사회 구성원들 특히 청소년들이 수많은 포르노그라피와 왜곡된 성문화의 코드로 발표된 뮤직 비디오를 접촉한다. 하지만 그럼에도 불구하고 그 죄악의 실체를 정확하게 파악한 다음, 그리스도의 힘과 마리아의 전구로 우리는 이겨낼 수 있다. "여자의 후손, 그리스도께서 죄악의 머리에 상처를 입힐 것이다."

복음에서 주님은 사도 요한과 어머니 마리아를 영적 친 모자 관계로 맺어주신다. 영적 친 모자 관계란 은총과 축복의 관계이면서 또 한 가지 중요한 것은 오늘날 세상에서 드러나는 죄악의 실체를 확실하게 밝히고, 끊어버릴 수 있는 영적인 힘을 주고받는 관계이다. 그러면 죄악을 극복할 수 있는 메카니즘이 무엇일까? 죄악의 실체를 밝히고, 죄악의 고리를 끊어버리며, 그 영향으로부터 멀리하는 힘을 기르는 것이다. 이를 위해서는 식별의 힘이 절대적으로 요청된다. 앙카라의 테오도로, 시로의 에프렘, 6세기-9세기 설교가들은 마리아를 흠 없고 원죄 없으며 완벽하고 결백한 분이라고 부르고 있었다. 그런데 무염시태 교의를 뒷받침하고 있는 성경은 "은총이 가득한 이여..."(루카 1,28)에서 은총과 거룩함의 의미가 원죄 없는 잉태로 추론하게 되었을 가능성을 엿볼 수 있으며, 마리아가 온갖 은총을 한 몸에 지녔다는 사실은 실제로 믿을 교리의 발전을 가져왔다.

3. 은총이 가득 받은 마리아의 신앙적 자세와 태도는 무엇일까?

그것은 마리아의 하느님께 대한 조건 없는 믿음과 말씀을 대하는 자유로운 동의 '예'이다. 마리아는 하느님의 삶에 참여하도록 불리신 분의 모범이자 신화(神化)의 모델이다. 비잔틴 신학자 로스키는 마리아의 거룩함에 대해 다음과 같이 기술하고 있다. "죄는 그녀 안에서 실현될 수 없다." 비잔틴 영성가 에브도키모프 Evdokimov도 그것을 해설하는 바, "하느님은 인간 위에서 일방적으로 움직이지 않듯이, 그녀 안에서, 마리아 위에서 그저 한 쪽 편에서 주어진 선물로만 활동하지 않는다. 분명한 것은 그녀의 인격 형성에 겸손한 종의 충만한 수락, "예" Fiat에서 하느님의 부르심에 대한 마리아의 무조건적이지만 아주 자유로운 응답을 발견한다. 그래서 그리스 교부들에게 인간구원(신화)의 이상적인 완전한 실현이 마리아 안에서 종종 거론되고 있다. 우리도 마리아처럼, 받은 은총의 선물들과 부르심의 단계에 조건 없는 믿음과 자애로운 긍정의 응답, '예'로 하느님의 성소에 대한 우리 마음의 문을 활짝 열어야 한다. 그리고 매순간 삶으로 응답해야 한다.

구약의 축복은 동정성과 거리가 있었다. 그렇게 무가치했던 동정성이 최고 가치로 변화된 것은 마리아의 자유로운 동의다. 하느님은 인간의 자유를 무시하지 않으신다. 하느님의 계시에 응답하는 인간의 자세에서, 마리아의 응답, '예'는 구세사에서 가장 중요한 신앙사건이 되고, 교회에서 마리아의 역할과 위치를 정하는 데 핵심이 된다. 마리아를 그리스도와 비교해, 구세주가 가졌던 삶의 최고 정점은 십자가 위에서 돌아가심이다. 곧 준주성범의 저자 토마스 켐피스도 "예수님의 전 생애는 십자가였다"고 적고 있다. 이와 동일하게 마리아 역시 그 존재의 첫 순간부터, 성모영보 특권의 순간과 전 생애를 통해서 '예'라는 동의와 순명을 사셨다. 마리아는 이렇게 하느님 뜻에 대한 충만한 인식과 응답의 자유로움으로 그녀를 부르시는 하느님의 뜻에 동의를 한다.

마리아의 동의 곧 '예', 이것은 모든 그리스도인의 영성생활에서 매우 중요하다. 하느님의 성소는 충만한 빛 속에서 드러난다. 그리고 인간의 응답은 자신 안에서 움직이는 말씀에 대한 모든 자각에서 주어진다. 그것은 마리아의 '신앙적 깨달음'과 '믿음' 그리고 '자유로운 동의'이다. 사람이 무언가를 깨달아 알고 있으면 그것을 마음대로 할 수 있다. 하지만 깨달아 알고 있지 못하면 그것이 사람을 마음대로 한다. 마리아의 전구로 이 시대와 우리 안에 모르게 숨어있는 죄악의 실체를 밝히고, 마리아의 믿음과 자유로운 동의로 죽음의 문화로 아파하는 이웃을 위해 사랑을 실천하

자. 은총이 가득하신 마리아님, 저희를 위하여 빌어주소서. 아멘.

• **주님께서 너와 함께 계시다.(루카 1,28):** "주님께서 여러분과 함께"라는 말은 히브리인들 사이의 공통적인 인사표현이었다. 이 인사말은 깊은 의미를 지닌다. 거룩한 은총을 내려주시는 하느님께서 당신과 함께 하시는 선물을 내려 주신다는 것을 뜻한다. 우리는 미사 때 "주님께서 여러분과 함께" 하고 인사하는 사제에게서 이 말씀으로 축복을 받는다. 이런 감정을 느끼는데 에이브러함 링컨의 일화가 생각난다. 누군가 링컨에게 다음과 같이 말하곤 했단다. 인생에서 그는 하느님의 편에서 늘 싸웠던 자라고 말이다. 그런 자에게 링컨 대통령은 대답한다. "그렇다면 하느님이 당신 입장에서 계셨다는 것이 확실할까요?" 누가 그것을 절대적으로 확실하다고 할 수 있을까?

히브리인들은 자기 백성의 역사를 회상하는 순간 그들 앞에서 함께하시는 하느님의 현존을 확신하였다. 하지만 가끔은 하느님으로부터 버림을 받았다고 느꼈다. 그래서인지 우리와 함께하시는 하느님, 마리아의 아들, 하느님의 아들, 우리의 임마누엘께서 인생 역사의 끝자락에서 우리와 함께하고 있다는 약속을 마음속에 지켜주신다. 우리와 함께하시려고 오시는 예수님, 당신께서 가난한 말구유에 오시듯이 우리도 세상의 말구유인 병든 지구 그곳으로 달려가 살리는 생태적 회개의 삶을 살도록 기도한다.

• **"네가 잉태하여 아들을 낳을 터이니"(루카 1,31):** 마리아는 이스라엘 역사의 정점이다. 하느님이 땅에 우리와 함께 우리 사이로 내려오신다. 곧 특별한 모양으로 오신다. 시나이 산에서 천둥과 불꽃들로 보여 준 현시들... 사람들은 그것을 두려워하곤 했다. 하느님을 보는 것은 죽음을 의미하곤 했기 때문이다(이사 6,5). 하지만 누구도 신생아는 두려워하지 않는다. 하느님은 그렇게 참으로 아기의 약함으로 오셨다. 여기에 매우 다른 중요한 요소가 있다. 그분 홀로 오시지 않고 아기를 잉태하는 여인을 통해서 오신다. 그리고 동시에 그분은 하느님의 아들이고, 또한 인간의 아들이다. 이 진리가 우리 신앙의 기초이고, 모든 그리스도교 영성 생활의 본질 프로그램이다. 우리 역시 모두 마리아의 신비에 참여한다. 세상의 선(善)이 하느님으로부터 우리 안으로 오신 것이다. 왜냐하면 하느님께서는 우리와 함께 계시기 때문이다.

• **루카 1,39-45:** 마리아께서 엘리사벳을 방문한다. 이는 성모님 방문 축일의 복음이며, 성모찬송(루카 1,46-56) 직전의 내용이다. 예수님의 탄생 이전까지 우리는 성령의 충만 안에서 하느님의 구원계획에 대한 뜻을 선포하고 찬미하는 것을 만나게 된다.

즈카르야에게 하신 천사의 말씀(루카 1,5-25), 마리아에게 하신 천사의 말씀(성모영보 루카 1,26-38) 그리고 요셉에게 하신 천사의 말씀(마태 1,18-25)과 엘레사벳에게 하신 말씀(루카 1,57-66), 마리아의 엘리사벳 방문(루카 1,39-45), 세례자 요한의 탄생(루카 1,57-80) 등 이 모든 다양한 체험적 말씀들이 지니고 준비하는 유일한 목적은 바로 사람(살)으로 오시는 주님 예수 그리스도이시다. 여기서 공통되게 이 구원사건을 안내하시는 분은 바로 성령이시다. 성령께서 즈카르야에게 방문하신다. 성령께서 마리아, 요셉, 엘리사벳, 세례자 요한에게 오신다. 그들 안에서 성령은 하느님 중개 사명의 모양으로 오신다. 성령은 거룩한 사람들의 삶 안으로 들어오시면서 항상 그들을 움직이시는 하느님의 힘이시다. 성령은 은총의 충만 안에 선물하시며, 독생성자를 통하여 내려주시는 하느님의 구원경륜(계획)에 늘 일치하시고 우리를 살펴주신다. 대림절을 진정으로 준비하는 것이 바로 성령의 모습이다. 성령은 그렇게 풍요롭고 은혜롭게 거룩한 사람들 곧 즈카르야, 엘리사벳, 마리아, 요셉, 세례자 요한에게 다가가시어 주님이신 예수의 탄생을 준비하신다.

성령께서 삶 안에 다가오시도록 우리도 성령께 맡겨두어야 할 것이다. 우리를 위하여 항상 교회가 고백하는 마리아의 신앙 “저는 주님의 종입니다.”(루카 1,38)가 오늘도 요청된다. 주님의 오심을 안내하시는 하느님의 말씀에 온순히 다가가도록 우리(교회)를 맡겨야할 것이다. 마리아께서 엘리사벳을 방문하시고 성모찬송을 노래하는 긴 복음(루카 1,39-56)은 성모영보 대축일과 성모승천 대축일에 읽게 된다.

하느님의 말씀을 들은 시골 처녀 마리아는 자신의 임신 사실을 이미 알고 있는 친척 엘리사벳의 집으로 하느님의 사랑을 안고 가슴 벅차게 달려간다. 하느님 사랑은 첫째 은총의 말씀을 전한다. 마리아는 바로 그 사랑을 잘 알고 있다. 오늘의 교회도 그 하느님의 첫째 사랑을 잘 알고 있어야 한다. 교회는 은총의 복음을 전하는 하느님의 사랑을 첫째로 인식해야한다. 마리아 역시 엘리사벳도 성령으로 인하여 세례자 요한의 잉태가 이루어진 것처럼(루카 1,39-41), 자신의 태중에 하느님의 살아 계신 말씀 예수님을 모시고 있다. 엘리사벳은 성령 안에서 큰 소리로 인사한다. 성령 받은 사람은 그녀처럼 모두 목소리가 크다.

마리아는 하느님 현존의 궁전으로 나타난다. "당신은 여인들 가운데에서 가장 복되시며 당신 태중의 아기도 복되십니다(42). 내 주님의 어머니께서 저에게 오시다니 어찌 된 일입니까?(43)" 하여간 성령께서 주님의 오심을 감지하게 하신다. 여기서 태어날 요한도 하느님 뜻에 찬양을 드린다. "당신의 인사말 소리가 제 귀에 들리자 저의 태 안에서 아기가 즐거워 뛰놀았습니다."(44) 주님의 능력 있는 말씀을 믿으신 마리아는 참으로 복되시다. "행복하십니다, 주님께서 하신 말씀이 이루어지리라고 믿으신 분!" 우리도 교회도 복되어야 한다. 성탄절이 복되고 참으로 기쁨의 축제가 되기 위하여 마리아처럼 하느님 말씀을 믿는 신앙이 필요하다. 내용 없는 형식적인 성탄이 아니라, 교회도 모두가 말씀과 믿음이 필요하다.

대림절이 마감되고 있는 시기에는 말씀, 성령, 하느님의 어머니 마리아는 다양한 모양으로 그러나 일관된 모습으로 오시는 주님의 신적 선포를 모두에게 하고 계신다. 성탄을 잘 준비한다. 예수님께서 탄생하셨다. 복음은 모두가 예수님 탄생을 기뻐하고 찬미하는 영광송(doxologia)을 전하고 있다. "지극히 높은 곳에서는 하느님께 영광, 땅에서는 그분 마음에 드는 사람들에게 평화!"(루카 2,14) 이것이 천사의 찬미와 영광송이다. 예수 성탄은 하느님께서 인간이 되신 날이며, 동시에 인간이 하느님이 되는 영광의 날이다. 예수의 전 생애를 보면 이 성탄의 영성이 잘 나타난다. 즉 예수님께서는 하느님이시면서 매일 같이 인간의 길을 걸으셨다. 그것은 인간이 하느님이 되는 길로 인도하는 삶이셨다. 예수님은 하느님이시면서 인간의 길을 걸으셨다. 인구조사 때문에 요셉과 마리아는 왕도(王都) 베들레헴으로 간다. 왕도 베들레헴에서 다윗 왕가(王家)가 시작하였다(루카 2,1-5.13 영과 함께; 1사무 16,1-13).

하느님의 아들은 아버지와 성령 안에서(2,6-7) 육으로 시온의 동정녀 마리아에게서 태어나셨다. 예수님은 성령의 신적인 힘에 의해 나셨다(1,26-38). 주님의 천사가 주님의 영광과 함께 새벽을 여는 목동들에게 오신다(2,8-9). 주님의 천사는 목동들에게 모든 백성을 위한 큰 기쁨(2,10)인 복음(기쁜 소식)을 전한다. 예수님은 부활의 호칭과 동등한 주님이신 그리스도 구세주로 태어나셨다. 말구유에 누워 계신 예수님이 구세주의 징표이다(2,12). 천사들이 경배하고 찬양을 드린다(2,13-14). 복음화는 말씀이 사람이 되신 구체적인 사실이다(2,15).

신학적으로 주님의 탄생과 부활은 일치한다. 말구유와 무덤도 신학적으로 일치한다. 말구유와 무덤은 옛 시간을 새 시간으로 바꾸는 징표이다. 탄생과 부활은 죽음에서 생명으로 바뀌는 것이다. 옛 시간과 죽음이 예수님의 말구유와 무덤 앞에서 끝이 났다. 탄생과 부활로 오늘, 그리고 지금 생명이 시작하였다. 예수님은 탄생에서 죽음에 이르기까지 비움과 가난을 사셨다. 그것은 하느님이시면서 세상에서 가장 약한 사람의 길을 걸어가신 것이다.

① 예수님은 세상에 태어나실 장소가 없어서 가난과 비움의 상징인 말구유에서 나셨다. 그것은 그분이 돌아가신 후에도 마찬가지였다. 예수님은 사후에 무덤에도 계시지 않으셨다. 즉 예수님은 일생을 비움과 가난으로 사셨고, 그분에게는 요람도 없고 무덤도

없었다.

② 예수님은 탄생 후에 가난한 목동들에게 먼저 나타나셨다(루카 2,15-16). 목동들이 직접 보고 나서 그들이 그 아기 예수님에 관해서 들은 바를 사람들에게 알렸다. 예수님은 부활하신 후에도 빈 무덤에서 나오셔서 불쌍한 제자들에게 나타나셨다.(루카 24,11-12.18)

③ 예수님은 공생활 전체에서도 가난한 자, 병자, 죄인들을 죄인 취급하지 않으시고 그들과 함께 먹고 마셨다.

④ 가난과 비움을 살지 못하는 우리 자신과 사회의 물질주의 과소비, 나눔이 아닌 낭비는 예수님 탄생의 뜻을 정면으로 거스르는 것이다.

동방 그리스도교 형제들은 루카 2,14의 말씀을 다음과 같이 소유격이 아니라 주격으로 말하고 있다. "하늘 높은 곳에는 하느님께 영광, 땅에서는 그가 사랑하는 사람들(에게)이 평화." 예수님은 인간이 하느님이 되는 길로 인도하는 삶을 사셨다.

• 예수님은 인간이 하느님이 되는 길을 사셨다. 그것은 예수님의 자비와 용서이다:

① 예수님의 자비와 용서는 예수님의 설교 핵심이다. 세례자 요한이 먼저 사람들에게 죄의 회개를 선포하였다. 그러나 예수님께

서는 사람들의 죄를 묻지 않으시고 단죄하시지도 않으셨으며 죄인들과 병자들을 먼저 무한한 자비로 무조건 용서하시고 치유하셨다. 예수님에 의해 이렇게 용서받고 치유 받은 다음에 사람들은 자신들의 죄를 스스로 뉘우치고 새사람으로 탄생한다.

② 성탄은 우리 모두의 재탄생이다. 오랫동안 아기가 없던 가정에서 옥동자가 태어나면 온 가족이 기뻐한다. 주님께서는 탄생에서부터 죽음에 이르기까지 비움과 가난을 사셨다. 곧 하느님이시면서 인간을 위한 사람의 길을 걸어가셨다. 예수님의 탄생은 이렇게 우리에게 생명을 주시는 구원의 날이다. 마치 죽음의 무덤에서 생명으로 나오시는 부활의 날과 같은 구원의 날이다. 예수님은 또한 우리에게 자비와 용서로써 우리가 하느님이 되는 길로 인도하셨다. 이제는 개인, 가정, 사회, 국가 등 우리 모두가 이웃에게 특별히 병들고 가난하고 어려움에 처해 진 사람들에게 하느님이 되는 길인 나눔과 자비와 용서의 삶을 살아야 하겠다. 그때 주님은 매일 같이 우리와 가정과 사회 안에 새롭게 태어나실 것이다.

• **"그의 태 안에서 아기가 뛰놀았다."(루카 1,41):** 세례자 요한은 동정녀 마리아의 방문으로 그의 어머니 태속에서 거룩하게 되었다고 교회 전승은 믿는다. 거룩하게 된 자는 접촉되는 것들과 함

께 거룩하게 된다. 알렉산드리아의 철학자 히브리 사람 필론은 그리스도와 동시대의 인물로서 다음과 같은 문장 "너 스스로 인식하라"를 분석하였다. 이 문장은 그 당시 학파들 사이에서 지혜의 시작을 설명하는데 사용되었다. 필론은 묻고 있다. 자신에 관해 어떤 인식이 최고로 중요할까? 그가 대답을 하기를, 그것은 각자의 몸을 해부해서 아는 인식이 아니다. 또한 심리나 윤리적인 것을 말하지도 않는다. 그렇다면 최고로 중요한 것이란 "무엇 하나라도 실행할 수 있는 능력," "무엇이 될 수 있는 것을 아는 것"이라고 말했다. 필론 역시 그리스도인은 아니었지만, 온 세상을 거룩하게 하고 신성이 되는 것, 곧 하느님의 말씀을 받아들이는 것이 인간의 최고 존엄성이라는 것을 구약성경으로부터 배웠던 것이다.

• **"당신은 여인들 가운데에서 가장 복되시며 당신 태중의 아기도 복되십니다."(루카 1,42):** 1950년 11월1일 교황 비오 12세는 회칙 [지극히 자애로우신 하느님]을 선포하며 "마리아께서 돌아가시지 않고 잠이 드셨다가 하늘로 올림을 받았다"는 초기교회의 대중신심을 공적 신앙교리로 "성모승천"을 선포하였다. 마리아가 지상에서 마지막으로 당신의 몸과 영을 아들과 다시 결합한 이날을 교회는 찬미 드리고 경배를 드린다. 가톨릭의 신앙(DS3903)은

고백한다. "원죄 없이 잉태되어 탄생하시고 평생 동정이신 하느님의 어머니께서 지상생활을 마치고 육신과 영혼이 하늘의 영광에로 들어 올려졌다."

성모님 승천의 영성은 두 가지로 설명한다. 첫째, 성모 마리아가 하느님의 영광 안에 참여되었다는 것이다. 이처럼 우리도 마리아와 같이 하느님의 영광 안에 참여할 수 있는 '희망의 영성'을 품도록 교회는 온 세상 사람들을 초대한다. 둘째, 하느님께서 당신 모상대로 사람을 창조하신 그 모습을 닮아 회복된 인물이 마리아라는 것이다. 그리고 인간의 모습을 완전히 회복하신 첫 사람이 마리아이다. 이는 세상에서 고통과 슬픔 그리고 아픔 속에 있는 모든 이들에게, 마리아를 통해 회복될 수 있다는 희망의 믿음에로 초대하는 신앙고백이다. 마리아는 제한이 없는 은총과 축복을 가득히 받으신 분이시다. 부모는 아들 딸 곧 자녀에게 생명을 준다. 그러므로 선물은 아기의 실체 존재 자체다. 그 가치가 가정과 식구들의 성격을 형성한다. 선물은 은총이고 생명이다. 특히 하느님의 생명이 마리아처럼 우리 안에도 있다. 마리아는 은총이 가득하신 어머니시다. 모든 이들을 위한 어머니시다. 성모님도 우리를 당신처럼 모든 이들을 위한 신앙인으로 초대하신다.

- **“행복하십니다. 주님께서 하신 말씀이 이루어지리라고 믿으신 분!”(루카 1,45):** 신학자들이 마리아에 대해 이야기할 때, 육체적, 윤리적 모성 사이를 구분하고 있다. 육체는 몸을 뜻한다. 이는 세상에서 눈에 보이는 메시아의 오심이 결정되는 심리적인 과정을 말하기도 한다. 윤리적 모성은 신앙 안의 첫 장소에서 일어나는 한 가지 영적 현실이다. 신앙이란 무엇일까? 하느님의 생각을 받아들이고 그것을 실행하는 것을 의미한다. 하지만 우리는 같은 주님의 말씀을 듣고도 주님의 흔적을 마음에 담지 못해 스쳐 지나서 가곤 한다. 성 안토니오는 당신 스스로 주님이 하느님을 받아들인 것처럼, 주님의 말씀을 받아들이고 주님의 생각을 받아들였고, 그래서 그의 모든 삶이 바뀐 것이다. 마리아는 천사의 말씀들을 신앙으로 받아들였고, 하느님의 어머니가 되셨다.

- **“내 영혼이 주님을 찬송하며”(루카 1,46):** 마리아의 노래는 복되신 동정 마리아의 방문 축일(5월 31일)의 말씀이다. 마리아의 노래 곧 성모찬송 안에 시편과 구약성경의 기도가 울리는 공명이 분명하게 존재한다. 또한 성모찬송은 하느님에 의해 인간들을 위해 시작된 모든 약속들이 하느님의 어머니와 관련을 맺고 있다. 우리에게 기도의 방법과 훈련을 최고로 잘 보여주고 주님을 만나도록 도와주는 것이 바로 시편기도이다. 시편과 모든 기도들

이 성령의 감도로 쓰여 졌기 때문이다. 히브리인들은 역사와 기억 속에서 시편을 기도하며 신앙을 배우곤 하였다. 초기 그리스도교 신자들 역시 시편을 기도하고 배우는 것이 중요했는데, 그것은 바로 세례 준비와 그리스도인 생활에서 매우 중요한 역할을 하였던 것이다. 오늘날 신자들이 시편을 찬송하는 것뿐만 아니라 삶의 모든 순간순간 기도할 때, 우리의 맑은 마음과 바른 정신 그리고 올바른 상태가 회복되도록 주님과 성령께서 도와주신다. 그래서 마리아처럼 우리도 기도를 통해 기억 속에 차곡차곡 성모님의 영혼을 담아, 주님을 알아가고, 배우고 하는 것이 정말 유용하다. 따라서 교회의 역사를 통해서 보면, 시편은 우리의 참 마음, 믿음이 형성되는 신앙의 감각을 선물한다. 왜냐하면 성경과 우리의 영혼 사이에 영적 신앙적 관계가 살아있어야 하기 때문이다. 더욱이 시편 찬송은 고대의 시기부터 나쁘고 부정한 생각들로부터 벗어나고, 그 악의 영향에 반대하여 아프게 하는 영혼을 치유하고, 정신의 모든 면을 보호하도록 인도하기 때문이다.

• **요한의 할례. "여드레째 되는 날, 그들은 아기의 할례식에 갔다가"(루카 1,59):** 할례는 아직도 몇 나라에서 여전히 통과의례, 성년의 징표, 결혼능력, 공동체의 구성원 등의 예식으로 남아 있다. 이스라엘에서는 할례가 위생학적인 의미를 넘어서서 종교적 의

미로 변화되었다. 이스라엘에서 할례는 이방인들에게 없는 특별 의무와 특권을 표시하는 것으로서 하느님과 맺는 특별한 계약이다. 이스라엘에서 이 할례예식을 청년 때 하지 않고, 태어나자마자 8일이 지나기 전에 거행하는 것은 바로 종교적 의미를 내포하는 것이다. 할례 때 흐르는 피는 히브리인들이 '계약의 피'로 부른다. 그리스도교는 이 예식을 받아들이지 않고 포기하였다. 그러나 세례에서 하느님 백성에 소속되어 강조하고 있는 바는 할례의 의미와도 연관되고, 계약이 나타내는 생명의 증거로서 나타난다.

• **영적 할례:** 예언자들은 할례의 의미를 항상 기억해야 한다. 예레미야는 육적인 할례보다는 마음의 할례를 강조하였다. 영적인 할례는 하느님과 인간을 향한 올바르고 의로운 태도를 사는 것이다. 하느님이 당신 백성을 방문하실 때 하느님에 의해 우리는 이 영적인 할례를 받게 될 것이다.

• **"요한이라고 불러야 합니다."(루카 1,60):** 이스라엘에서 아기 이름은 할례 때 짓는다. 할례 때 아기의 이름은 종종 할아버지의 이름에서 따온다. 그러나 요한은 부모의 이름이나, 할아버지 이름 등 가족의 이름에서 오지 않는 이름을 부여받아 호칭된다. "요한이라고 불러야 합니다." 이는 바로 하느님의 계시이다. 전승의 환

경은 두 가지의 기원을 알 수 있다. 하나는 부모의 가족으로 아기는 후손에 속하고, 다른 하나는 요한이라는 알지 못하는 가족 즉 하느님의 가족 안에서 태어나는 아기이다. 예언자들은 본디 그렇게 발생한다. 하느님은 그들의 이름을 바꾸어 주신다. 하느님께 신뢰와 하느님의 일을 완성하도록 봉헌된 순간이다. 오늘날 사제, 수도자, 신자는 교회에서 서품, 서원, 혼인 등 완성을 향해 나아간다.

• **루카 1,57-66.80(성령 충만한 의로운 자):** 요한(Jĕhô-hānan)은 '주님께서 은총을 주셨다.'라는 뜻이다. 히브리 여인들에게는 장자일 경우, 항상 아들의 탄생이라는 큰 원의를 지니고 있다. 아브라함의 후손에게서 그를 얻었고, 두려움과 선물, 그리고 자애로움과 기쁨 안에 주님에게 장자를 봉헌하기 때문이다. 그래서 엘리사벳의 친척과 이웃이 함께 아들의 탄생을 기뻐했다. 태어난 지 여드레가 되던 날, 그들은 아기의 할례식에 왔다. 거룩한 율법 계명은 8일에 실현, 성취된다. 이스라엘에서 사제 가정과 보통 가정에서, 여자는 집안일에 있어서 시작은 물론 궁극적 결정에 아무런 권한이 없는 것이 보통이다. 그래서 이웃들과 친지들이 아버지의 이름을 따서 즈카르야라고 부르려 하자, 아기의 어머니 엘리사벳이 나서서, "아이의 이름은 요한이라고 해야 합니다."라고 말

한다. 그러자 친지들은 엘리사벳에게 이의를 제기한다. 결국 가정의 권위에 대해 대항하게 되는 엘리사벳으로 보인다. 즈카르야에게 아기의 이름을 무엇이라 하겠느냐고 손짓으로 묻는다. 요한이라고 하자, 사람들은 놀라지만 실은 그들은 천사의 현시를 알지 못한 것이다. 이 일이 이루어졌으므로(1,20), 바로 그 순간에 즈카르야는 입이 열리고 혀가 풀려서 말을 하게 되어 하느님을 찬미하였다. 입이 열리고 혀로 새롭게 말을 한다. 마침내, 첫 번째로 혀가 풀리자마자 하느님께 당신 찬미를 드려 높아졌다(64절) 이 때문에 모든 사람 위에 주님의 축복된 두려움이 내렸다. 그들이 알게 된 것은 그분은 현존하시고 여기서 지금 당신 뜻을 이루신다는 것을..., 이 사실이 예루살렘 남쪽 유다 산골에 퍼졌다. 이 말을 들은 사람들에게 이야깃거리가 되었다. 이러한 생각들은 그들 마음에서 나왔고, 그것을 마음에 새겼다. 이렇게 이 아기의 크고 경이로운 탄생에 대해 놀람과 기쁨으로 하느님의 은혜로운 사건이 미리 이야기된다. "이 아기가 장차 어떤 사람이 될까?" 선한 사람들의 경탄과 찬미는 헛되고 숨겨진 것이 아니다. 사실, 주님의 손길이 그와 함께 있다(66절). 예언자 위에 주님의 현존이 작용함을 가리키는 전형적 표현이다(에제 2,9; 3,14; 37,1). 성서에서 주님의 손길은 하느님의 영, 성령을 가리킨다. 인간과 함께하시는 성령께서 하느님의 계획을 이루신다. 예수 그리스도께서도 그것을 가르치신다(루카 11,20; 마태 12,28). 구약에서 이미 율법은 하느님의 영이신 하느님의 손가락에 의해 돌 판에 기록됐다. 사실 세례자 요한은 성령의 채움이다. 성령은 역시 아버지 즈카르야에게도 선사되었다. 세례자 요한은 성령의 보호 하에 자라고 성숙하였고 광야에서 생활하였다.

돈보스코 성인의 예방교육 체크하기

√ 자녀들을 알아주기:

√ 자녀들을 믿어주기:

√ 자녀들을 사랑하기:

2. 희망의 아기
(루카 2장)

크리스마스 때 백화점에서 성탄구유를 맞이한 쇼핑객 이야기를 들어보셨나요? 그녀는 마리아, 요셉, 목동들 그리고 예수님을 둘러싼 동방박사를 보며 불쾌해하며 "종교가 우리를 크리스마스에 끌어들이고 있는 것을 보십시오!" 하고 외쳤습니다. 그곳은 많은 사람들이 크리스마스를 이해하고 있는 곳입니다. 그러나 우리 모두가 세상에서 살아가는 그리스도인으로서 역사의 중대한 전환점이 되는 성탄에 대한 새로운 관점이 필요합니다.

• **그룹 나눔** 나는 크리스마스 중에서 무엇이 가장 좋습니까?

• **개인 성찰** 세상이 우리 인류의 역사에서 전환점이 되는 위대한 경이로움을 빼앗아 가도록 두지 마십시오. 이 거룩한 경이로움을 유지하거나 육성하기 위해 나는 무엇을 할 수 있습니까?

루카는 예수님의 탄생을 역사, 즉 강력한 로마의 세계에 고정시킵니다. 루카 2,1-20을 읽습니다. 경이로움으로 가득 찬 어린아이의 눈으로 펼쳐지는 장면을 보도록 합니다.

가 질문과 나눔

1. 카이사르가 실시한 인구조사의 불편함을 생각해 보십시오. 나사렛에서 베들레헴까지 일주일 동안 걸어온 요셉의 기분은 어떠했을까요?

2. 루카의 예수님 탄생에 관한 기록은 신문 기사처럼 읽힙니다(6-7절). 작가는 전반적으로 어떤 인상을 내게 남깁니까?(9-14절)

3. 우리는 목동들을 카드나 야외극에 등장시킵니다. 그러나 그 당시에 그들은 소외계층이었습니다. 천사의 소식 중에 그들을 놀라게 했던 것은 무엇일까요?(9-14절)

4. 지금까지 마리아와 요셉에 대해 본 것을 토대로 그들 성품의 어떤 특성을 알아차렸습니까?

5. 루카 2,21-50. 이 부분은 희망의 아기가 탄생하는 예언적 사건들을 포함하고 있습니다. 첫 번째는 예수님의 이름에 초점을 두고 있습니다(21절). 그리고 두 번째와 세 번째 예언적 사건들은 밀접히 엮여 있습니다(22-38절). 시메온에 대해서 어떤 특별한 점을 발견했습니까?

한나에 대해서는 어떤 특별한 점을 발견했습니까?

6. 시메온의 예언은 한나의 예언보다 훨씬 깁니다. 두 사람 모두는 아기에 대해 무엇을 보았습니까?

7. 네 번째 예언적 사건은 예수님께서 자신과 다른 사람들과의 관계에 대해 점점 더 많이 알고 계신다는 사실을 알려줍니다. 율법 교사들과 토론하고 계신 예수님에 대해서 무엇을 배웁니까?(46-47절) 마리아의 물음에 대한 예수님의 대답에서 그분에 대해 무엇을 더 발견합니까?(48-50절)

8. 루카는 소년 예수님이 전인적(지성, 감성, 의지를 균형 있게 갖추어 원만한 인격을 지닌)인 사람으로 성장하는 평범한 아이로 묘사하기를 열망합니다(40. 51-52절). 나는 예수님과 같이 전인적인 사람이 되기 위해서 어느 부분에서 성장이 필요합니까?

이를 이루기 위해 나는 어떤 단계를 밟을 것입니까?

기도하기

예수님이 전인적인 사람이 되는 것은 쉽지 않았습니다. 나도 쉽지 않을 것입니다. 하지만 그분이 도와주실 것입니다. 그분께 청해 봅니다.

실천하기

사람들은 마리아를 볼 때 두 가지 극단적인 잘못을 할 수 있습니다. 한 가지 극단적 잘못은 그녀를 예수님과 함께 코미디언(공동중재자)으로 찬양합니다. 다른 극단적 잘못은 하느님의 역사에서 그녀의 특별한 위치를 완전히 무시합니다. 루카 1-2장외에는 참고 자료가 별로 없지만 연대순으로 요한 2,1-5; 마르 3,31-35; 요한 19,26-27; 사도 1,14에서 더 균형 잡힌 그림을 전해줍니다.

예루살렘의 성전과 그 의식은 마리아와 요셉에게 중요했으며 예수님에게도 점점 더 중요해졌습니다. 유대인 공동체의 중심인 지역 회당도 마찬가지였습니다. 그분은 다른 대부분의 유대 소년들과 마찬가지로 나자렛 회당학교에 다녔을 것입니다. 후에 그분의 사목에서 예수님은 "그분의 관습대로" 회당에 가십니다. 지역 사회의 회당을 방문하십시오. 내가 풍요로워질 것입니다.

나 말씀묵상

• **천주의 성모 마리아 대축일:** 새해 첫날은 미사를 거행하면서 세계 평화를 위하여 기도하는 '세계 평화의 날'이다. 축복은 하느님께서 주시는데 바로 평화와 은총으로 내려주신다. "주님께서 그대에게 복을 내리시고, 그대를 지켜 주시리라… 그대에게 평화를 베푸시리라."(민수 6,24. 26). 복음(루카 2,16-21)에서 목자들은 베틀레헴으로 서둘러가서, 마리아와 요셉과 구유에 누운 아기를 찾아냈다. 목자들은 아기를 보고 나서, 그 아기에 관하여 들은 말(rhema)을 알려 주었다. 예수 마리아 요셉 성가족들은 목자들이 전한 말에 놀라워하였다. 하지만 한국말 성경은 다음과 같이 말한다. "마리아는 이 모든 일을 마음속에 간직하고 곰곰이 되새겼다." 그리스말 성경은 다르다. "마리아는 이 말씀(rhemata)을 마음속에 간직하고 곰곰이 되새겼다." 그러면 마리아는 이 "모든 일"을 마음속에 간직한 것일까? 이 "말씀들(rhemata)"을 간직할 것일까? 일은 무엇이고 말씀은 또 어떤 건가? 영어 성경에서 rhema와 Logos는 말씀(Word)으로 번역한다. 복음에서 예수께서 하신 말씀은 두 종류로 사용되는데, Logos이고 rhema이다. 그런데 가톨릭의 오늘 복음 성경은 '말씀'이 아니라 그저 '모든 일'이라고 번역을 하였다. rhema는 말씀, 주장, 언변의 행동까지 담는

의미를 지닌다. 그런데 그리스말 성경의 원문은 마리아는 목자들이 아기에 관하여 들은 말(rhema)을 마리아에게 알려 주었기에, 마리아는 아기 예수에 관한 말씀(rhema)을 마음속에 간직하고 곰곰이 되새겼다고 복음은 전한다. 그렇다. 모든 일을 마음에 간직하는 것과 말씀을 간직하는 것은 차이가 있다. 물론 틀린 의역은 아니다. 그런데 신앙적으로 마리아를 자세히 만나기 위해서는 정확한 번역이 요구된다. 마리아는 아들 구세주 예수에 관한 말씀(rhema)을 마음속에 품고 침묵하며 곰곰이 되새기는 성찰하는 기도를 한 것이다. 우리는 어떤가? 우리 역시 마리아가 모든 일을 마음에 간직했다면... 혹시 마르타와 같은 모습으로 오해할 수 있을 것이다. 마리아가 하느님의 모친 성모 마리아로서 한국의 레지오 마리애 단원 및 신자들이 닮아야 하는 모습은 "예수에 관한 말씀(rhema)을 마음속에 간직하고 고요히 성찰하는 기도이다. 그 말씀(rhema)이 마리아 안에서 행위의 복음이 된 것처럼, 신앙인으로서 나도 말씀(rhema)을 깊이 수락할 때, 마리아 또는 예수님처럼 실행하는 말씀을 살아갈 수 있다. 왜냐하면 말씀을 동반하는 행동이 어머니 마리아의 모습이기 때문이다. 한국 교회가 새로운 질서인 말씀 안으로 들어가 그 말씀을 마음속에 깊이 간직하고 되새기는 성찰로 거듭나는 해가 되기를 매년 기도한다.

• **루카 2,16-21:** 인간이신 마리아가 창조주 하느님의 어머니라는 말은 이해가 안 되는 교회의 선포이다. 그런데 우리가 분명히 말할 것은 이 교리는 마리아에 대한 마리아론의 문제가 아니라 예수님의 그리스도론에 대한 교리이다. 예수 그리스도께서는 본질이 인간이고 하느님이지만 그 위격은 신성이다. 즉 마리아가 예수님의 신적 위격을 출생하셨기에 신성의 위격 예수 그리스도의 어머니가 되셨다. 아무튼 마리아께 봉헌된 하느님의 어머니라는 공경은 복음에서 드러나는 마리아의 깊고 넓은 겸손과 부드럽고 맑은 마음의 영성을 사셨기 때문이다.

사실 마리아는 나자렛의 시골뜨기 처녀였다. 그 처녀에게 성령께서 감싸시어 구세주 예수님의 어머니가 되셨다. 어머니 마리아는 이해할 수 없는 하느님의 뜻과 아들 예수의 말과 행동을 그저 마음 깊숙이 새겼다. 어머니 마리아께서 이제 십자가 아래에서 예수 아들에 의해 요한에게 소개되는 제자들의 어머니가 되신다. 성령강림 후 마리아는 사도들과 함께 기도하는 사도들의 어머니가 되신다. 431년 에페소 공의회는 마리아를 천주의 모친으로 선포하고 제2차 바티칸 공의회는 교회헌장 8항에서 마리아를 교회의 어머니로 선포하였다. 이렇게 마리아는 시골뜨기 처녀에서 아기 예수의 어머니, 그리스도의 어머니, 제자들의 어머니, 사도들의 어머니, 하느님의 어머니 결국 우리 모두의 모친인 교회의 어머니로 거듭나며 개인 처녀에서 모두의 어머니로 넓어지는 모성(母性)을 보았다. 우리 한국의 어머니들은 모두 마리아의 이러한 은혜롭고 넓은 자비로운 모성을 지니고 사셨다. 고마우신 어머니들이시다.

예수 성탄 대축일 새벽미사 복음은 천사에게서 전해들은 예수님 탄생을 확인한 목자들이 마치 예수님의 부활을 목격한 제자들처럼 사람들에게 아기 예수님에 관하여 전한다. 복음은 목자들과 제자들이 서로 유사하듯 우리도 그들을 닮도록 초대한다. 마리아는 이 모든 일을 마음 속 깊이 새겨 오래 간직했다고 전한다. 복음에서는 특별히 여드레째 되는 날은 아기에게 할례를 베푸는 날이라고 전한다. 성경에서 숫자 여덟(7+1)의 의미는 하느님께서 세상을 창조하신 다음 쉬신 안식일 다음날의 뜻으로 바로 하느님의 주간이 충만히 채워지는 수이다. 즉 구약의 안식일 다음날은 주일이며 바로 부활의 날이다. 또한 여덟은 세례를 뜻하는 수이다. 여덟은 하느님 백성의 일원으로 들어가는 수의 의미를 가지고 있다. 그래서 팔 일이 되는 날 아기는 할례를 받는데 그것이 정결례이고 하느님 백성이 되는 거룩한 계약의 가족이 되는 것이다. 그래서 할례를 받는 백성은 해방된 하느님 백성으로 거듭나는 것을 영원히 기억하는 징표이다. 아기의 이름은 예수라 했는데 그 뜻은 오직 주님만이 구원이라는 의미인데 이는 천사의 말씀에 의해 알려지고, 어머니 마리아(루카 1,31), 요셉(마태 1,25)에게도 전해진다.

교회는 천주의 성모 대축일을 지내는 새해 첫 날을 또한 세계 평화의 날로 선포했다. 그 것은 교회가 바로 평화를 살아가야 함을 선언한 것이다. 성모 마리아의 영성이 평화를 살게 한다. 넓고 부드러운 성모님의 마음이 평화를 살도록 초대한다. 오늘날이 얼마나 평화가 절실한 시간일까? 특히 한국의 상황이 바로 평화를 절실히 요청하고 있다. 정치, 경제, 사회, 통일, 윤리분야에서 교회와 신자가 먼저 평화와 화해를 살아가는 주체가 되도록 초대된다. 성모님처럼 모든 것을 마음 깊이 간직하며 평화와 화해를 살아가도록 소명된다. 매년 맞이하는 새해는 모든 가정에 하느님의 축복이 가득하길 기도하는 해가 된다. 마태오는 복음서 첫 장에서부터, 아브라함에서 요셉까지 예수의 족보와 마리아에게서의 탄생 그리고 천사 가 요셉에게 발현하여, 성령에 의해 마리아에게서 태어나실 임마누엘 '아기 예수'에 대한 고지(마태 1,18-24), 주님의 탄생(마태 2,2-12), 동방박사(마태 2,13-23), 이집트로의 피난, 무죄한 어린이들 죽음, 하느님 아들의 이집트로부터 해방(마태 2,13-23), 세례자 요한의 설교, 요르단 강의 예수님(마태 3,1-17), 행복선언(마태 5,3)에 이르기까지 기록한다.

• **"모세의 율법에 따라 정결례를 거행하는 날이 되자"(루카 2,22):** 이 날은 하느님 어머니의 정화를 기억하는 날이다. 이날은 예수님 탄생 후 40일이 지난날이기 때문이다. 어머니의 정화 예식은 아기의 탄생 후 40일에 이뤄지곤 했다. 동방 그리스도인들은 이 예식을 유지하였다.

• **주님의 율법에 "태를 열고 나온 사내아이는 모두 주님께 봉헌해야 한다."(루카 2,23):** 사내아이는 모두 주님께 봉헌해야 한다. 히브리 사람들 사이에서 아주 살아있는 기억이 있는데 바로 이집트에서 도망 나온 출애굽 해방 사건이다. 생생하게 기억이 되는 밤에 이방민족들의 모든 첫 아들들은 페스트 병으로 죽어갔지만, 히브리 어린이들은 반대로 구원되었다. 이와 같은 표징에 히브리인들은 아주 선명한 의미를 가지고 있다. 곧 거기서 하느님이 맏아들을 구원하였는데, 그들이 하느님에게 속한 것이기 때문이다. 그 하느님께서 사람을 창조하셨고, 그래서 인간은 하느님께 속하는데, 언제 우리는 일상생활에서 그것을 기억할까? 우리의 인생은 누구에게 속해있을까? 분명히 그것은 우리 자신에게는 아니다. 하지만 이렇게 말하는 것이 나을 것이다. 우리에게 속하기는 하지만 하느님의 봉사를 위해 선을 실행하는 목표일 때 그렇다는 것을...

• **“산비둘기 한 쌍이나 어린 집비둘기 두 마리를” 바치라고 명령 한 대로 제물을 바쳤다.(루카 2,24):** 구약의 율법에 따르면, 산모의 정화예식에 양을 희생으로 제사를 지내게 하는 것이 필요하였다. 하지만 가난한 자들에게 양은 매우 비싼 가격이었다. 레위기(레위 12,2-8)는 이런 경우에 산비둘기 한 쌍 또는 두 마리 집비둘기를 봉헌하는 것으로 충분하다고 말한다. 이런 것들은 가격이 비싸지 않았지만 경제적 대가로 볼 때 봉헌물의 상징으로서는 값이 싸지 않아 보였다. 사람의 살림살이에 비교해 두 마리 집비둘기는 과연 비쌀까? 그렇지 않다. 매일 생활하는 그리스도인의 제스처도 상징적이다. 우리가 소유하고 행하는 모든 것이 하느님께 속한다는 것을 우리는 믿는다. 하지만 이러한 우리의 확신은 작은 상징적인 제스처가 아니라면 외적으로 표현할 수 없을 것이다. 일을 시작하기 전에 십자가를 긋는 표시, 식사하기 전에 하는 짧은 기도가 그렇다. 희생제사도 상징을 말한다. 특별한 가치의 상징이다. 식사하는 동안 무엇인가를 포기하는 것, 하지만 작은 희사나 동냥을 주는 것, 복음의 짧은 구절을 읽기 위해 아침 일찍 일어나기 등... 작은 제스처들이지만 온 종일 거룩한 특징을 주고 있는 것이다.

• **“아기는 자라면서 튼튼해지고 지혜가 충만해졌으며”(루카 2,40):** 초기 교회의 영지주의자들은 인간을 3가지 타입으로 구분했다.

육적, 동물적, 영적이다. 현대 심리학자들은 성향과 영적인 것에 헌신하며 연구하였다는 점에서 특별한 부르심이 더 필요하다고 믿는다. 하지만 자율운동, 무의식적인 행위는 교회의 교부들과는 무관한 듯 보인다. 모든 어린이들은 같은 모양으로 자란다. 몇몇은 더욱 강하고. 어떤 이들은 좀 약하지만 모두 자라난다. 만일 어린이가 자라지 않는다면 분명 건강에 중대한 문제가 있다. 그렇게 영적인 생활도 그렇다. 세례는 우리가 하느님의 아들이 되고, 그래서 하느님을 알고 그 선 안에서 자라나는 첫걸음이다. 멈추는 것은 비극적으로 될 수 있다. 성 대 그레고리오는 영성생활을 넘치는 강물의 흐름과 비교한다. 수영하기를 그만두는 사람은 물에 빠지거나 파도에 휩쓸린다. 지혜로 자란다는 것은 모두의 이상이다. 하지만 지혜를 위해 모두 같은 것을 추구하고 있는 듯하다. 그러면 지혜란 무엇일까? 초기 백성들에게 지혜는 실천 곧 무엇보다 능력이었다. 호메로스는 그렇게 지혜로운 자를 찾았다. 그 후 그리스인들은 보다 높은 개념의 지혜나 정치적인 능력을 가진 자를 지혜자로 보았으며, 지도력, 철학 곧 가르침을 지닌 자로 여겼다. 그런데 히브리 유다인들에게 지혜란 적당히 실천적이었다. 곧 친구들과 협력자들을 얻는 능력과 생활에서 성공한 자가 바로 지혜로운 자이다. 그러므로 구약의 지혜서는 이것을 말하고 있다. 하지만 종교적인 요소가 그 중심에 있다. 인생의 참 성공은 하느님과 함께 하는 자에 맡겨져 있다(시편 1; 시편 111,10). 지혜로 자라는 자는 매일 더욱 내면적이 되는 관계를 하느님과 함께 하는 사람이다.

• **"하느님의 총애를 받았다."(루카 2,40):** 이집트 알렉산드리아의 그리스인들에 의해 지혜서가 쓰여 졌는데, 거기에 유명한 그리스학파가 있었다. 그곳에서 히브리인 몇몇 사람들이 살았고, 이것이 이방의 지혜와 접촉하였다. 이를 시작으로 지혜에 대한 그들의 생각을 검토하기 시작했다. 그들에 따르면 히브리 개념은 최상이었다. 왜냐하면 하느님의 선물을 암시하기 때문이다. 구약의 지혜서가 말하듯이 주님은 당신의 은총을 주시는 자에게 그의 생각을 비추어주신다

• **루카 2,41-52:** 한 해의 마감을 교회는 예수 마리아 요셉의 성가정 축일로 지낸다. 가정은 바로 하느님 구원의 장소로서의 시작이다. 왜냐하면 예수님께서는 가정에서 태어나셨기 때문이다. 우리가 가정이라는 교회에서 태어났다는 것은 가정이 가족들의 혈연중심이라는 것뿐만이 아니라 바로 가정이 구원의 장소인 교회가 되어야 한다는 것이다. 그런데 많은 교회가 가족 내지는 혈연 중심으로 교회화 하는 모습은 참 아쉽다. 곧 대형교회의 기업

형 내지는 세습제 등의 모습은 복음이 아니라 혈연적인 모습의 교회이다. 오늘 복음에서 예수님은 12살이다. 아직 성인이 아닌 감추어진 유년기 예수님의 12살, 율법으로 추론해낸 랍비 규범에 따르면 남자 12살은 율법이행에 대한 책임을 질 성인으로 여겨졌다. 곧 율법에 대한 복종을 할 나이가 12살이다. 성서적 의미로도 충만 내지는 완성의 숫자다. 부모들은 명절을 지내고 예루살렘을 떠나 집 나자렛으로 돌아오는데 하룻길을 지나서야 아들 예수가 일행 가운데 없음을 알았다. 한국의 추석과 설날같이 민족의 대이동 때문일까? 그 후 다시 부모는 예루살렘으로 올라가 사흘 만에 예수를 찾는다. 이 사흘의 의미는 예수님께서 돌아가신 다음 사흘 만에 부활하신 그 신학적인 날의 뜻이다. 예수님의 발견은 신학적으로 예수 부활의 기쁨이다. 우리도 가정에서늘 예수님을 발견하는 기쁨이 필요하다. 그런데 예수님은 성전에 있었다. 성전은 기도의 장소, 하느님 말씀에 대한 청취의 장소다. “왜 나를 찾으셨습니까? 내가 내 아버지의 집에 있어야 할 줄을 모르셨습니까?” 예수님의 대답은 야속한 것이었다. 그러나 그 대답의 내용은 참으로 고요하고 평화로운 말이다. 우리도 잃어 버렸던 아이가 성당에서 기도하고 있다면 어떤 느낌일까? 예수님의 부모들은 예수를 통해 하느님의 현실을 체험하는 순간이다. 아들이 한 말이 무슨 뜻인지 알아듣지 못한 부모이다. 어머니 마리아는 이 모든 일을 마음속에 간직한다. 예수님의 제자들도 예수님의 말을 알아듣지 못했다. 그런데 성령 강림 때 제자들이 귀가 열리고 마음이 열려서 알아듣게 되어 복음을 선포한다. 예수님의 말씀을 못 알아듣는다고 걱정 말고 마음에 담아두면 된다. 성령께서 해주시기 때문이다. 말씀을 알아듣도록... "예수는 몸과 지혜가 날로 자라면서 하느님과 사람의 총애를 더욱 많이 받게 되었다." 하느님의 아들 예수님은 점점 자라는 자신의 인간성 안에서 하느님의 뜻을 받아들인다. 성령에 의해 주어진 인간적 성숙과 충만함에까지 오른다. 결국 십자가와 부활에 의해서 모든 인간에게 부여될 것을 미리 보여주신다. 교회는 전례의 달력 마지막인 성 가정 축일을 맞아 예수님, 마리아, 요셉 그리고 성령 안에서 하느님의 뜻을 살아 보도록 초대한다. 한 해 동안 모든 가정이 주님의 축복 안에 성장했고 새해에도 주님의 성 가정으로 거듭나도록 기도하고 있다.

- **"그의 어머니는 이 모든 일을 마음속에 간직하였다."(루카 2,51):** 교회는 매년 6월 첫 주 시기 "티 없이 깨끗하신 성모성심 기념일"을 지낸다. 한편 신학교에서는 방학을 준비하는 시간이다. 필자가 신학교 총장으로 재직 때 방학을 맞이하는 한 주간을 다음과 같이 준비했다. 1. '오 예수' 노래 2. 총장신부의 방학생활

강론 1) 각자가 자신을 바라보라! 인류 인류를 외치며 세계평화를 위하고, 선교 선교를 외치던 유럽, 왜 그렇게 서양이 동양의 불교에 매력을 느끼는가? 그리고 복음화도 아닌 새로운 복음화를 내걸고 벌써 십 수 년을 외치는가? 결국 자신 곧 개인을 바라보자는 것이다. 개인과 나에게로 돌아가는 것이다. 자신을 객관적으로 알아차리지 못한다면 하느님을 만나기 쉽지 않다. 외경 토마스 복음서에서 예수님은 "모든 것을 안다 해도 자기 자신을 모르는 사람은 아무 것도 모르는 사람이다."라고 하셨다. 성경과 신학을 공부하며 그리스도교 철학을 배우면서 과연 주님을 만나도록 양성을 받았나를 자문해야 한다. 7년의 양성기간은 학문과 기도를 통해서 주님을 만나는 소중한 시간이어야 한다. 방학 때도 마찬가지이다. 신학생 스스로 양성자가 되어야 한다. 스스로 방학계획을 세워서 신학교와 신학원생활의 확장 곧 연장선으로서 자율적으로 살도록 한다. 2) 신학생이라는 기득권을 내려놓는다(연습). 겸손한 생활, 교황님처럼 성소의 맛을 이제 사회와 세상 속에서 맛본다. 신학생 때 내려가지 않으면 영원히 못 내려간다. 양 냄새 나는 목자가 되자고 교황님께서 말씀하신 것처럼, 신학생 냄새나는 우리들이 되자. 교회를 원색적으로 비판하던 세계적인 대신학자 한스 큉도 프란치스코 새 교황님의 행보에 감동할 정도였다. 불과 몇 달 전까지만 해도 상상할 수 없던 일들이 우리 교회에 벌어지고 있다. 전 세계 가톨릭교회가 과제로 맡고 있던 것이 얼마나 심각했었나? 두 번 맡기 어려운 봄을 뜻밖에 맞았는데 다시 그 봄을 겨울로 돌려놓지 말라고 했다. 오랫동안 쌓이고 굳은 권위와 체제가 한 번에 변화되기 어렵다. 하지만 주님 안에서 성령을 통해서 불가능은 없다. 3) 교구 신학생을 넘어 인류를 위한 신학생, 사제로 살도록 한다. 이 같은 마음을 먹으면서 그 실천은 바로 옆 사람 곧 이웃(가정부모, 본당교우들에게 겸손한 모습의 신학생)을 소박하게 사랑한다. 이는 사람을 많이 만나라는 것이 아니라 예수님처럼 만남이 생기고 이루어질 때 적극적으로 만나는 것이다. 그럴 때 나도 모르는 내안의 하느님의 축복과 치유를 나를 만나러 온 사람들에게서 끌어낼 수 있다. 그렇지 않고 인터넷 휴대폰으로 자기 혼자만의 세계를 즐기거나 독방 속에서 안주하는 것을 경계한다. 4) 동서양의 고전들을 읽어본다. 톨스토이, 도스토예프스키, 괴테, 로마인이야기... 5) 논문(제목, 문제제기와 목적, 선행연구, 범위와 방법론, 스케마)을 준비한다. 우리는 온갖 일에 다 정신을 쓰지만 정말 필요한 것은 한 가지, 말씀을 듣는 것, 정말 내면으로 만나는 것, 주님을 만나는 일이다.

"너희는 썩어 없어질 양식을 얻으려고 힘쓰지 말고, 길이 남아 영원한 생명을 누리게 하는 양식을 얻으려고 힘써라. 그 양식은 사람의 아들이 너희에게 줄 것이다. 하느님 아버지께서 사람의 아들을 인정하셨기 때문이다."(요한 6,27 생명의 빵) 썩어 없어질 양식을 얻도록 일하지 말고, 영원히 없어지지 않는 양식을 얻도록 일하라.

돈보스코 성인의 예방교육 체크하기

✓ 자녀들을 알아주기:

✓ 자녀들을 믿어주기:

✓ 자녀들을 사랑하기:

3. 희망의 설교자
(루카 3, 1-20)

몇 해 전에 영국의 엘리자베스 여왕이 영연방 국가를 방문했을 때, 그 나라 사람들은 환영식을 열렬히 준비했습니다. 특히 공항에서부터 수도까지의 도로에 각별한 신경을 썼습니다. 정부는 그 길을 따라 있는 집들에게 각각 페인트를 주었지만 집의 앞부분만 칠할 수 있는 양이었습니다.
우리 자신의 회개, 마음의 변화, 죄에 대한 태도의 180도 뒤바뀜과 관련하여 하느님은 외형적인 변화를 요구하지 않으십니다. 그분은 안과 밖, 뒷문까지 변화를 요구 하십니다.

• **그룹 나눔** 회개는 일반적인 주제가 아닙니다. 회개가 가능한 이유는 무엇입니까?

• **개인 성찰** 나는 언제 처음 죄를 깊게 뉘우치고 하느님께서 용서하셨음을 알았습니까?

루카는 예수님의 탄생을 역사, 즉 강력한 로마의 세계에 고정시킵니다. 루카 2,1-20을 읽습니다. 아이의 경이로움에 가득 찬 눈으로 펼쳐지는 장면을 보도록 합니다.
이 장에서 우리는 회개를 외치는 세례자 요한을 만납니다. 루카 3,1-20을 읽습니다.

가 질문과 나눔

1. 1-2절에서 정치 지도자는 요한과 어떻게 다르게 묘사되었습니까?

   이 대조를 통해 루카가 드러내고자 하는 것은 무엇입니까?

2. 요한이 선포한 회개의 설교에 관하여(3-9절), 어떤 사람들은 요한이 회개에 대해 말하는 것은 부정적이라고 생각합니다. 그러나 그들이 그렇게 주장함으로써, 요한은 희망의 긍정적인 설교자라고 합니다. 회개와 희망의 어떤 연관을 볼 수 있습니까?

3. 자기에게 세례를 받으러 온 사람들에게 요한은 '독사의 족속들아'라고 합니다. 그러나 그들은 그의 메시지에 긍정적으로 반응합니다. 어떤 설교자가 나의 교회를 독사의 족속들이라고 하면 어떻게 반응하겠습니까?

4. 대표적인 세 그룹이 요한의 열정적인 호소에 반응하고 그들이 어떻게 하면 되는지 물어봅니다. 세 가지의 답을 비교합니다. 요한은 이 세 가지 모든 경우에서 어떤 기본적인 죄를 거론합니까?(8-14절)

지역사회에서 어떤 불의함이 요한의 시대의 것과 비슷한가요?

5. 요한은 그의 사목과 예수님의 사목을 어떻게 대조합니까? (15-18절)

6. 회개처럼 판단은 그리스도인에게 인기 있는 주제가 아닙니다. 나는 그 사람들에게 판단(권고)도 복음의 일부라는 것을 어떻게 설명하겠습니까?(18절)

7. 교회는 겁쟁이나 불을 내뿜는 설교자가 있는 것에 대해 때때로 비판을 받습니다. 어떤 종류의 설교자가 내게 와 닿습니까?

8. 요한 같은 강력하고 효과적인 설교자는 하루아침에 만들어지지 않습니다. 1,13-15과 1,80을 돌아봅니다. 어떤 요인들이 요한의 성격을 형성했습니까?

오늘날 우리 교회는 어떻게 교회를 위해 요한과 같은 설교자를 배출하도록 도울 수 있습니까?

9. 회개는 우리 모두가 귀를 기울일 필요가 있는 메시지입니다. 나의 언어로 회개를 어떻게 설명하겠습니까?

기도하기

회개를 이해해야 하는 자신이나 구도자를 위해 기도하십시오.

실천하기

요한의 겸손(15절-17절)을 주목해봅니다. 우리가 요한처럼 겸손해지려면 어떤 도움을 받을 수 있을까요? 진정한 겸손은 복잡한 열등감과는 다릅니다. 오히려 성령의 선물이 아닐까요? 겸손은 하느님의 시선으로 시작합니다(이사 57,15). 아래의 성경에서 자신이 배울 수 있는 귀한 덕목은 무엇일까요? 잠언 16,19; 22,4; 29,23; 로마 12,3; 필리 2,5; 야고 4,10; 1베드 5,5 그리고 예수님 스스로 마태 18,4에서 가르치신 겸손이 무엇인지 생각해봅니다.

나 말씀묵상

루카 3,1-6: 대림 1주일은 주님의 오심을 종말론적인 기다림으로 깨어 늘 기도하라는 말씀으로 우리를 초대한다. 즉 복음은 시간의 끝을 말하고 있지만, 주님의 공생활의 시작으로 출발하고 있다. 주님의 공생활은 주님의 증거자요, 예언자이고 선구자인 세례자 요한의 독특한 모습으로 준비되고 있다. 루카는 복음을 세상 역사 안에 하느님의 장엄한 구원경륜의 의미를 담아서 시작하고 있다. 그래서 루카는 연대기적인 역사 기록을 주님의 탄생(2,1-2)과 주님의 족보(3,23-38) 사이에 담고 있다. 이렇게 루카의 역사관은 하느님의 구원경륜 안에 서 있다. 1절-2절은 보편역사의 한 장면인데 로마 황제, 팔레스타인 지역, 이스라엘 지방 영주들, 대사제 등, 정치 종교적인 인간의 권위를 말하고 있다. 3-4절은 세례자 요한의 영적이며 윤리적이고 예언자적 큰 권위인 하느님 말씀이 드러나고 있다. 이것이 바로 모든 인간들 사이에 주님께서 오시는 상황이며 조건이다.

루카복음에서 세상의 역사는 로마 황제 티베리오가 다스린 지 15년이라는 구체적 연도로 시작한다. 티베리오는 아우구스투스가 적자(赤子)로 입양한 양아들로서 그의 후계자 내지 계승자이다. 30년쯤(3,23) 세상에서 생활을 시작하신 것으로 믿어왔던 예수님께서 34년 정도에 거의 확실하게 생활을 시작했다면, 아우구스투스 황제는 기원 후 14년 8월 19일 세상을 떠났기에 루카에 의해 계산된 오늘 복음의 상황에 대한 날짜는 27-28년 또는 28-29년으로 볼 수 있다. 본시오 빌라도는 바다와 행정 수도 등에 관해 로마황제의 권위를 인격적으로 부여받은 대리인이다. 기원 전 4년에 세상을 떠난 늙은 헤로데는 바로 로마 황제의 신임받는 봉신이었고 그 헤로데의 계승자들은 아들들이었는데, 그들은 인내심이 없고 포악하며 불안한 성격의 소유자들로서 로마에 대해 큰 문제 즉 뜨거운 감자로 떠오르고 있었다. 그래서 로마는 헤로데의 왕국을 4등분으로 분할하여 통치하는 방식을 취한 것이다. 이러한 모습은 제2차 세계대전 전후로 해서 세계사에서 흔히 볼 수 있던 일이고, 우리나라도 해방 이후 강대국(특히 소련 미국)들에 의해 분할 통치되었고, 그 상황이 남북분단이라는 우리 민족의 고통으로 지금까지 남아 있는 것이다. 헤로데 안티파스(기원 전 4년-기원 후 39년)는 사마리아인 말타체의 아들로서 갈릴래아 지역을 상속받았다. 그는 갈릴래아에서 역시 데카폴리스 지방까지도 소유하였다. 그의 이복형제 헤로데 필립보(4-34 기원 후)는 늙은 헤로데의 또 다른 부인 예루살렘의 클레오파트라의 아들로서 티베리아 호수의 북동쪽 지역 트라코니티스와 이두래아 땅을 상속받았다. 리사니아는 안티리바논의 한 부분을 포함해서 헤르몬 산 아래 다마스커스 북서쪽 지역 아빌레네를 상속받았다. 한편 대사제 안나스는 기원 전 5년에서 기원 후 15년까지 사제단과 산헤드린 안에서 정치적인 힘을 가지고 있었고 가야파는 약 18년에서 36년까지였다.

오늘의 복음에서 심도 있게 반성할 것은 하느님의 말씀을 세상 권력자들인 왕, 영주, 총독 그리고 종교 책임자들인 대사제들이 아니라 보통 사제 즉 당번 때나 성소에 가서 겨우 제사를 드려 살아가는 즈카르야의 아들 요한이 광야에서 들었다고 루카는 전하는 것이다. 권력자가 아닌 보통 사제의 아들이 하느님의 말씀을 들었다는 오늘의 말씀은 참으로 깊이 생각해보아야 한다. 오늘의 현실도 크게 다르지 않다고 본다. 세례자 요한의 역할도 역시 사제직분이다. 하느님의 말씀을 듣는 것이 사제직의 근본이기 때문이다. 우리도 하느님의 말씀을 듣고 있는지 세례자 요한은 묻고 있다. 요한은 광야에서 하느님 말씀을 듣는다. 고대 문헌(히브리 필로네, 플라비오 요셉푸스)이나 신약시대 사해 근처 쿰란의 고대 문헌에 의하면 광야(사막)에는 메시아 시대를 준비하기 위해서가 아니라 인간들의 부패로 인해 세상은 썩었기 때문에 유대적인 환경을 포기하고, 그 세상을 등진 그룹들의 영적인 수도 생활 형태들이 존재하고 있었다. 이들 가운데 마지막 집단들이 혹시 왕이며 사제인 메시아의 오심에 대해 대단히 흥분되어있다는 것을 나타내곤 하였다. 광야나 사막은 죽음의 함정일 수 있다. 성서 신학적으로 광야나 사막은 신선함과 원기 그리고 에너지의 원천, 영성적 회복의 장소로 드러난다. 이스라엘에게 광야는 이집트에서 해방과 조국을 향한 여정 사이에서 나타난다(호세 2,16; 1열왕 19장). 그러나 광야는 늘 공포와 갈증, 배고픔과 운명의 적들을 만나는 장소이기도하다(신명 8,1-3). 그래서 광야는 백성들이 주님께 신뢰를 드리는 장소로 나타난다. 바로 광야에서 모든 불신이 그들을 책벌하기 때문이다. 그럼에도 불구하고 광야 내지 사막의 신학은 긍정성을 발견한다. 그 곳에서 우리는 또한 하느님의 생명을 살아가도록 준비되어 주님께 돌아가는 40일 동안을 체험

해야한다(루카 4,1-14). 하느님의 구원계획은 하느님 말씀과 하느님에 대해 말하는 것이, 믿는 이들의 마음에서 광야에서의 삶으로 안내하는 것이다. 이러한 사명을 위해 세례자 요한이 불리움을 받았다. 요한은 우리가 죄와 장애가 없이 주님의 방문을 받아들이고 준비하도록 마음의 회개를 촉구한다. 주님의 오심은 이사야 예언서에서 예언적 말씀으로 소개된다. "광야에서 외치는 이의 소리, '너희는 주의 길을 닦고 그의 길을 고르게 하여라.'" 외치는 소리는 예언자적 목소리이며, 광야는 구원의 장소이고, 그 내용은 주님의 길을 준비하는 것이다. 준비되고 고르게 된 그 길을 주님은 지나가고 싶은 것이다. 교회와 우리는 얼마나 주님의 길을 준비하고 고르게 하였는가? 나와 교회와 레지오 마리애가 구체적으로 주님의 길을 고르게 한다는 것은 무엇인가? "험한 길이 고르게 되는 날 모든 사람이 하느님의 구원을 보리라." 이는 오늘날의 교회와 우리가 가야할 구원의 길이다. 험한 길이 고르게 되는 날이 의미하는 것이 무엇인가? 교회의 우리가 고르게 해야 한다. 그 때 모든 사람이 하느님의 구원을 본다. 그런데 교회의 길만 고르게 하지는 않았는지 생각해볼 일이다.

루카 3,10-18: 대림절은 오시는 주님의 길을 준비하는 시기이다(루카 1,80). 대림 3주일 복음에서 요한은 성령 충만한(루카 1,44)

하느님의 예언자로 나타난다. 주님을 준비한 가장 완전한 자는 세례자 요한이다. 그는 주님을 준비하기 위해서 세례 운동을 일으켰다. 군중들은 요한의 세례운동으로부터 강한 충격을 받았다. 군중들은 오시는 주님을 위해서 무엇을 해야 하는가를 걱정을 하고 있었다(10절). 요한은 이 복음에서 교회가 지내는 자선주일의 때를 맞춰서 지체 없이 말한다. 이웃 특히 어려운 이웃을 사랑하면서 주님을 준비하라고 외친다(11절). "속옷을 두 벌을 가진 사람은 한 벌을 없는 사람에게 주고 먹을 것이 있는 사람도 이와 같이 남과 나누어 먹어야 한다." 요한은 하느님 백성과 율법에 대해 근본적인 적대관계에 있으며, 로마 지배계급에 유리하게 세금을 부가하므로 인간적 혈육의 착취자들인 로마와 특히 인색한 사회적 범주들 안에 둘러싸인 것들에 대해 자주 예언자적으로 말하고 있다. 요한은 세리가 백성들에게 마구 긁어모으던 세금을 정확하게 계산할 것을 촉구한다. 세리는 로마의 권위에 이익과 비위를 맞추어 계산한다. 그러나 이 복음에서 세례를 받으러 온 착한 히브리 세관원 몇 명은 요한이 선포하는 하느님의 예언적 말씀에 대해 마음으로부터 받아들이고 있다고 본다. 그리고 세리는 하느님께 가까이 다가가는 마음의 내적 회개뿐만 아니라 정당한 외적 징표로서 죄의 용서를 위해 요한에게 세례를 받으러 온다. 세리들은 세례를 받은 다음 요한에게 묻고 있다(12절). "우리는 어떻게 했으면 좋겠습니까?" 요한은 말한다. "정한 대로만 받고 그 이상은 받아내지 마라"(13절). 혹시 우리도 정한 대로만 받고 있는가? 국세청도 정한 대로 백성들에게 세금을 받고 있는지? 역으로 우리는 세금을 정확하게 내고 있는지? 이 모두가 단지 신앙과 무관하다고 볼 수 없다. 복음도 투명한 계산을 촉구하고 있다. 우리가 대림절을 준비하는데 현실적인 문제로 만나야 하는 것은 고해성사와 교무금일 것이다. 그것도 또한 제대로 하고 있는지? 오히려 그것에만 매여서 복음의 어려운 이웃을 소홀히 할 수 있지는 않을까? 세례자 요한이 혁명가는 아니다. 그러나 그는 그리스도와 같이 선포한다. 요한은 백성들이 로마 황제에게 세금을 공납할 의무가 있다는 것을 알고 있다. 비록 세금부가가 인구를 조사하여 그 기초 위에 이루어지고 있지만, 이스라엘 백성에게 이방인이나 외국인에게도 납세의 의무를 강요하는 것은 바로 하느님 앞에서 큰 죄를 지는 것이다. 군인들도 묻는다. "저희는 또 어떻게 해야 합니까?"(14절) 군인들은 로마 군인일 수도 있지만 아마도 헤로데의 주둔군 히브리 군인으로 보아야 할 것이다. 옛 용병들은 오늘날과 비슷하게 무기를 들고 있지 않은 백성들로부터 돈과 재산을 조직적으로 약탈하고 있다는 것이 늘 마음의 부담을 가지고 있었다. 요한은 말한다. "협박하거나 속임수를 써서 남의 물건을 착취하지 말고 자기가 받는 봉급으로 만족하여

라."(14절)

백성들은 요한을 보고 기다리고 있던 오실 그리스도라고 생각한다. 그리스도는 메시아이다. 메시아나 그리스도는 둘 다 기름부음의 축성을 의미한다. 그 분은 바로 영광 가운데 오실 왕이다. 그러나 요한은 모든 사람에게 말한다. "나는 물로 세례를 베풀지만 오실 그리스도는 성령과 불로 세례를 베푸실 분이십니다." 요한은 약한 모습이지만 그리스도는 강한 분이다(이사 9,5; 28,2). 구약에서 불은 하느님의 나타나심이며 마음으로 행하고 정화하는 하느님 말씀이다. 그리고 원수들에게 주는 벌로 마지막 때 심판과 함께 관련지어 나타난다. 하느님의 불은 인간들을 정화하고 변화시켜주시는 하느님 자신이다. 성령 강림 후의 불혀 모양이 바로 그와 같은 것이다. 성령과 불의 시사는 성령 강림과 연관된다. 성령강림 안에서 제자들은 영원히 세례 받고 축성되었다. 그러나 우리 모두도 그리스도교 입교에서 같은 효과로 이미 세례를 받았다. 요한은 그리스도의 오심에 대해 보다 강하게 다른 징표로 말한다. 마지막 심판에 대한 징표들이다. 종말에 대해 상징적으로 말한다. "그분은 손에 키를 들고 타작마당의 곡식을 깨끗이 가려 알곡은 곳간에 들이고 쭉정이는 꺼지지 않는 불로 태우실 것이다"(17절). 결국 대림은 종말에 오실 주님을 준비하는 이 세상의 여정과 삶을 말한다. 오시는 주님을 받아들이기 위해 준비해야하는 것은 세례자 요한의 모습이다. 그것은 바로 세례자 요한의 복음화, 좋은 소식, 기쁜 소식이다. "그밖에도 요한은 사람들에게 여러 가지로 권하면서 복음을 선포하였다"(18절). 우리는 오늘 복음의 군중, 세리, 군인, 백성 가운데 누구일까? 세례자 요한이 되어야 하지 않을까? 물론 교회도 그렇다.

돈보스코 성인의 예방교육 체크하기

✓ 자녀들을 알아주기:

✓ 자녀들을 믿어주기:

✓ 자녀들을 사랑하기:

4. 사람들의 희망
(루카 3,21-4,13)

오스카 와일드는 "유혹을 물리칠 수 있는 가장 좋은 방법은 그것에 굴복하는 것이다"라고 말했습니다. 그는 19세기 후반의 훌륭하고 화려한 아일랜드 작가였습니다. 그는 재능이 있었지만 절제되지 않은 열정들로 소진 되었고, 젊은 나이에 죽었습니다.

• **그룹 나눔** 인생의 주요 목표를 세울 때 어떤 현실을 고려해야 합니까?

• **개인 성찰** 10년 후에 이루고 싶은 목표는 무엇인가요?

오스카 와일드처럼 예수님은 일찍 돌아가셨고 재능이 뛰어났지만 아버지 하느님을 위한 열정에 따라 훈련했습니다. 그분은 일찍 소명을 자각하고 어려서부터 훈련을 시작했습니다. 이제 서른 살이 된 그분은 그 목적을 이루기 위해 더 많은 훈련에 자신을 복종시킵니다. 루카 3,21-23을 읽습니다. 이것이 예수님의 첫 번째 대중의 모습이라는 것은 아닙니다.

가 질문과 나눔

1. 루카복음에서 예수님의 세례에 관한 간략한 기록은 드러나지 않은 예수님의 정체성에 초점을 둡니다. 예수님께서 사목을 시작하실 때, '너는 내가 사랑하는 아들, 내 마음에 드는 아들이다'(3,22)라는 이 '공개 선언'이 예수님에게 무엇을 주겠습니까?

2. 서른 살에 예수님께서는 벌써 직업, 가족의 유대 그리고 가정생활에 대해 중요한 선택을 하십니다. 나의 힘들었던 선택에 대해 생각해 봅니다. 그것들은 어떻게 내 삶을 형성했습니까?

3. 루카의 예수님 족보는 요셉으로부터 시작합니다. 이는 "하느님의 아들, 아담"까지 거슬러 올라갑니다(3,23-28). 루카는 예수님의 민족적 족보(마태오가 한 것 같이)가 아닌 그분의 인간다움을 강조합니다. 이것을 묵상해봅니다. 예수님은 우리 중 한 분이십니다! 이는 그분에 대한 나의 존중을 어떻게 깊게 합니까?

이는 내게 어떤 질문들을 제기합니까?

4. 루카 4,1-13을 읽습니다. 유혹은 죄와 같지 않습니다. 유혹은 올바르지 않은 상황에서, 잘못된 수단과 동기를 가지고 합법적인 욕구를 만족시키고자 하는 강한 어필입니다. 사탄은 각각의 어필에서, 예수님이 어떤 자연스러운 욕구를 채우도록 유혹 했습니까?

5. 하느님은 우리 모두에게 자연스런 욕구를 넣어 주셨습니다. 예수님께서 그 상황(사탄의 유혹)에서 그 욕구를 채우셨으면 왜 잘못된 것이었을까요?

6. 내가 직면한 유혹에 빠지지 않고 저항하려면, 내게 관련된 무엇을 준비해야 할까요?

7. 예수님이 받으신 유혹은 우리들이 받는 유혹과 거의 유사하지 않은 것 같지만, 히브 4,15에서는 "우리처럼 모든 면에서 유혹을 받으신다."라고 말합니다. 어떤 면에서 우리가 받는 유혹은 예수님이 받으신 유혹 중의 하나와 같습니까?

8. 우리가 온 마음을 다해 하느님을 섬기려 한다면, 우리도 힘든 훈련을 거쳐야 합니다. 어떤 분야에서 훈련이 가장 필요하다고 생각합니까?

그 방향으로 가는 첫걸음은 무엇이겠습니까?

기도하기

나는 어떤 유혹과 싸우고 있습니까? 이제 예수님께로 돌아갑니다. 그분께서 기다리고 계십니다.

실천하기

어떤 그리스도인들은 예수님은 하느님이시기 때문에 절대 죄를 짓지 않거나 유혹에서 금방 벗어난다고 믿습니다. 그것은 지상에서의 그분의 33년을 '인간인 척하는 하느님!'이라는 희극으로 만들 것입니다. 정말 그렇다면 어떻게 그분이 우리를 위한 삶의 모델이 되셨겠습니까? 더 나아가 어떻게 그분의 죽음이 우리의 참된 대속이 되겠습니까? 이 물음의 답을 위해 다음 성경구절들을 확인해 봅니다(2코린 5,21; 필리 2,5-11; 히브 2,8-18. 5,7-10).

우리는 지상의 육에 있는 한 유혹과 함께 살아야만 합니다. 더 알기 위해 히브 2,14-18을 묵상합니다. 또 1코린 10,13; 히브 4,14-16; 야고 1,13-15, 창세기 39장에 있는 요셉의 예를 봅니다. 사탄에게 'No'라고 하는 습관을 들일 때 내 성격에 무슨 일이 생겼습니까?

나 말씀묵상

• **루카 4,1-13:** 세례 때 성령을 가득히 받으신 예수님은 성령의 인도로 광야에 가신다. 예수님은 광야에서 사십 일 동안 악마에게 유혹을 받는다. 사십이라는 수는 상징이다. 모세는 거룩한 법(십계 판)을 받기 위해서 하느님의 현존 앞, 산 위에서 사십 일간 단식하였다(탈출 34,28; 신명 9,9). 모세는 백성들이 금송아지를 만든 죄 때문에 계약 조문이 새겨진 두 돌판을 부수고, 다시 사십 일간 식음을 전폐하고 야훼 앞에 엎드렸다(신명 9,18). 이스라엘 백

성들도 이집트에서 해방된 후 사십 년 동안 광야 생활을 했다. 그리고 예수께서는 성령의 인도로 광야에서 사십 일간 악마의 유혹을 받으신다. 그동안 아무것도 잡수시지 않아서 사십 일이 지났을 때에는 몹시 허기지셨다(2절). 사십 일의 의미는 배고픔이다. 왜 배고픔의 시기를 보내실까? 그 순간은 하느님 앞에서, 하느님과 더욱 함께하고자 나를 비우는 시간이다. 하느님을 더욱 가까이 만나기 위해 나를 비운다. 성령께서는 예수님을 하느님 현존의 뜻이 있는 광야로 안내했다. 성령님은 바로 하느님을 만나게 중개하시는 분이다. 예수님은 광야에 계셔도 혼자가 아니라 성령께서 함께하신다. 그런데 악마는 그렇지 않다. 성령과 반대다. 악마(diavolou)의 문자적 의미는 분리(divison)이다. 하느님으로부터 멀어지게 하여 떨어져 나오게 한다. 우리를 하느님으로부터 분리하는 모든 것, 우리와 하느님을 떼어놓는 모든 것은 악마이다. 무엇이 우리를 하느님과 멀어지게 할까? 마태오복음에서는 예수님께서 "사탄아, 물러가라!"(루카 4,7: 마태 4,10)고 하신다. 사탄(satan)의 문자적 뜻은 원수, 적이다. 하느님으로부터 우리를 떼어내고자 하는 자가 바로 사탄이다. 우리를 하느님과 멀어지게 하는 것 자체기 악마(division)요, 멀어지게 하는 중개하는 자는 사탄(enemy)이다. 악마는 "당신이 하느님의 아들이거든" 하고 의심스러운 모습으로 예수께 세 가지를 유혹한다. 마치 아담과 하와에게 유혹

했던 뱀같이 그렇게 유혹한다. 악마의 첫째 유혹(3절)은 "당신이 하느님의 아들이거든 이 돌더러 빵이 되라고 하여보시오."하자 예수님은 "사람이 빵으로만 사는 것이 아니다.라고 성서에 기록되어 있다."하셨다. 예수님의 빵은 단순히 돌로 마술을 부리면 만들어지는 것이 아니라, 예수님 당신과 삶 자체이다. 성체성사의 빵이 예수님의 빵이다. 먼저 수난의 십자가와 죽음이라는 고통의 터널을 통과해서 나누어주는 빵이 예수님의 빵이다. 예수님의 빵은 말씀과 자신의 삶이다. 악마의 둘째 유혹(5-6절)은 예수를 높은 곳으로 데리고 가서 잠깐 사이에 세상의 모든 왕국을 보여주며 "저 모든 권세와 영광을 당신에게 주겠소. 저것은 내가 받은 것이니 누구에게나 내가 주고 싶은 사람에게 줄 수 있소. 만일 당신이 내 앞에 엎드려 절만 하면 모두가 당신의 것이 될 것이오." 하자 예수님은 "'주님이신 너의 하느님을 예배하고 그분만을 섬겨라.'라고 성서에 기록되어 있다." 하셨다. 두 번째 유혹은 사람의 아들 예수님을 넘어지게 하기 위한 것이다. 사람의 아들 예수님은 하느님으로부터 오셔서 하느님에게로 가신다(다니 7,13-14; 8,13). 그 주님만이 세상의 주권을 가지시고 사람을 살리신다. 예수님의 부활이 바로 이것을 증거 하신다(마태 28,18). 악마의 셋째 유혹은 예수를 예루살렘으로 데리고 가서 성전 꼭대기에 세우고 "당신이 하느님의 아들이거든 여기에서 뛰어내려 보시오. 성서에

'하느님이 당신의 천사들을 시켜 너를 지켜 주시리라.' 하였고 또 '너의 발이 돌에 부딪히지 않게 손으로 너를 받들게 하시리라.'라고 기록되어 있지 않소?" 하자 예수님은 "'주님이신 너희 하느님을 떠보지 마라.' 하는 말씀이 성서에 있다." 하셨다. 세 번째 유혹은 무엇이 메시아의 모습인가를 말한다. 구약의 전통에 의해 기다려온 메시아는 성전의 높은 곳에서 메시아 사명을 시작해야 하며, 그 사명을 유효하게 하도록 기적의 징표들을 나타내도록 했다(루카 4,9-11: 마태 4,5-6). 악마는 메시아의 모습을 자신의 권력으로 남용한다. 그러나 참 메시아 예수님은 천사들을 파견하는 것이 모든 위험에 처해 있는 자들을 돕기 위해 그렇게 하신다. 우리들의 유혹도 매일의 일상생활에서 작은 유혹들과 함께 살아간다. 악마가 예수님을 유혹하는 것은 다른 것이 아니라 예수님께서 잘 알고 계시고 생활하시는 근본을 뒤흔드는 것이었다. 유혹은 빵의 문제. 세상 주권의 문제, 메시아 문제이다. 우리도 자칫 겉으로는 우리가 익숙해 있는 문제라 소홀히 생각할 수 있는 문제를 근본적으로 뒤집어 유혹당할 수 있다. 나눔의 빵을 나만의 많은 빵 곧 사랑이 없는 빵으로, 하느님의 주권을 내 주권으로, 겸허의 메시아를 나의 교만의 메시아로 뒤집어 유혹 당할 수 있다. 근본정신이 바뀌는 것이 유혹이다. 성령과 함께 하느님의 근본에로 예수님을 통하여 늘 걸어간다.

• **유혹(루카 4,1-13):** 어떤 사람이 고개를 갸우뚱거리면서 "어떻게 그렇게 훌륭하신 예수님께서 악마로부터 유혹을 받으셨는가? 참 이해가 가지 않는다."고 말하였다. 그렇다. 악마가 감히 어떻게 메시아를 유혹할 수 있었을까? 평생을 농민들과 함께 어울려 사셨던 충남 당진 신평 매산리에서 농부들과 농사를 지우면서 사신 미국인 신부가 있었다. 그는 평소에는 서민 농사꾼이었고, 혹시 농민관계 시위를 할 경우에만 서울로 가셨다. 그런 분이 알콜 중독으로 고생하셨단다. 그에게 그런 유혹이 있어서인지 참으로 모든 이들의 약점, 부족함 등을 감싸 안으셨다. 참 훌륭한 사제이셨다. 모든 위대한 인물은 유혹을 당하셨다. 초기 수도생활의 대부 성 안토니오 성인은 유혹이란 영적 성장을 위해 필요한 요소라고 다음과 같이 말씀하셨다. "유혹이 없는 자, 구원도 없을 것이다." 영성생활은 싸움이다. 몇 개의 적들과 하는 투쟁이다. 싸움을 하는데 두 가지 요소 곧 외적인 것과 내면적인 것이 교묘하게 싸우도록 갈등을 일으킨다. 참으로 악은 인간 존재의 뿌리에 속해 있는 것일까? 마치 악 없이 선도 없는 듯하다. 인간은 늘 이러한 선과 악의 구도 속에서 살아가는가? 세상 이치가 정말 이렇게 돌아가고 있다. 선과 악의 대결이다. 인간의 느낌은 마음의 움직임 곧 마음의 활동인데, 이성도 역시 하느님의 선물로서 각각 내면과 외면의 합리적 식별에 조화를 이룬다. 하느님께서는 모

든 당신 창조물은 다 좋다고 말씀하셨다. 그런데 어디서 악이 다가오는가? 시리아의 수도자들은 우리 정신은 악과 하느님이 싸우시는 장소라고 말하였다. 그런데 악에 대항해서 싸우는 우리의 무기는 무엇인가? 바로 맑은 마음과 말씀이다. 맑은 마음과 우리에게 하시는 하느님 말씀으로 악의 유혹에서 반드시 이겨낸다. 그러나 욕하면서 배운다는 말처럼, 청심과 말씀으로 싸우지 않고, 자기의 욕심과 힘, 능력으로 싸운다면 어느새 나도 모르게 내가 그 악에 대항하니 그 악을 닮아갈 수 있다. 악은 아니지만 악한 짓을 하는 반 악, 반 짐승이다. 성인을 닮으려는데 반 성인, 반 천사가 되는 것은 아닌지? 그리스도께서는 우리에게 권고하신다. 성인처럼 우리가 천사의 싸움을 하는 것을 원하신다. 분명한 것은 그 악의 유혹에 동의하지 않는 것이다. 그렇다면 악은 절대 우리에게 이길 수 없고 다가올 수 없다. 욕망은 죄에서 오기도 하지만 죄를 향해 가기도 한다. 그러나 욕망이라는 유혹 자체는 죄가 아니고 그것을 받아들여 동의할 때 죄로 발생한다. 유혹을 이기고 동의하지 않는 기술은 무엇일까? 바로 사랑이고 맑은 마음인데 그것은 주님 사랑과 말씀에서 온다.

돈보스코 성인의 예방교육 체크하기

- √ 자녀들을 알아주기:
- √ 자녀들을 믿어주기:
- √ 자녀들을 사랑하기:

5. 터무니없는 주장
(루카 4,14-5,16)

서방의 군주 국가들은 소문과 조소의 근원이 되고 있습니다. 다른 곳에서도 그들은 다른 방식으로 궁금증을 자아냅니다. 대부분의 사람들은 민주주의에서 살아가는 것을 좋아합니다. 민주주의는 불완전하지만 지상에서 아직은 최고의 정부 형태입니다. 하지만 하느님 나라에 가기를 희망한다면 군주국가에서 사는 법을 배우는 것이 더 좋은 생각입니다. 하느님 나라에서는 다수가 아닌 하느님이 마지막 말을 합니다.

• **그룹 나눔** 하느님 나라의 언급을 들을 때(예, 주님의 기도에서) 무엇이 떠오르나요?

• **개인 성찰** 주님의 기도(마태 6,9-13)를 나를 왕의 신하로 보는 새로운 시각을 가지고 바칩니다.

하느님 나라의 주제는 루카복음에서 44번의 언급과 함께 관통합니다. 그것은 조용한 물 한 방울로 시작하여 물줄기로 자라다가 예수님이 끝자락에 가까이 오실 때 강이 됩니다. 오늘 공부에서 그 한 방울이 어떻게 눈에 띄게 되는지 살펴봅니다. 루카 4,14-30을 읽습니다.

가 질문과 나눔

1. 이 단락 전체에 걸쳐서 어떤 강한 단어들과 구절들이 묘사됩니다, 이것들은 사람들이 예수님께 어떻게 반응했음을 보여줍니까?

2. 내가 회당의 충실한 멤버라고 상상하고, 읽기를 준비하시는 예수님의 신체적 움직임을 묘사하십시오(16-17절, 20절). 그 때 그 자리에 있었다면 어떻게 느꼈을까요?

3. 예수님께서 자신의 주장을 하실 때(21절), 어떤 다양한 생각과 감정들이 청중들에게 밀려왔을까요?

4. 예수님께 대한 나자렛 사람들의 신속한 태도 변화를 유심히 봅니다. 찬사(22절)에서 분노(28절)까지의 변화를 어떻게 설명하겠습니까?

5. 나 역시 처음에는 예수님께 열광적이었던 사람들을 알 것입니다. 그러나 무슨 일이 생기면 그분을 향한 태도는 변합니다. 그들은 어떤 편견과 합리화를 표현했습니까?

나는 그들에게 어떻게 반응했습니까(혹은 반응하겠습니까)?

6. 루카 4,31-44를 읽습니다. 고향 사람들에게는 환영받지 못하시고, 예수님께서는 이제 카파르나움을 활동의 기반으로 만드십니다. 본문은 예수님의 하루 24시간을 기록합니다. 이 24시간 동안의 그분의 다양한 활동과 장소를 설명합니다.

본문에서 예수님을 일중독이라고 부르는 사람에게 어떻게 대답하겠습니까?

7. 루카 5,1-16을 읽습니다. 예수님께서 시몬 베드로에게 모든 걸 버리고 그분을 따르도록 설득하시는 단계들을 나열합니다.

어떤 단계에서 나를 시몬 베드로와 동일시 할 수 있으며 왜 그렇습니까?

8. 나병 환자의 치유(12-16절)는 예수님께서 일반적으로 어떻게 사람들을 도우셨는가에 대한 루카의 예화로 보입니다. 사람들을 돕는 자로서의 예수님을 특징짓는 것은 무엇입니까?

9. 다른 사람들을 위한 나의 직무를 생각해 봅니다. 예수님이 이루신 직무 가운데 어떤 사목의 자질을 내 성격에 더하거나 강화하고 싶습니까?

무엇이 이 자질을 키우겠습니까?

기도하기

예수님을 왕으로 섬기는 겸손함을 갖도록 기도합니다.

실천하기

루카복음에서 하느님 나라에 관한 각 언급에 밑줄을 긋거나 여백에 "KG"를 표시합니다. 1,33; 4,5; 4,43; 6,20; 7,28; 8,1.10이 시작입니다. 이 주제의 전개 패턴을 살펴봅니다. 계속합니다. 점점 더 흥미로울 것입니다!

루카는 예수님의 사목 첫해 초기에 예수님을 거부한 나자렛에서의 이야기를 전체 복음의 개요로 보았을 것입니다(마르 6,1-6에서는 거부를 두 번째 해의 초기에 넣었습니다). 주요 부분들을 -사람들의 찬사와 편견, 그들의 거부, 살해시도, 기적적인 탈출- 보기 위해 훑어봅니다.

성찰

일본천주교회의 역사는 피비린내난다. 왜 도망들을 못간 걸까? 왜 죽으나 사나 자기 영주 밑에 있었을까? 세끼검문소 때문이란다. 영주의 영역을 벗어나도 다른 영주에게 죽임을 당해야하니 체념하는 것이다. 이런 체념심리는 지금도 여전한 듯하다. 코로나 기간 동안 수십만 명의 노인들이 죽었는데도 정부에 대한 비판이 없다. 일본정부는 말 그대로 갑질 하는데도, 체념하는 것이다.

갑질 정부에 항의하고 항거하는 우리국민들과는 정반대의 성향인 일본의 권력자들은 우리나라에서도 세끼를 만들고, 우리국민들을 무기력화 시키고 체념화 시키려 하였다. 그러나 우리국민들은 일본인들과는 달리 체념하지 않고 끊임없이 대항하였다. 나는 이런 우리국민정서가 자랑스럽다. 문제는 일본극우들은 아직도 식민지시절을 그리워하고 있고, 우리 중 일부 몰지각한 자들도 그에 동조하고 있다는 것이다. 세끼 같은 폭력적인 방법으로 국민을 노예화하려는 자들은 용서해선 안 된다.

그런데 종교 안에서도 심리적 세끼를 악용하는 일들이 빈번하다 자기 종교 외에는 구원이 없다고 하여서 심리적 감옥에 가두고 가스라이팅으로 죄책감을 심어주어서 스스로 노예가 되게 만드는 악행들이 아직도 빈번하다. 주님은 '우리를 종이 아니라 벗이라 부르겠다'하셨는데, 주님의 벗들을 다시 종으로 만드는 자들은 세끼를 만든 일본영주들과 다를 바 없는 가인의 후예들이다. -홍성남 신부 2023. 2.28 페이스북-

나 말씀묵상

• **"우리가 다르지만 하나가 되도록 인도하시는 성령":** 하느님의 영이 우리 위에 내리셨다. 레위인들은 율법서(십계명)를 설명하면서 읽어주었다. 바오로 사도에 따르면 "몸은 한 지체가 아니라 많은 지체로 되어있다. 그러므로 여러분은 그리스도의 몸이고 한 사람 한 사람이 그 지체이다." 복음은 하느님의 영이 내 위에 내리셨다고 말한다. 주님의 메시지는 율법서와 예언서 그리고 성령을 받아 그 성경말씀이 너희가 듣는 가운데에서 이루어졌다는 것이다. 시드니 한인성당에서 필자는 본당신부로서 하느님 백성이 함께 걸어갈 사목지표를 매년 단계적으로 4C Movements를 시작하였다. 이는 하느님과 일치, 이웃과 일치, 피조물과 일치, 자기 자신과 일치를 말한다. 하지만 코로나 판데믹은 이 운동을 다음으로 미루도록 하였다. 주님의 성령께서 늘 인도하실 것을 믿기 때문이다.

• **주님의 영이 내 위에 내리셨다:** 하느님의 영이 내린 신앙인의 삶이란 창세기 첫 장에 나오는 세상 창조 이야기로 시작하는 아름다운 시와 같다. 하느님의 영이 물 위를 휘돌고 있었다(창세 1,1 이하). 물 없이 생명은 살아갈 수 없다. 하지만 물의 심연 곧 그 깊

이는 우리를 두렵고 놀라게 하고 헤아릴 수 없게 한다. 인간도 심연처럼 헤아릴 수 없는 존재다. 인간이 태어날 때, 매우 약한 피조물이지만 무엇이 될 수 있을까? 그러나 성경의 이야기에서는 인간에게 또 다른 신성의 영적 요소가 있다고 말하고 있다. 곧 심연에서 땅 그리고 생명과 아름다움의 충만함이 나왔다. 비유적인 것은 그리스도의 강생에서도 일어난다. 성령께서 신인성(神人性)을 담은 인간을 변화로 인도하도록 내려오신다. 우리 생명 안에서도 성령이 내려오시고, 세례의 물로 하느님의 아들이 변화된다. 그분과 함께 우리는 성전이 된다. 인간 마음인 그 낙원에서 영의 현시, 진리의 모든 꽃들이 자랄 수 있다.

• **역사의 물 위에 영(루카 4,14-22):** 성경에는 많은 종류의 편지들이 있다. 구약에서는 역사서들이 일반적이다. 이스라엘 백성의 역사, 아브라함의 선택, 에집트, 해방, 광야의 순례, 거룩한 땅의 점령, 나라의 기초, 분리, 점령, 정복 등의 사건들 사이에서 백성들은 행복 또는 불행한 운명에 처해진다. 이스라엘의 역사는 이처럼 특별한 성격을 가지며 하느님의 영이 그 위에 내린다. 그리고 모든 사실들을 발견하는 거룩한 감각을 지닌다. 어떻게 그것을 발견하는가? 모든 구약의 사건들, 행복과 불행한 사건들이 사람들을 그리스도께 인도한다. 그렇게 "우리 인격의 역사와 함께"

맺었다. 그때에 예수님께서 성령의 힘을 지니고 갈릴래아로 돌아가시니...(루카 4,14) 예수님께서는 당신이 자라신 나자렛으로 가시어, 안식일에 늘 하시던 대로 회당에 들어가셨다. 그리고 성경을 봉독하려고 일어서시자...(루카 4,16) "주님의 영이 내 위에 내리셨다."(루카 4,18) "오늘 이 성경말씀이 너희가 듣는 가운데에서 이루어졌다."(루카 4,21) "성경 위로 흐르는 물, 성령"의 말씀은 오리게네스의 표현이다. 오늘날 우리는 성경을 단지 하나의 책으로만 생각하는데 익숙하다. 하지만 그렇지 않다. 그 안에서 우리는 하느님의 말씀을 읽는다. 알렉산드리아의 박사, 오리게네스에게 성경과 함께 접근하는 첫 번째 의미는 이해하기에 쉽지 않으며 어렵게 보인다. 성경의 많은 책들은 예를 들어 마카베오의 전쟁이야기는 그렇게 흥미롭지 않다. 그래서일까 구약에서는 흥미 없는 전례의식들과 종종 위생학적인 긴 명단들도 존재한다. 그래서 그리스도인들은 흥미를 잃거나 관계없는 것들이라고 거기에 더 이상 관심을 두지 않을 수 있다. 우리가 성경들의 이러한 여러 가지 삶의 내용들이 섞여있는 혼합물을 대하면서 어떻게 긍정적인 태도를 취할 것인가? 하지만 하느님의 영이 펄럭이는 그 말씀 위에, 곧 성경 위에 흐르는 물로서 영이 말씀의 심연 가운데에서 휘돌고 있는 듯 보인다. 곧 하느님께서 성령을 통해서 무엇인가 말씀하기를 원하신 것이다. 다시 말해서 모든 성경의 본문들은 영적 감각과 그 뜻을 감추어 가지게 되어 있는 것이다. 성경 말씀은 모든 것에서 이중의 해석을 할 수 있다는 것이다. 첫째는 성경을 바르게 이해하기 위해서는 너무 인간적이고 많은 변화들이 존재하고 담겨져 있다. 그래서 성경의 그 말씀들이 그들 사이에서 이치에 맞지 않는 해석을 제공할 수 있다. 둘째는 그럼에도 말씀들은 사실 이 모든 것을 넘어선다. 곧 그 말씀이 지니는 유일하고 독특한 영적 감각을 가진다는 것이다. 다만 누가 그것을 발견하고, 참으로 그 성경을 읽을 수 있는 가에 달려있다. 그런 예를 잘 보여주는 것이 이 복음이다. 우리는 예수께서 이사야 글을 자신의 고향 나자렛 회당에서 읽고, 해석할 때 예수님 자신으로부터 오는 말씀의 참의미가 발견되고 있다는 것을 알 수 있다. 결국 말씀을 나의 삶에서 읽어내는 그 순간 그 의미가 발생하고 해석되며 참으로 이해하는 영의 이끌림 일어날 것이다. 그 모델이 예수님께서 읽고 이해하고 선포하신 이사야의 두루마리이다. 일상에서 그 말씀을 읽고 이해하고 선포할 때 그 의미가 나의 자리에서 행동하는 말씀으로 실천될 것이다. 실제로 예수께서 "오늘 이 성경말씀이 너희가 듣는 가운데에서 이루어졌다."(루카 4,21)는 말씀이 많은 사람을 통해서 경험되었다. 평강공주는 온달을 바보로 호칭하는 대신에 이미 '장군'이라고 부르면서 그 말이 이루어졌다. 에디슨의 어머니는 다른 아이들보다 말이 더딘 아들에게 "우리 아들의 머리가 너무 좋아서 입이 아직 못 따라가는구나!" 하자 그 말이 이루어져 발명가가 되었다. 케네디는 "조국이 여러분을 위해 무엇을 할 수 있는지 묻지 말고, 여러분이 조국을 위해 무엇을 할 수 있는지 스스로 물어보십시오."라는 말이 이루어졌으며, 링컨 또한 국민의, 국민을 위한, 국민에 의한...이라는 명언이 이루어지는 말을 했다. 성경말씀이 내 안에서 이루어지는 행동으로 주님의 뜻을 실현할 수 있을 것으로 믿는다.

• **루카 1,1-4; 4,14-21:** 성령이 임하는 장면으로서 하느님께서 성자 아들 예수 그리스도께 성령으로 기름을 부어주셔서 예수님이 메시아임을 공식적으로 드러내신다. 마치 대통령이 취임식에서 말씀하시는 것 같다. 루카는 자신의 신학과 구조를 진술하면서 특히 중요하게 강조하고 있는 점은 루카복음의 서문을 역사적이고 문학적이며 신학적인 중요성을 의식하고 있는 점이다. 그래서 루카의 서문이 말하고자 하는 것은 루카 공동체 전승의 유효성과 필요성을 인식하고 있으며 진실성을 말하고 있다(1-4).

루카는 예수님께서 공적으로 말씀을 선포하시기 전에 나자렛의 한 회당에서 있었던 에피소드를 전하고 있다. 나자렛 이야기는 중요한데, 무엇보다 영의 힘 안에서 오시는 점이 그렇다(14절). 그 영 안에서 예수님은 근본적으로 충만하시다(4,1). 세례 때 이미 예수님은 성령을 받으셨다. 예수님 위에 충만하게 오신 성령에 의해 세례를 받으셨다. 그분이 복음을 선포하고 이적들을 행하신다. 예수님은 오늘도 성령의 능력을 충만히 받고 갈릴래아로 돌아오셨다(14절). 예수님께서 오늘 발생하는 나자렛의 에피소드 이전에 이미 복음을 선포하시고 이적을 행하신 소문은 벌써 퍼졌다(마르 1,16-39). 예수님의 말씀 선포 방법이 그런 것처럼 그분은 안식일에 회당에서 가르치시곤 하셨다. 사람들은 가르치시는 예수님께 칭찬을 아끼지 않는다(15절). 예수님은 안식일에 당신이 자란 고향 나자렛 회당에 가셔서 성서를 읽으신다(16절). 일반적으로 모세오경의 율법서 부분은 사제들이나 레위인들에 의해 읽혀졌고 성서의 나머지는 신도들에 의해 읽혀진다. 예수님도 일반 신도이므로 율법서가 아닌 이사야 예언서의 두루마리를 받아 들으시고 읽으신다. "주님의 성령이 나에게 내리셨다"(18절). 이는 이사 61,1-2절의 말씀인데, 이 말씀은 눈에 보이게 경이로움을 선사하고 있다. 성령께서 구약에서부터 기다려온 결정적인 인물 예수님 위에 머무신다. 이는 세례자 요한이 선포한 것 같이 지나가시는 예수님을 하느님의 어린 양(이사 53,7; 요한 1,32-33)으로 선언하신 것과 동일한 것이 분명하다. 주께서 나에게 기름을 부으셨다는 것은 축성의 의미이며 하느님께서 현재 선택한 자 위에 명백하게 임하시고 일을 맡기시는 것을 나타내는 신비적 징표이다. 이는 예수님께서 메시아 왕으로서 축성되시는 것을 말한다. 하느님의 소유와 선택 그리고 성령의 축성은 예수님이 왕 메시아이심을 확인한다. 사제나 신랑 그리고 지혜의 선물을 받은 자들도 축성된다. 분명한 것은 영은 하느님의 선물이다. 특히 왕, 예언자, 사제 직분의 현존이 드러나는 고통 받는 종(이사 42,1; 44,3; 48,16)에게 구원적 사명을 위해 주어진 하느님 영의 선물이다.

예수님께 영에 의해 인도된 하느님의 기름부음의 구원적 기능을 18절-19절에서 진술하고 있다. 첫째 기능은 무엇보다 가난한 이들에게 복음을 전하게 하셨다. 왜냐하면 하느님은 모든 사람을 사랑하시지만 더 우선해야 하는 것은 가난하고 신심 깊은 사람들이다. 그들은 하느님 나라의 선포를 기다려온 자들이고, 총체적인 구원이 요청되는 조건하에 처해 있는 사람들이며, 하느님의 유일한 그리고 마지막 위로를 받아야 할 자들이다.

묶인 사람들에게는 해방을 알려 주는 것이 용서이다. 형제들에 의해 억눌렸던 자들이 이제 하느님과 형제들 앞에서 잘못의 총체적인 탕감을 받는다고 선포한다. 오직 왕만이 잘못을 사해주신다.

눈먼 사람들은 보게 하는 것은 죄와 무지 때문에 흐려진 정신을 지닌 자를 밝게 비추시는 예언자적 기능이다. 야훼의 고통 받는 종이 그렇게 한다(이사 42,7). 억눌린 사람들에게는 자유를 주는 것은 은총의 대희년 정신의 핵심이다. 하느님에 의해 이미 마음의 참회자, 회심자들을 용서하는 것이다. 이는 전형적인 사제적 희년의 기능이다. 18절-19절은 이사야 61,1-2절의 인용이다 바빌론 유배에서 돌아온 배경으로 상황을 그리고 있는 제 삼 이사야서이다. 유배에서 돌아온 백성들은 아직 그들이 원하던 신앙적인 삶의 자리를 잡지 못하고 있던 터였다. 그래서 예언자 이사야는 백성들에게 미래에 대한 긍정적이고 희망적인 도래를 선포하고 있다. 예수님도 똑같이 그렇게 선포하고 바로 그렇게 실행하려고 오셨다. 당신 백성 가운데 살기 위해 오셨다. 희년을 선포하시며, 오십 년에 한 번 씩 오는 총체적 보편적 탕감의 해를 선포하셨다. 이 희년이 영의 작용으로 움직인다. 총체적 탕감은 예수님께서 십자가에 의해 이미 선물하셨다. 이제 가족은 하느님의 가족으로 변화된다. 가난한 자, 감옥에 갇힌 자. 소경, 회심자 그들이 바로 이 가족들이다. 자유를 찾은 종들은 이제 충만한 삶을 산다. 빚진 자들은 탕감 받는다. 재산은 환원된다. 그리고 공통소유로 주어진다(사도 2,41-47;4,32-35). 이제 마지막 조국 땅인 새 하늘 새 땅이 온다. 예수께서 두루마리를 말아서 시중들던 사람에게 되돌려 주고 자리에 앉으셨다. 그러자 회당에 모였던 사람들의 눈이 모두 예수께 쏠렸다. 예수께서 말씀하신다. "이 성서의 말씀이 오늘 너희가 들은 이 자리에서 이루어졌다." 우리의 눈 안에서, 말씀을 들음으로써 하느님은 예수님에 의해 선포된 성서 말씀을 이루신다. 어제와 같이 항상 오늘도.. 하느님의 은총의 희년은 특별한 효능을 우리에게 만들어내기 시작할 것이다. 그러나 조건은 하느님께서 우리 안에 그것을 실현하실 수 있도록 말씀을 들어야 한다. 우리는, 또 교회는 그러한가?

• **루카 4,21-30:** 회당에서 읽으신 성서의 말씀(4,18-19)이 오늘 하느님에 의해 여러분의 안전(案前)에서 이루어졌다(21절)고 말씀하신다. 은총의 대희년의 내용(18-19절; 이사 61,1-2; 레위 25,10)이 이루진 것이다. 이제 분명해진 것은 예수님의 사명이다. 당신이 읽으신 그 하느님의 말씀을 이루시는 것이 그분의 사명이다. 그분의 사명은 모든 총체적인 잘못을 용서하시는 하느님 선물 성령의 jubilee(대희년)이다. 사실은 하느님은 구약에서 원수들을 위해서가 아니라 하느님 백성을 향해 악하게 범죄 한 것에 대해 갚아 주시는 것이 희년의 정신이다. 그러나 하느님의 오늘은 원수와 친구의 구별 없이 모두에게 자비를 베푸신다. 메시아 왕은 복수자가 아니다. 그분은 선의 구원자이시다. 메시아의 사명은 하느님 현실의 새로운 비젼을 받아들이지 않는 자에게 다가가는 구원에 대한 증명이다. 그것은 예수님의 성서 봉독을 듣고 보고한 그들의 반응에서 발견하게 된다. 사람들은 모두 예수를 칭찬하였고 그가 하시는 은총의 말씀에 탄복하며 "저 사람은 요셉의 아들

이 아닌가?" 하고 수군거렸다. 그들의 반응과 행동은 멈추지 않는다. 예수께서는 그 반응을 알아채시고 그리스 세계의 비유를 통해서 말씀하신다. "너희는 틀림없이 '의사야, 네 병이나 고쳐라.' 하는 속담을 들며"(23절). 이제 카파르나움 전역에서 전개될 예수님의 행동(치유기적)을 보면 필히 예수님은 영혼과 몸을 치유하시는 하느님 의사이시다(40절). 그러나 예수님은 믿음의 현존 안에서만 오직 그 이적의 치유를 나타내신다. "너의 하느님을 떠보지 마라"(4,12; 신명 6,16). 여기서 먼저 요청되는 것은 항상 믿음의 동의이다. 믿음은 사랑이다. 어떤 예언자도 자기 고향에서는 환영을 받지 못한다(신명 18,15-19)고 예수님은 이어서 말씀하신다. 예수님 자신에 대해서 말씀하시기도 하지만 이 말은 당신께서 파견하고 함께 선교하실 많은 제자 예언자를 두고도 하신 것이다. 사실 우리에게도 고향에서는 그런 면이 없지 않다. 예수님은 엘리야와 엘리사의 사실을 다시 말씀하신다. 삼년 반 동안 즉 42개월은 슬픔의 시간이 마감될 기다림을 뜻한다(25-26절). 다마스커스 사절 시리아 사람 나아만의 이야기도 믿음에 대한 것이다. 하느님은 결국 예언자를 보내시는데 그것은 당신 백성의 믿음을 마음 안에서 일어서게 요청하도록 하는데 있다. 회당에 있던 자들이 화가 났다. 그들은 예수님을 동네 산 위 벼랑에서 밀어 떨어뜨리려 했다. 그런데 나자렛 근처에는 벼랑이 있는 바위가 없다고 한다. 아마도 군중들의 딱딱한 마음의 벼랑일 수 있다. 그러나 예수님의 시간은 아직 오지 않았다. 예수님은 그들의 한가운데를 지나서 자기 갈 길을 가셨다. 메시아 사명은 복수가 아니라 모두의 구원이다. 이제 우리의 믿음이 필요하다. 혹시 우리는, 그리고 교회는 모두의 구원자인가 아니면 일부에 대한 복수자인가? 믿음은 가까운 자 고향 사람이거나 멀리 있는 자 타향 사람이거나 모두를 받아들인다.

• **나자렛 고향에서의 예수. 예수님께서 회당에서 말씀하기 시작하셨다. "오늘 이 성경 말씀이 너희가 듣는 가운데에서 이루어졌다." 그러자 모두 그분을 좋게 말하며, 그분의 입에서 나오는 은총의 말씀에 놀라워하였다.(루카 4,22):** 누군가 자신을 지지하면 우리는 기분이 좋고 만족해한다. 왜 그럴까? 바로 공감과 일치의 힘 때문이다. 이러한 느낌들이 갖고 있는 조화에는 여러 타입이 있다. 곧 장사꾼들, 부부, 농부들, 과학자들 사이에서 일어난 단순한 동의와 공감은 크나큰 위로가 된다. 특별히 가까이 사는 가족들 사이에서는 힘을 얻는 데 공감이 절대적이다. 갈등 속에 있는 경우에는 그들 사이의 공감은 기적과 같은 일을 일으킨다. 바로 용서라는 선물이 상처가 났던 자리에 새살이 돋아나게 하기 때문이다. 이러한 공감의 느낌이 주는 힘은 상상할 수 없이 크다. 단순한 동

의와 공감이 크나큰 위로가 되는데, 바로 소속감과 연대감의 표현들이기 때문이다. 복음에서 먼저 나자렛 사람들은 모두가 말하고 있던 유명한 랍비, 율법선생이 그들 가운데 함께 있다는 것에 만족해했다. 그의 유명세가 마을주민들에게까지 많이 회자되곤 했기 때문이다. 그런데 윤리적인 시점에서 이런 태도는 두 가지 요소들을 가지고 있다. 곧 소속감과 연대감인데, 이런 감정들과 표현들이 기특하면서도 한편 이해할 만한 것이기도 하다. 그래서일까 사람들은 애국심이 변절된 자에게 더 이상 관심과 매력을 갖지 않고, 호감은커녕 분노가 일어난다. 하지만 첫 번째 요소, 소속감이라는 정서에 우리 스스로 멈추어보자! 우리는 종종 소속감 문화에서 멀어져 가면서, 그에 대한 감정이 이상하리만큼 바뀌어 부정적으로 평가하는 경향을 가진다. 하지만 혹시 우리가 그 사람에 대해 충분히 알아볼 기회를 갖는다면, 그 역시 가까운 이웃이고, 서로 비슷한 사람이라는 것을 알게 되어, 경멸을 하더라도 조금 약하게 할 수 있다.

• **회당에 있던 모든 사람들은 이 말씀을 듣고 화가 잔뜩 났다.(루카 4,28):** 하지만 복음은 어떻게 갑자기 의견이 바뀌었는지 그렇게 된 어떤 심리적 이유를 말하지 않는다. 사람들은 분노와 반대로 꽉 차 있다. 무슨 놀라운 일이 있었을까? 그런 태도에 대한 심

리적 설명을 어떻게 할 수 있을까? 연설하는 자는 그가 한 말을 얘기하면 좋아한다. 나도 신자들이 "오늘 강론 참 좋았다고 말하면 기분이 너무 좋다" 하지만 사람들이 다른 말을 하기 시작하면 슬프고 기분이 좋지 않다. 복음에서 사람들의 달라진 반응에 대해, 우리는 두 가지 결론을 말할 수 있다. 하나는 사람들의 반응이란, 어린이와 같다는 것이다. 다시 말해서 어린애 같이 말하는 것으로 보기에 충분한 것 같다. 또 다른 하나는 나와 생각이 다르다하더라도 존중해야 한다는 것이다. 예수님의 생각, 의견들과 그들의 의견의 차이가 공개적으로 드러나며, 아첨하지 않고 솔직하게 말하는 사람의 생각과 대화를 존중할 수 있어야 한다는 점이다 곧 영적 성장의 표징일 수 있다. 아부와 아첨은 민중선동(데모)의 기술이다. 오직 진리에 대한 참 식별과 사랑만이 비슷한 두 상황으로부터 우리를 보존할 수 있다(본당단체, 봉사자들의 관계에서 많이 숙고할 내용이다).

• **그들은 ..... 예수님을 고을 밖으로 내몰았다....예수님을 그 벼랑... 거기에서 떨어뜨리려고 하였다.(루카 4,29):** 건강한 조직은 유해할 수 있는 것을 제거한다. 그 대신 병든 조직은 자기 집단을 견고하게 하기 위해 필요하지만 그것을 소화하지 못하는 것을 제거한다. 세상은 그리스도를 지지하지 않는다. 그를 제거하는 모든

방법을 찾는다. 제1차 세계대전에서 예술품들이 왜 파괴되었는가? 1917년 러시아 혁명 때 교회, 성화물, 형상물들이 무자비하게 사라졌다. 일련의 교회 사건들이 그렇다. 야만적인 행동에 우리는 동의하거나 굴복하지 말아야 한다. 그런 행동은 정신 안에서 내적으로 일어나는 것을 막고 파괴하는 행위로 외적인 성찰을 회피하는 것이다. 그리스도의 생각이 제거될 때, 우리의 영혼과 정신과 같은 구조도 붕괴된다. 그 아름다움을 갱신할 수 있도록 그리스도의 정신, 생각 곧 복음을 표현하고 실행하며 회복할 필요가 있다.

• **"나와 생각이 다르더라도 존중하자! 이것이 오늘 바오로 사도가 말씀하시는 사랑이다":** 믿음의 목적은 보이는 것을 넘어 보이지 않는 것을 믿는 것이다. 구약은 믿음의 책인데, 바로 믿음을 키우려면 구약성경을 통해 하느님의 뜻, 율법을 마음으로 지키면 된다. 사람들은 믿지 않기 때문에 싸우는 것인데 그래서 구약성경은 싸우는 전쟁이야기를 전한다. 가정, 본당등 공동체에서도 믿지 못해 싸운다. 하느님께서는 예레미아에게 하느님을 믿고 당당히 불신에 맞서라고 한다. "오늘 내가 너를... 온 땅에 맞서게 하겠다. 그들이 너와 맞서 싸우겠지만 너를 당해 내지 못할 것이다. 내가 너를 구하려고 너와 함께 있기 때문이다"(예레 1,18-19). 사도 바

오로는 믿음과 희망과 사랑이 계속되고 으뜸은 사랑이라고 말한다. 믿음은 구약의 가치, 희망은 현재의 가치, 사랑은 신약의 가치인데 바로 천국의 가치를 말한다. 사랑은 무엇일까? 성경은 말한다. 사랑은 1. 판단중지(선악과를 따먹지 말라) 2. 감정과 마음 그리고 생각의 표현이고(말씀이 사람이 되심) 3. 희생(십자가)이다. 우리는 부분적으로 알지만 하느님은 나를 온전히 알게 한다. 부분적으로 판단치 말고 온전히 볼 수 있는 하느님의 눈으로 바라보면 참으로 사랑할 수 있다. 기도하고 미사하며 영적인 가치를 수련하면 하느님의 시선으로 온전히 볼 수 있다.

• **2월 2일은 봉헌축일이다. 봉헌이란, 무엇을 의미할까?:** 하느님께 속해 있다는 것에 마음을 담아 드리는 것이다. 헌금, 삶, 재능, 봉사.... 우리 모든 것들이 하느님께 속해 있다. 세상 삶을 마칠 때 우리는 아무것도 하늘에 가져가지 않고 모든 것을 놓고 간다. 하느님께 속한 것을 놓고 가는 것이다. 사람들은 왜 주님을 받아들이지 않고 벼랑 끝에 밀어버리려 했을까. 세상은 이처럼 그리스도를 거부한다. 예수님의 십자가를 종종 놓친다. 엔도슈사크는 예수님께서 사람들과 친하게만 살았다면 십자가를 질 필요가 없다고 말했다. 나와 생각이 다르더라도 존중하는 것이 사랑이고 희생이다. 노력 봉사도 희생이지만 상대방의 생각과 의견을 존중

하는 것도 희생이다. 영적 성장에서 자기 생각을 나누는 것이 참으로 중요한 성숙의 요소가 된다. 전 세계에서 성공한 자들이 유다인들이 많은데 왜 그럴까? 믿음의 능력을 말한다. 그렇다면 그리스도인 그리고 우리나라 사람에게는 무엇이 지혜일까? 바로 믿음이라는 토대로 친구 사귀는 것(군대, 학교, 고향...성당, 단체)은 물론 특히 어려운 이웃을 위해 희생을 하는 사랑(금 모으기 등)이다. 친해지는 것이 참으로 좋은데, 나와 다른 생각을 가진 자를 존중하는 것은 더욱 영적으로 가까워지는 하느님을 닮은 사랑인 듯 싶다. 믿음으로 친해지고 사랑으로 덮어주는 그리스도인으로 초대받은 여러분! 사랑합니다.

• **더러운 영에게 명령하다(루카 4,31-37). "더러운 마귀의 영이 들린 사람":** 악령이 존재하는가? 그렇다면 그들의 본질과 힘은 무엇인가? 이 질문에 대한 답은 단계적으로 찾아야 한다. 우리는 악을 이해할 수 없다. 왜냐하면 우리가 악의 반대 곧 선을 모르기 때문이다. 모든 선이 예수 그리스도 안에 집중된다는 것을 납득할 때만이 우리는 악이 인격적 요소, 사탄의 신비, 반대라는 현실을 받아드린다. 교회초기에는 마귀에 대한 개념이 매우 모호하였다. 복음도 그 시대의 대중적인 믿음의 언어로 사용을 하였다. 고대 동방사람들은 어둠의 힘, 인간들의 적들이 세상에서 극대화

되고 있음을 보았다. 그 힘들은 공격하고, 마비시키며, 병들게 하면서 이성을 빼앗고, 숨어서 알지 못하는 강한 마술의 능력을 발휘하고 있다. 이 모든 것들에 대해서 성경도 기본적으로 동의하고 있다. 성경 역시 모든 악의 첫 원인을 죄로 제시하고 있다. 기적으로 병을 고치는 예수님은 당신을 치유자로서 소개하길 바라지 않으시고 오히려 우리들의 불행과 병의 첫 원인이 무엇인가를 가르치고 있다. 세상에서 하느님의 업적을 방해하는 존재들이 바로 악이다.

• **"권위와 힘을 가지고 더러운 영들에게 명령하니":** 복음도 그 당시 삶의 언어로 말씀하고 있다. 성서적 계시의 전형적인 또 다른 측면을 강조하고 있다. 악은 무능한 신들에 반대해서 나타나는 비인격적이고 비극적인 힘이 아니다. 악은 불행과 병, 병세에서 그 원인이 온다. 분명히 악은 세상을 지배한다. 그러나 예수님은 그 반대를 보여주고 계신다. "나쁜 악, 존재들이 하느님의 은총 앞에서 무능하다는 것"을 보여주신다. 이집트의 수도자들은 그들이 기도로 마귀들을 쫓아내기 위해 악령들이 있던 장소에서 주로 거주하곤 했다. 교회교부들은 사탄을 줄에 묶어 놓은 개와 비교하였다. 왜냐하면 자유롭게 선택하여 개에게 다가가는 자만을 개는 물기 때문이다. 우리는 악을 이기려고 그리스도와 함께 부르심을 받았다.

• **"저는 당신이 누구신지 압니다. 당신은 하느님의 거룩하신 분이십니다."(루카 4,34):** 이 말씀은 마귀 걸린 사람이 부르짖는 고백으로서 우리를 놀라게 한다. 그리스도의 신성에 관한 고백이다. 오직 성인들이 증언하는 힘든 작업과 함께 사람들은 그리스도께 달려가고 있지 않은가! 나쁜 영은 특별한 통찰력을 소유하고 있다. 그 통찰력은 특별히 하느님의 전능이 드러나야 하는 곳에서 참으로 발견되고 근본적으로 하느님에 반대하는 것을 즉시 나타나게 한다. 로욜라의 이냐시오 성인은 굽힐 수 없는 반대와 예측할 수 없고 형용할 수 없는 어려움을 만나곤 했을 때 성인 스스로 갖고 있는 어떤 계획이 거룩함에로 다가갈 수 있음을 말씀하였다. 악령은 그리스도를 반대해서 그리스도의 힘을 끊어 놓고 세상에 그리스도의 영향을 제한할 수 있는 그 어떤 것이다. 그러나 이것 역시 구세사의 한 부분이다. 사자바 수도원의 창설자 프로코피오 성인의 체코에서의 전설은 전한다. "그 주변에 살던 농부들이 농사를 지을 때, 악마가 쟁기에 매달린 채 땅을 갈고 있는 모습을 보고 신앙으로 인도하였다." 상징적인 에피소드이다. 성인은 악을 선과 함께 협력하도록 밀어주는 자이다.

• **병의 의미(루카 4,38-44). "사람들이 갖가지 질병을 앓는 이들을 있는 대로 모두 예수님께 데리고 왔다."(루카 4,40):** 건강은 사

람에게 살아가는 힘과 그 자체로 신뢰심을 느끼도록 한다. 그래서인지 건강하게 살아가는 사람은 세상을 지배할 수 있는 용기까지 생겨 살아간다. 하지만 반대로 병은 허약함과 무능함을 보여주고, 실행하는 일을 할 수 없도록 방해도 하며, 결국 고통이 기쁨과 사는 맛을 끊어버린다. 그러나 보다 광의적인 면에서 병의 긍정적인 요소를 찾아 볼 수 있다. 병은 우리를 이웃에게 다가가도록 한다. 부부간에 갈등과 소원한 관계를 가지고 있다면, 둘 중 한 사람이 병이 들어 아플 때, 서로 새롭게 가까워진다. 중병과 긴 병에 효자가 없다는 말도 하지만 중병과 긴병은 종종 인간을 하느님께 더욱 가깝게 하는 좋은 효과를 지니게 한다. 병으로 각자가 약해졌지만 그를 통해 고독과 고통을 분명히 인식하는 인간성숙의 소득이 분명 발견된다. 그러므로 병은 그리스도 안에 휴식과 안식을 찾으며 기도 속에서 성장하도록 우리를 초대한다. 주님 안의 쉼과 기도는 우리의 병을 치유하도록 도와주고, 삶의 의미를 더욱 긍정적으로 깨달으며, 영성적으로 치유하도록 느끼게 한다.

• **"한 사람 한 사람에게 손을 얹으시어 그들을 고쳐 주셨다."(루카 4,40):** 종교는 병과 죄 사이의 관계와 의미를 찾고 있다. 물리적이고 윤리적 악 사이에서 그 관계를 발견하고 있다. 성경에서 병

은 하느님의 벌로 생각했고, 주님과의 계약준수를 깨어버린 결과라고 말한다. 신학자들도 하느님의 처벌은 치료를 위한 약효 성격을 갖고 있으며 영적 치료약의 기능을 한다고 말한다. 병은 우리의 한계와 죄에 대한 충분한 인식을 하도록 우리를 인도한다. 그런데 병에 대한 치유에 있어서 먼저 좋은 방법이란 스스로 힘을 들여서 자생적으로 노력하고 마음과 몸 그리고 삶의 윤리적 결심을 하는 것이다. 성경은 죄와 병사이의 이와 같은 관계에 대해 정확하게 언급하지 않는다. 그러나 시초부터 하느님으로부터 멀어진 죄인을 주님께 다가가 치유되도록 우리 모두 세상에서 치유자 역할을 해야 한다. 우리 개인의 병은 그러므로 하느님 앞에 새로운 접근의 기회로 삼아야 할 것이다.

• **"마귀들도 많은 사람에게서 나가며"(루카 4,41):** 모든 시대에 사람들은 고통과 병이 어디에서 오는지를 묻고 있다. 마치 부정적 요소로서의 병이 본질적으로 사람에게 오고 있다고 믿어왔다. 그러나 살아있는 모든 존재는 필요에 따라 조화롭게 질서를 유지할 수 있는 데는 악마가 추방되고 병이 치유되었기 때문이다. 고대 동방 사람들은 "병들은 악령에 기원을 두었고, 또 인간들에 의해 공격받은 신들이 보냈다"고 믿어왔다. 사제들에게 병을 치유할 수 있는 직무가 맡겨졌다. 오늘날 사람들도 미신적인 실천을 하고

있다. 고통들과 병들의 뿌리가 종교, 윤리적 기원에 있다고 믿는다. 성경이 말하길 창조주의 손에서 나온 세상은 완전하고 틀림없다. 그런데 병들은 삶의 첫 원천을 찾게 하고, 하느님과 우리의 관계가 몰락한 것을 반성하게 한다.

• **"깊은 데로 저어 나가서 그물을 내려 고기를 잡아라!"(루카 5,4):** 주님의 성소는 우리가 일을 할 때 발생한다. 구약을 통해서 보더라도 많은 예언자들도 고통 중에, 노예의 억압 상태에서, 고요한 시간에 하느님께서 부르신다. 이 같은 상황에서 사람은 하느님의 목소리를 쉽게 들을 수 있다. 실패의 시간 같기도 하고, 힘든 때에 실망하고 낙담하고 있지만 바로 그 순간 하느님께서는 우리를 부르신다.

• **"말씀대로 제가 그물을 내리겠습니다."(루카 5,5):** 베드로도 밤새 고기를 잡느라고 애쓰고도 한 마리도 잡지 못했다. 그런데 베드로는 "깊은 데로 저어 나가서 그물을 내려 고기를 잡아라!"(루카 5,4) 하시는 주님의 말씀을 믿고, 호수에 그물을 던졌다. 즉시 그물은 고기로 가득 채워졌다. "기적이다!" 그물이 찢어질 만큼, 두개의 배가 가라앉을 만큼 고기를 많이 잡았다. 베드로는 즉시 주님의 말씀을 알아차렸다. 진리의 알아차림을 체험 하였다. 그래

서 앞으로 그에게 생겨날 모든 것을 뒤로하고, 세상을 움직이시는 하느님의 말씀이 존재한다는 것을 수락하였다. "만약 나(우리)에게 이 말씀이 (개별적으로) 다가왔다면, 나(우리)도 주님 목소리를 받아들이고 따를 수밖에 없을 것이다." -베드로의 성소, 나의 성소-

• **"주님, 저에게서 떠나 주십시오. 저는 죄 많은 사람입니다."(루카 5,8):** 하느님의 부르심을 받았을 때 나타나는 응답의 특징이다. 큰 임무를 맡았을 때 첫 반응은 부당하다는 고백이다. 그러나 시간과 함께 하느님은 인간적인 것과 다른 방법을 취하신다는 것을 이해하게 될 것이다. 또 다른 특징은 먼저 자기부정이다. 인간의 방법은 이런 일에 적당한지, 경쟁력과 능력이 있는지 살핀다. 그런데 하느님의 방법은 반대다. 먼저 누군가를 부르고, 그에게 확신을 준다. 그리고 함께 있겠다고 믿음(신뢰)를 주고, 결국 그에게 맡긴 일에 필요한 것을 주신다.

• **"두려워하지 마라. 이제부터 너는 사람을 낚을 것이다."(루카 5,10):** 하느님은 먼저 작은 것들에 충실한 (우리의) 순종을 먼저 보신다. "작은 일에 충실한 사람은 큰일에도 충실하다."(마태 25,23)는 주님 말씀처럼... 하지만 세상일에 잡혀있는 자들은 반대

로 살아간다. 큰 계획을 세우지만 떠난다. 일상 계획을 크게 조직화하지만 끝을 맺지 못하고, 마지막에 초라한 모습으로 종종 돌아온다. 그런데 하느님의 말씀은 작은 씨앗이다. 그렇지만 스스로 성장한다. 베드로가 자신의 본업인 어부 일을 성실히 하기 때문에 당신의 큰일을 맡기신다. "잘 하였다. 착하고 성실한 종아! 네가 작은 일에 성실하였으니 이제 내가 너에게 많은 일을 맡기겠다."(마태 25,23) 위대한 성인이나 수도원 창설자는 종종 아름답고 화려하며 어떤 큰 것을 세우려는 지향을 가지고 있지 않다. 프란치스코 성인도 폐허가 된 곳에 작은 교회를 세우는 것으로 시작했다. 이 작은 행동이 오늘까지 큰 운동으로 탄생됐다. "두려워하지 마라. 이제부터 너는 사람을 낚을 것이다." 하고 복음에서 주님은 말한다. 하느님의 뜻을 따르는 나은 방법은 오늘 하느님이 나(우리)에게 묻는 것을 "예" 하고 응답하는 것이다. 분명 우리가 알지 못하는 방법으로 큰일이 이루어질 것이다.

• **루카 5,1-11:** 마르코복음의 순서에 따르면 예수님께서 성령에 의해 세례를 받고 복음 선포, 하느님 나라 선포를 하였으며(마르 1,14-15) 그 다음 즉시 첫 제자들을 불렀다(마르 1,16-20). 그리고 카파르나움에서 기적을 행하셨다(마르 1,21-39). 그러나 루카복음에서 예수님께서는 나자렛 회당에서 은총의 희년을 선포하

시고(루카 4,1-30), 카파르나움에서 기적을 행하시고(루카 4,31-44), 신비로운 고기잡이를 하시며 제자들을 선택하신다. 많은 사람들이 주님께서 들려주시는 하느님의 말씀을 잘 듣고 있는 것으로 시작한다. 예수님은 호숫가의 배 두 척을 보시고 어부들은 그물을 씻고 있었다. 아마도 어부 가족들로 보인다. 성공적인 낚시나 고기잡이를 하기 위해서는 먼저 준비가 철저해야 한다. 그럼에도 역시 성공여부는 그날 일기에 달려있다. 또 그물 손질도 매우 어렵다. 갑각류나 해초류들이 그물에 걸려 그것을 손질하는 일은 매우 어렵다. 그래서 늘 그물을 손질해야 한다. 예수님은 그들이 고기를 낚는데 헛수고한 것을 알아차렸다. 그 중의 하나는 시몬의 배였다. 예수님은 시몬의 배 위에 올라 군중에게 가르치신다. 군중들은 끝까지 하느님의 말씀을 잘 듣고 있다. 이때 예수님은 두 가지 연결된 의미가 담긴 이적을 행하신다. 첫 째는 예수님이 계시지 않을 때도 고기잡이를 잘 헤쳐 나가야 한다는 뜻이 있다. 텅 비어있는 그물 안에 고기가 가득 차야 한다. 주님이 계시지 않아도... 두 번째는 주님과 함께 미래의 제자들이 사람들을 불러 모으는 사람 낚는 어부로 만드는 것이다. 그래서 예수님은 시몬에게 즉시 명령하신다. 깊은 호수 그 곳에 배를 대고 제자들에게 그물을 쳐 고기를 잡으라고 말씀하신다(루카 5,4). 시몬의 반응은 매우 온순하다. 시몬은 밤새 그물을 던졌지만 고기 한 마리 잡지 못한 상황이었다. 시몬은 자신의 숙련된 어부 경험과는 달리 주님 말씀에 대한 충만한 믿음으로 행동하고 있다는 그 운명을 아직 모르고 있는 듯하다. 그런데 고기잡이는 대성공이다. 고기잡이 동안 그물이 찢어질 지경으로 많은 고기를 잡았다(6절). 그러나 주님의 부활 다음에는 많은 고기 양에도 불구하고 그물이 찢어지지 않는다. "시몬 베드로는 배에 가서 그물을 육지로 끌어올렸다. 그물 속에는 153 마리나 되는 큰 고기가 가득히 들어 있었다. 그렇게 많은 고기가 들어 있었는데도 그물은 터지지 않았다."(요한 21,11) 다른 배들에 있는 동료들의 도움을 받을 정도로 고기잡이는 대성공이다. 두 배에 고기가 가득 찼다(7절). 오늘 복음에서 주님께서 원하시는 징표는 완성, 충만, 채움이다. 주님 안에서 우리도 완성을 실천해야 한다. 이제 루카는 시몬을 베드로라는 이름으로 함께 말한다. 시몬 베드로는 이제 예수님이 전능하신 주님이시라고 깨닫는다. 그러나 동시에 시몬 베드로는 예수님 앞에서 몸을 낮추고 있다. 그리고 자신은 죄인이라며 그로부터 떠나가실 것을 청한다. 예수님께서 지금 제시하는 이 기적의 숨은 징표는 부르심에 토대를 둔 말씀인 "두려워하지 마라"(10절)이다. 이 복음의 기적은 하느님께서 나타내 보이시는 확실한 구원의 보증이다. 이는 신현(神現, 하느님의 나타나심)이다. 이제부터 당신은 사람 낚는 어부가 될 것이다(10절). 그 예언적 말씀은 매우 빨리 그리고 쉽게 이루어진다. 그때부터 베드로와 그 동료들 제베대오의 두 아들 야고보와 요한 그들은 배를 호숫가에 대어놓은 다음 모든 것을 버리고 예수를 따라갔다. 부르심은 고기잡이 그물을 던지듯이 예수님으로부터 던져지는 것이다. 예수님의 제자로 부르심 받은 우리들 모두, 아버지, 어머니, 자녀, 의사, 회사원, 사업가, 노동자, 교사로서...모두들 그 부르심에 우리의 몸을 바르게 던지는가? 예수님의 제자들은 항상 그렇게 자신을 온전히 던져버린다. 그러기 위해 모든 것, 우리의 악습, 좋지 않는 욕심 등...을 던져야 한다. 그리고 그분을 따라간다. 모든 것을 버린다는 것은 주님께서 부르시는 최고 조건이 된다. 나는 어떤가? 우리나라는 또 교회는... 많은 물고기를 건지는가?

• **정신의 나병, 생각의 나병(루카 5,12-16). 온몸에 나병이 걸린 사람(루카 5,12):** 성경에서 나병이라는 말은 병만이 아니라 피부에 생기는 고름딱지가 생기는 병을 가리킨다. 그런데 육적으로 나병에 걸린 자는 몸만이 아니라 정신에서도 동일하게 고통스럽다. 왜냐하면 사회로부터 격리되었고, 모두가 그를 피하기 때문이다. 그러므로 나병환자를 몰아내듯, 죄를 범한 사람을 사회로부터 또한 밀어낸다. 그럼 나병환자든 죄인이든 그들을 어떻게 치유할 수 있을까? 오직 사랑만이 그를 밀어낸 자들에게 다시 인도할 수 있다.

• **"다만 사제에게 가서 네 몸을 보이고"(루카 5,14):** 죄 지은 자는 오직 하느님께 용서 받도록 청해야 한다고 생각한다. 그 절차가 더 좋다고 생각하는 사람이 있다. 사람들이 범하여 짓는 모든 인격적 죄에는 사회적인 요소가 또한 존재한다. 곧 시민들의 조합인 사회로부터 나병환자가 격리되는 것처럼, 인격적인 죄를 범한 자를 교회로부터도 또한 제외하는 모양이 강한 듯 보인다. 사제는 그 같은 죄인을 화해의 선물로 교회의 중심에 받아들여 가족들에게 돌아와 함께 존재하도록 초대하는 자이다. 한 마디로 중개자다. 판단하고 지적하며 더군다나 단죄하는 자가 아니라 서로 화해하고 친교를 살도록 안내하는 자다. 또한 사제는 주님께서 선물하시는 죄의 용서, 곧 사면과 함께 소위 죄인들이 새롭게 정화되고 또는 그들이 당연히 또 자연적으로 배제되었던 곳과 제외되었던 곳으로 돌아오도록 돕고 인도해야 한다.

• **"네가 깨끗해진 것에 대한 예물을 바쳐"(루카 5,14):** 유다의 믿는 이들은 병에서 치유되는 것은 하느님의 특별한 선물일 것이라고 확신하였다. 병은 죽음의 선포이고, 치유는 생명의 주인이신 하느님에게서 오는 삶으로 돌아가는 것이다. 화해의 성사는 영생으로 돌아감이다. 여기서 선물을 운반하는 것이 적합하다. 선물은 보속의 형태 아래 존재한다. 옛 교회에서는 교육적인 목적을 갖

는 무겁고 기나긴 보속을 짊어지곤 하였다. 왜냐하면 상징적으로 보속과 참회는 특별한 변화의 기간이기 때문이다. 곧 길고 느린 과정이다. 오늘날에는 모두 단순화되었다. 이것이 긍정적이지만 정말 하느님의 선물이고 봉헌되는 영적 치유에 대해 우리 안에서 검증되는 내적인 변화에 대한 양심을 잘 취하는 것이다. 이 때문에 사제의 죄사함 이후 우리는 하느님께 기도로 감사해야한다. 그리고 이는 깊고 심오한 것이어야 한다. 왜냐하면 우리는 위험에서 구원되었기 때문이다. 모든 죄는 생명을 공격한다.

돈보스코 성인의 예방교육 체크하기

√ 자녀들을 알아주기:

√ 자녀들을 믿어주기:

√ 자녀들을 사랑하기:

6. 권력에 대한 반대
(루카 5,17-6,11)

하느님은 항상 놀라움으로 가득차계십니다. 그분을 아는 사람들은 이를 기뻐하지만, 기존의 체계를 유지해야 안도감을 느끼는 사람들을 화나게 할 수 있습니다. 그들에게 한 가지 문제는 하느님은 종종 새롭고 신선한 것을 선택하신다는 것입니다. 그러면 포장된 종교와 오래된 전통이 위협을 받고 결국 무너지기 때문입니다.

• **그룹 나눔** 하느님이 나를 놀라게 한 적이 있습니까? 무슨 일이 있었습니까?

• **개인 성찰** 예수님은 놀라운 가르침과 활동으로 이스라엘에 등장하십니다. 갈릴래아에 있는 바리사이인들과 율법교사들, 두 종교지도자들은 그분을 맹렬히 반대하기 시작합니다. 그러나 예

수님이 회당에서 사목할 때 군중들은 그분을 안팎으로 따랐습니다. 루카 5,17-6,11을 읽습니다. 종교지도자들의 점차적인 충돌을 주의 깊게 봅니다.

가 질문과 나눔

1. 17절을 봅니다. 이 도입은 앞으로 무슨 일이 일어날지 예측하는데 어떻게 도움을 주나요?

2. 나를 종교 지도자라고 상상해 봅니다. 예수님의 점점 커지는 인기가 나를 어떻게 위협합니까? 5,17절에 제안된 그들의 바디랭귀지 곧 몸짓을 포함합니다.

3. 5,17-6,11에서 다섯 번의 적대적 만남은 예수님의 권위를 보여줍니다. 각각의 만남에서 추측(전통 혹은 편견 등을 바탕

으로 해서 생각하는 것)에 도전하는 그분의 생활방식은 무엇입니까? 예수님이 도전하는 추측을 전통과 편견이라는 가정들 아래에서 관찰해보세요. 예수께서 도전하는 또 다른 추측은 무엇인가요?

예수님의 혁신적인 활동들

예수께서는 죄를 용서하는 권위를 주장하였습니다.(5,17-26)

예수께서는 자신을 따르는 세리를 불렀습니다.(5,27-28)

공동체와 어울려 친교를 이루는 예수께서는 바리사이와 율법학자들의 투덜거림을 거절합니다.(5,29-32)

예수께서는 당신 제자들과 함께 즐거운 생활양식을 이끌었습니다.(5,33-39)

예수께서는 사람들을 도우려고 안식일에 일을 하셨습니다.(6,1-11)

예수께서 도전하는 추측들

하느님은 우리와 같은 인간으로 존재할 수 없습니다. 오직 열심한 사람들만이 거룩한 종교지도자들과 어울립니다. 그런데 예수께서는 그런 지도자가 아닙니다.

4. 5,21.30.33과 6,2.7의 바리사이들의 질문들을 비교해 봅시다. 그들은 암묵적이거나 명백한 비난을 합니다. 5,21에서 6,11까지 어떤 진행이 있습니까?

5. 예수님께서는 당대의 종교적 율법주의자들이 하느님에 대한 왜곡된 견해를 가르치는 것을 보았습니다. 오늘날 어떤 종교적 율법주의가 주님과 참된 안식일을 누리지 못하도록 막을 수 있다고 보셨습니까?

6. 종교 비평가들에게 대답하기 위하여 예수님으로 부터 어떤 기술을 배울 수 있습니까?

7. 이 5개의 에피소드에서 예수님은 삶의 기본 분야 -개인적인 죄와 죄책감, 동료인간들, 사회생활, 종교 생활방식, 안식일의 준수- 에 대해 권한을 행사하십니다. 나의 삶의 어떤 분야에 예수님의 권한이 없다고 느끼십니까?

이를 고치기 위해 첫 번째 해야 할 것이 무엇입니까?

8. 나는 이 만남들에서 무엇을 예수님께 가장 감사합니까?

기도하기

예수님 안에서 만나는 하나님의 새로운 관점과 실제적인 의미에 대해 감사합시다.

실천하기

안식일 준수는 예수님과 바리사이인 사이의 가장 극명한 불일치였습니다. 안식일은 "중단하다, 그만하다"를 뜻합니다. 이것이 어떻게 시작되었는지, 왜 중요한지와 좋은 준수와 나쁜 준수의 예를 봅니다(창세 2,2-3; 탈출 20,8-11; 이사 58,13; 아모 8,5).

현대의 율법주의는 불행하게도 여전히 일부 사람들의 하느님에 대한 견해를 왜곡합니다. 교회 안팎의 사람들, 적어도 6명에게 그들이 종교적 율법주의를 어떻게 생각하는지 물어봅니다. 가능한 강력한 비판에 대비하되 그에 대해 논쟁하지는 마십시오. 누군가가 하느님과 성경에 대한 잘못된 인식을 바로잡는 데 도움이 될 수 있는 토론을 시작할 가능성을 열어둡니다.

나 말씀묵상

• **죄인들과 하는 식사(루카 5,27-32):** 인생을 살다보면 잔치 집에 초대받는 경우가 있다. 우리나라에서는 아기가 태어났을 때 백일이나 돌잔치를 하고, 살아가면서 나이에 따라 환갑, 칠순, 팔순 등의 축하잔치를 한다. 요즘은 결혼기념일 잔치도 종종 하는

것으로 봐서, '세상과 사람의 만남'의 잔치인 나이와 연관되는 잔치만이 아니라 '사람과 사람의 만남'의 잔치도 열리고 있다. 필자는 한편으로 오랫동안 투병을 하다가 건강하게 돌아온 사람을 위한 잔치, 전쟁에서 살아 돌아온 이를 위한 잔치, 긴 여행에서 돌아온 것을 기념하는 잔치가 열렸으면 한다.

• **"레위가 자기 집에서 예수님께 큰 잔치를 베풀었는데,"(루카 5,29):** 레위가 큰 잔치를 열었다. 예수님을 따르기로 결심한 새로운 삶을 시작했기 때문이다. 세관에 앉아 있던 레위가 "나를 따라라"는 주님 말씀을 듣고 모든 것을 버려둔 채 일어나 그분을 따랐다. 회개한 것이다. 레위의 잔치가 저녁 만찬으로 보속과 같은 인상을 받긴 하지만, 이는 스스로 준비한 기쁨의 자리이다. 오늘날 사회에서는 보속, 통회라는 말이 좋지 않게 들린다. 미국의 가톨릭교회에서도 고해성사에 대한 어려움을 말하고 있고, 한국 가톨릭 신자들이 신앙생활의 어려움을 토로하는 데도 고해성사의 부담을 적지 않게 고백하고 있다. 성직자들과 가톨릭을 연구하는 사회학자들은 고해성사를 행하는 신자 숫자가 지난 수년간 급감한 이유가 무엇인지 연구하고 있다. 이들은 이것이 자신의 잘못된 행위에 대해 책임을 질 필요가 없다고 강변해주는 우리 사회의 문화와 관계있는 것인지, 아니면 우리 사회가 더 이상 죄악이 무

엇인지조차 알지 못하는 한층 심각한 세태로 전락했는지 등에 대한 이론화 작업을 하고 있다. 신자가 알게 모르게 범한 죄를 성찰(省察), 통회(痛悔), 고백, 보속(補贖) 등의 절차를 통해 털어놓고 용서를 받는 고백성사는 성직자들이 인종주의와 군국주의, 생태 환경훼손 행위 등도 죄악으로 규정하기 시작한 1960년대에 들어서면서 많은 변화를 겪었다. 이 같은 고해성사의 어려움은 필시 잘못과 죄에 대한 어려움이 아닐까 생각한다. 화해의 성사가 사람들 사이에서 좋아하지 않고 내키지 않는 순전히 죄를 고백하는 법정으로 생각하기 때문이고, 인간의 내면에 우리가 잊어버리고 싶은 것을 기억해야하는 심리적 부담이 자리 잡고 있기 때문일 것이다. 그러나 잘못을 찾아내고 그것을 통회하면서 다시는 그러지 않겠다는 결심은 인간 삶의 순간에서 가장 성스럽고 기쁘며 은혜로운 시간이다. 이는 성령께서 우리 안에 계시다는 표징이며 우리 안에 계신 성령께서 우리에게 영원한 생명을 주시는 은총 체험인 것이다.

• **"건강한 이들에게는 의사가 필요하지 않으나 병든 이들에게는 필요하다."(루카 5,31):** "교회란 무엇인가?"의 근본을 제시해주시는 말씀이다. 역사적으로 교회 안에는 수많은 결함과 악의와 문제들이 많이 산재되어 있다. 그래서 비판하는 이들은 "세상의 나

쁜 것들이 왜 교회 안에서 제거되지 못하고 있는가?"라고 말한다. 특히 중세 때에는 교회가 많은 이단적 모습을 보이고, 단죄했으며, 성사를 금지 시켰다. 병원의 목적이 환자들이 오지 못하도록 하기 위해 존재하지 않듯이 지상 위의 죄인들을 위해 교회가 존재하고 있다. 바리사이들과 그들의 율법 학자들이 그분의 제자들에게 투덜거렸다. "당신들은 어째서 세리와 죄인들과 함께 먹고 마시는 것이오?"(루카 5,30) 평판이 좋지 않은 술주정뱅이와 친구가 되는 것은 자신의 명성과 이력에 도움이 되지 않는다. 2차 세계대전 중에 적군과 협력한 사람이 법정에서 유죄 판결을 받는 위험에 처해졌다. 하느님의 법을 충실히 지키는 유대인들조차도 그 사람에게 매우 냉정했고, 하느님의 법을 지키지 않는 자들이 모여 있는 사회와의 접촉이라고 불순하게 생각하곤 하였다. 그리스도를 믿는 선한 그리스도인들은 어떠한가? 자신의 동료들 중에 한 명이 나쁜 짓을 했다고 그들도 그렇게 죄인취급하면서 바라보아야 하는가? 교회 안에는 전통적으로 클라우수라(clausura 봉쇄구역)가 있다. 그곳은 수도자들이 외부와 접촉하는 것을 보호하는 장소이다. 사제들을 위해서도 만남을 금하는 어떤 장소들이 있다. 그러면 이 같은 제한의 기준과 예수님의 행동 사이에 어떤 조화가 있어야 하나? 이 질문에 바실리오 성인께서는 이미 수도생활의 주요한 법들 가운데 하나를 대답하였다. 회개의 길 위에 있는 첫 걸음을 가는 그리스도인과 좋은 길에서 이미 견고하게 된 다른 사람 사이에는 동일한 차이가 존재한다. 이 차이는 바로 싱싱한 풀과 고목 사이를 지나가는 차이이다. 약한 사람들은 좋아하는 친구들에게 긴장하고 조심하게 된다. 그리고 믿음과 신뢰가 있는 사람들은 그들을 통해 보물을 선물하고 있다.

• **단식 이웃사랑(루카 5,33-39), 새것과 헌것의 관계:** "혼인 잔치 손님들이 신랑과 함께 있는 동안에 단식을 할 수야 없지 않느냐?" 초기 수도자들의 역사를 보면 그들이 단식을 어떻게 하는지 방법을 알 수 있다. 우선 그들에게 단식이 지니고 있는 의미란 무엇일까? 단식을 하기 위한 그리스도교 가르침의 첫째 이유와 원리는 caritas 이웃사랑이다. 많은 사람들이 굶주림으로 죽어가고 있기에 풍요 속에 살아가는 자가 다른 이들을 위해 한 끼를 기꺼이 포기하는 것이다. 또 다른 이유도 항상 caritas 이웃사랑이다. 그러면 이웃사랑이란 무엇일까? 각자의 삶을 살아가기에 참으로 필요한 것들이 거대하지 않고 조금으로 충분하다는 것을 보여주는 것이다. 그러므로 단식으로서의 이웃사랑이란 음식을 나눔으로써 생기는 행복과 그런 환경을 축제로 승화하기 위한 것으로, 친구들을 함께 식탁에 앉도록 초대하는 것이다. 왜냐하면 예수님께서 그렇게 하셨기 때문이다. 주님은 사십일 동안 단식하셨지만

공생활에서 역시 많은 식사에 참여하셨다. 이렇게 단식과 축제의 식사는 모두 이웃사랑을 지향한다.

- **"아무도 새 옷에서 조각을 찢어 내어 헌 옷에 대고 꿰매지 않는다."(루카 5,36):** 헌 옷에 생긴 구멍을 막기 위해 새 옷감 조각으로 꿰매지 않는다. 이냐시오 영신수련도 이와 같은 묵상을 제공하고 있다. 렉시오 디비나 이전 바실리우스 성인은 렉시오 모랄레(Lettura Morale)를 제시하였다. 정화(purificatio 성령의 빛으로), 묵상(meditatio 지성의 움직임으로), 기도(oratio 단순한 마음기도로)이다. 바른 식별이 바른 삶에로 인도하기 때문이다. 바른 식별이란 복음 자체이고 그 복음을 가지고 예수님의 시선으로 정확히 만나는 사건과 사물 곧 인간의 삶을 바라보는 훈련이다. 두 사람이 훔친 돈으로 살아간다. 그들은 하느님과 화해하고자 기도를 시작하였다. 그러나 돈은 돌려주지 않았다. 그들의 기도는 헌 옷에 새 옷의 조각을 대고 꿰매는 것과 같은 이치가 아닐까? 그리스도께 회심은 표면적이지 않다. 마차의 바퀴는 돌지 않을 때까지 간다. 그 바퀴는 우리의 자세, 사고방식이다. 하느님께서 부르신 우리의 성소는 어떠한가? 하느님의 부르심에 합당한 응답을 하고 있는가? 하느님의 부르심에 구체적으로 응답하지 않으면서 성소가 과연 성장하는가?

• **"아무도 새 포도주를 헌 가죽 부대에 담지 않는다."(루카 5,37):** "세월이 변한다"는 말을 종종 듣는다. 계속되는 변화 속에서 세상은 돌아가고 있다. 어떤 시기에는 더 분명하고 다른 때는 덜하기도 하지만 발전은 지속된다. 그렇다면 변화란 사실 무엇인가? 우리는 옷을 입고 가구를 사용하며 그리고 집에서 거주한다. 의식주는 변화한다. 하지만 매우 중요한 것은 사람의 사고방식과 주어진 사물들의 변화이다. 변화는 근본적으로, 전복(顚覆)을 의미하는 라틴말에서 온 용어이며, 혁명이라고 생각 될 수 있다. 복음서에서 예수님은 사람이 가지고 있는 생각과 의견의 근본적인 전복을 말하고 계신다. 가난과 부, 다른 가치에 대해, 하느님을 향하는 그리스도교 생활(사제, 수도자, 신학생) 등에 대한 근본적인 변화를 말한다. 예수님은 설교하시고 군중은 말씀을 듣기 위해 달려오고 있다. 군중은 진정 마음속에 있는 자신의 원의를 바랄 때, 새로운 변화를 기꺼이 받아들인다. 하지만 보통은 변화를 거부하고 처음처럼 살고 판단하며 계속 살아가기를 바란다. 곧 옛것에 접촉하지 않고 새것을 받아들이거나, 새 포도주를 옛 것에 넣기가 일쑤다.

• **안식일의 주인(루카 6,6-11). 사람의 아들은 안식일의 주인이다.(루카 6,5):** 법이 우리를 위해 존재하게 되는 것이지 우리가 법

을 위해 있는 것이 아니다. 이는 지금까지 앞에서 계속된 성찰의 결론이다. 하지만 자기 자신들의 관심과 흥미에 따라 법을 해석하는 악한 자들의 논리 역시 존재한다. 그러면 사람은 정말로 법 앞에서 최고일까? 과연 자연의 주인이 누구인지를 찾는다면 그 본성의 선함을 인간이 사용할 수 있었지만, 자연을 파괴하는 법을 가지고 있지 않았어도 지금의 지구를 보면 너무 심각하다. 지구 자연의 현실을 보자. 지구는 병들고 심각한 고통 속에서 인간들에게 그 원인의 대가를 제공하고 있는 듯싶다. 그런데 반대로 생명을 구하기 위해 주일에 일하는 외과의사는 휴일의 안식을 확실하게 위반하지 않은 것이다. 왜냐하면 휴식 규정보다 우선하는 '사람을 구하는 사랑의 행위'를 하였기 때문이다. 힘든 일을 해야 하는 자가 누구나 그의 의무를 완성하도록 필요한 힘을 갖기 위해 식사를 한다면, 그는 단식의 법을 위반하지 않는 것이다. 이런 점에서 인간이 법의 주인인데, 실행하려는 목표가 생명의 가치를 지향하는 한에서 그렇다. 그리스도교인들에게 모든 법의 목표는 그리스도 안에서 그리스도와 함께 하는 삶이다.

• **그곳에 오른손이 오그라든 사람이 있었다.(루카 6,6):** 손은 존재하는 최고의 완벽한 기계다. 움직이고 일을 하는 수만 가지의 가능성을 가지고 있기 때문이다. 그런데 다친 손은 인간의 움직임

을 제한하고 오그라든 손은 사람에게 심각한 장애를 준다. 그래서일까 일을 할 수 없는 사람은 창조주 하느님의 이미지에 대한 존엄성을 잃어버린 것이라고… 그래서 그리스도께서는 역사 속에서 자신이 취하는 상징적 행동으로서 이 사람의 손을 치료하시는데, 이유는 본래의 손을 회복한다는 것이고, 이는 인간 노동뿐만 아니라 인격 존엄성을 회복하는 중대한 하느님의 뜻을 실현하는 구체적인 사랑이며 곧 박애다. 이처럼 예수님의 봉사에는 육체와 정신의 폭행으로 따돌림 당하는 자, 장애인들은 결코 존재하지 않는다. 그래서 인간이 규정한 가치로 사람을 판단하고 소외하는 행위를 따르지 않고 결정하지도 않아야 하는 곳이 하느님의 나라(천국 같은 교회)이다. 그러므로 모든 이들은 이 나라에서 하느님의 나라를 위해서 일을 할 수 있다. 모든 이에게 그리스도는 기회를 제공할 것이고 중요한 숙제를 맡긴다. 곧 말씀의 참 의미 안에서 인간이 살도록, 그에게 속한 자리와 지위를 땅 위에서 완벽하게 회복하도록 찾는 것이 예수의 박애다.

돈보스코 성인의 예방교육 체크하기

√ 자녀들을 알아주기:

√ 자녀들을 믿어주기:

√ 자녀들을 사랑하기:

7. 하늘나라 시민의 성격
(루카 6,12-49)

마하트마 간디는 영국으로부터의 독립을 위한 투쟁으로 인도의 존경받는 지도자가 되었습니다. 인도의 어린이, 영국의 학생 그리고 남아프리카의 변호사로서, 그는 기독교 그리고 노골적인 인종차별에 노출되었습니다. 그는 예수님의 가르침, 특히 산상설교를 존경했습니다. 그러나 그는 몇 년 동안 그리스도인을 관찰한 후 슬픈 결론을 지었습니다. "내가 그들의 구원자를 믿기 위해서는, 그들의 삶이 그들이 구원됨을 보여줘야 합니다." 그는 결국 그리스도인이 되지 않았습니다.

• **그룹 나눔** 성격과 생활방식의 차이점은 무엇입니까?

• **개인 성찰** 간디가 관찰한 그리스도인에 대한 비판을 떠올립니다. 나는 예수님이 나를 구원하셨음을 삶에서 얼마나 잘 보여주고 있습니까? 루카 6,12-49를 읽습니다.

가 질문과 나눔

1. 6,12-16절에 집중합니다. 앞뒤의 구절은 예수님의 기도 시간 연장에 대한 이유를 암시합니다. 나의 일반적인 상식으로 여기에서 어떤 이유를 찾을 수 있습니까?

2. 예수님의 말씀을 듣는 그룹 사람들의 배경과 유형을 설명합니다.

3. 거리에 있는 평범한 사람들이 왜 예수님의 기준(하느님 나라의 시민이 되기 위한 기준)에 저항(거역하거나 버팀) 할까요?

4. 예수님은 당신의 가르침을 더 잘 전달하기 위해 자신을 따르는 사람들과 세상 사람들의 성격과 생활방식을 대조 시킵니다(24-26절). 특히 그분은 무엇에 대해서 제자들에게 경고하십니까?

5. 참 행복(행운)을 발견하는 데는 두 가지 길 - 세상의 길과 하느님의 길만이 있습니다. 어떤 방식으로 예수님의 길이 올바르다고 발견했습니까?

불만족스러운 것은 무엇입니까?

6. 예수님은 그분의 냉소적인 형제들을 포함해서 적들이 있었습니다(요한 7,2-5). 예수님은 강한 동기 없이 적을 사랑하는 것은 불가능하다는 것을 아셨습니다. 그분이 말씀한 어떤 확신이 그 동기를 강화할 수 있습니까?(31-36절)

7. 예수님은 옳은 길을 판단하기 위한 몇 가지 지침을 주십니다. 이 지침은 무엇입니까?(37-42절)

8. 만약 예수님의 지침을 따르면서 한편으로는 다른 사람을 판단한다면 나의 관계에 어떤 긍정적이고 부정적인 영향을 미칠까요?

9. 하나님은 궁극적으로 우리들의 성격이 어떻게 형성되었는지에 관심이 있습니다. 나무와 집짓는 자에 대한 비유는 이를 어떻게 반영합니까?

어떤 비유가 더 도움이 됩니까? 어떤 방식으로 입니까?

10. 예수님 왕국의 시민들에 대한 높은 기준은 나를 우선시하는 인간 본성에 거스릅니다. 이 단락은 내가 그분의 기준을 유지할 수 있도록 어떤 희망을 줍니까?

기도하기

하느님 나라 시민의 성격과 생활방식으로 성장하는데 필요한 힘을 위해 기도합니다.

실천하기

만약 원수가 나를 반대하고 내 목표를 좌절시킨다고 한다면, 예수님에게는 더 많은 원수가 있었습니다. 예수님은 자신이 하지 않는 힘든 것을 우리에게 요구하시지 않습니다. 이것을 우리는 그분으로부터 배웁니다. 마태 16,21-23(시몬 베드로); 루카 7,36-50(시몬 바리사이); 루카 23,32-34(예수님을 못 박은 사람들). 예수님에게 이들을 사랑할 수 있는 힘을 준 것은 무엇입니까? 루카 6,27-28에서 예수님은 원수를 사랑하는 구체적인 방법을 알려주십니다. 내 원수의 이름을 적어보고, 그들을 위해 무언가 좋은 일, 그들을 축복하는 구체적인 방법과 기도를 적어봅니다.

나 말씀묵상

• **큰 결정(루카 6,12-19). "기도하시려고 산으로 나가시어"(루카 6,12):** 주님은 모든 일에 앞서서 기도하셨다. 사람은 중대한 일에 앞서 마음을 신중하게 먹고 그 일이 잘 되도록 기원을 드린다. 하느님의 축복이 없이는 모든 인간적인 고통은 허무하기 때문이다. 그래서 우리는 높은 곳으로부터 도움과 힘과 협력을 청한다. 신앙인들의 삶과 농부의 생활이 종종 비교된다. 그리스도교 신앙인들이 살아가는 모습이 농사일을 하는 농부의 모습과 유사하기 때문이다. 농부는 땅을 경작하기 위해 힘들게 일을 하지만 비가 내리지 않고 해만 내리쬐어도 문제요, 비만 내리고 해가 없으면 그것도 농사일을 그르친다. 가끔 많은 일을 했지만 수확이 조금밖에 없을 때도 있다. 그러나 단순히 버려진 땅이라 소홀히 한 곳에서 의외로 많은 열매를 맺는 경우도 있다. 그러나 일반적으로 콩 심은데 콩 나고 팥 심은데 팥 나는 법, 뿌린 대로 거두는 법인데 신중한 행동과 준비에 좋은 반응이 보통은 나타난다. 아무튼 농장에서 농부들이 일을 열심히 하고 좋은 날씨일 때 열매를 잘 맺

을 수 있다. 영적인 농장에서도 그렇다. 영성생활의 터에서 인간의 노력과 하느님의 은혜 사이에서 협력하고 연결될 때 좋은 영적인 열매가 맺는 법이다. 로욜라의 이냐시오 성인께서는 우리가 일을 할 때 그것이 우리에게 달렸다면, 기도할 때는 그것은 오직 하느님께 달렸다고 말씀하신다.

• **"밤을 새우며... 기도하셨다."(루카 6,12):** 예수님처럼 로욜라의 이냐시오 성인께서는 모든 중대한 결정을 하기 전에 오래 기도하셨다. 물론 내적으로 긴 시간 안에서 그분의 결정을 청한 것이다. 모든 성인들은 일을 시작하기 전에 먼저 기도할 것을 충고한다. 간단한 기도로 또는 단순한 십자 성호와 함께 우리는 하느님의 축복을 청하는 것이다. 하느님 앞에서 믿음을 잃지 않기 위해서이다. 하느님께서는 기꺼이 모든 인간을 위한 좋은 일을 지지해주신다. 그러나 우리 사이에서 구체적으로 어떤 것이 좋은 일이고, 그렇지 않은 것인지를 알아야 한다. 하느님은 오직 세상의 성화와 당신 구원 계획안에 들어가는 인간적 행동을 축복하신다. 하느님께서 당신 뜻에 따라 선택한 그 안에 빛을 비추시고, 하늘과 땅이 하나가 된 끈을 당신의 업적으로 주시기까지 이 목적을 위해 성인들은 중대한 걸음 앞에 길게 기도하곤 했다.

• **루카 6,12-19:** 사도는 먼저 부활하신 주님을 본 사람들이다. 그리고 예수님 옆에서 살았던 자들도 역시 사도이다. 사도들은 예수님이 부활하시기 이전부터 있었다. 예수님께서 선택한 사람들이 하느님 백성의 새로운 교회이다. 그 예수님의 새 교회가 모두를 위한 보편적 구원을 위해 봉사에로 나간다. 예수님과 그들은 부르심과 응답으로 연결된다. 예수님이 새로운 모세라면, 12명의 제자들은 새 이스라엘의 새 부족들이다.

예수님은 더러운 악령에 걸려 고생하는 사람을 고쳐주신다. 다양한 출신의 사도들이 모인 교회에서 그들은 예수님과 함께 병든 자들과 약한 자들을 향하여 구하러 간다. 이것이 사도, 신자, 교회이다. 오늘의 교회, 우리는 어떤가? 군중들은 예수님 안에서 구원하시고 치유하시는 하느님을 발견한다. 신자 아닌 사람들도 예수님의 모상이며 교회인 우리 안에서 구원하시고 치유하시는 하느님을 발견해야 하지 않을까?

• **나에게 행복이란 무엇일까?(루카 6,17.20-26) 행복! 미움 받을 용기? "행복하여라, 지금 굶주리는 사람들!"(루카 6,21):** 옛 문헌, 영웅전, 문학전집에는 가난한 자, 굶주린 자, 슬퍼하는 자, 우는 자에 대한 이야기보다 오히려 영웅, 왕, 부자, 힘 있는 자의 이야기들이 집중되어 있다. 하지만 성경에서는 빈자, 가난한 자는 특별한

자리를 차지하고 있다. 구약성경은 가난한 자들의 그런 상황을 칭찬하지 않고 있다. 그 이유는 사실 창조주 하느님께서 빈곤과 배고픔을 만들지 않았기 때문이다. 하지만 우리가 사는 세상에는 빈곤과 부유함이 조화를 이루지 못하고 늘 삐걱거린다. 성경을 보면 창조주 하느님께서 모두가 풍요롭게 살도록 축복을 주셨다. 그런데 고통과 가난이 어떻게 생겼고, 그것은 대체 무엇이고 어디서 왔을까? 궁금하다. 고통과 가난은 하느님 앞에서 풍요와 부유함의 권리를 이웃한테 빼앗은 자의 죄다. 구약의 모세의 율법이 이것을 말하고 있다. 그러므로 히브리인들은 빈자를 보호하고 돕는다(마태 15,1-15). 하지만 인간의 선행과 자선으로만 세상의 가난을 이겨낼 수 없다는 것이 지금 현실이다. 그러므로 하느님께서 개입을 해야 한다. 구약의 하느님께서는 종종 가난한 자들을 위해 특별보호를 약속하신다. 이 때문에 빈자들은 행복할 것이다. 가난한 사람들이 비록 땅에서 재화를 소유하지 못하지만, 하느님께서 그들과 함께 계시기 때문에 지금 굶주리는 사람들은 행복한 것이다.

• **루카 6,17.20-26:** 예수님께서는 고요한 곳에서 밤새워 하느님께 기도하시고 나서 날이 밝자 제자들 가운데 열둘을 뽑아 그들을 사도로 부르신다(루카 6,12-15). 이제 예수님은 평지에서 하

느님 나라에 대한 행복선언을 하신다. 마태오복음이 행복선언을 산 위에서 했다면(산상설교) 루카복음은 행복 선언을 평지에서 한다(평지설교). 많은 사람들이 갈릴래아, 유다, 예루살렘 그리고 해안 지방에서까지 모여들었다. 과연 예수님을 만나보고자 하는 사람의 갈증은 지역이나 거리와 관계없이 몰려들고 있음을 알 수 있다. 그들은 두 가지 때문에 몰려오고 있다. 먼저 예수님의 말씀을 듣고자 한다. 그리고 병을 고치기 위해서이다. 예수님께서는 눈을 바로 뜨고 극장식 형태의 관중석에 앉아 있는 제자들을 바라보시며 말씀하신다(20절). 첫 번째 행복은 마태오복음과 같이 가난한 사람들을 위한 것이다. 가난한 사람들은 하느님의 나라가 그들의 것이기 때문에 행복하다고 말씀하신다. 이는 세상적 재산이나 인간적인 증진을 말하는 것이 아니다. 신약에서 말하는 것은 보다 넓은 의미이다. 행복이란 하느님의 현실을 획득하는 것 즉 하느님 나라에 들어가는 것을 말한다. 즉, 실천적으로 이미 시작된 하느님 나라에 들어가는 것을 말한다. 하느님 나라는 그리스도와 성령 자체이다. 그리스도와 성령은 현실적으로 병행되는 하느님 나라이다. 하느님 나라는 가난한 사람을 위한 특별한 하느님의 사랑의 징표를 말씀하시고, 예언적 설교와 시편의 지속적인 내용 안에 있다. 시편은 하느님의 찬미를 노래한다. 시편은 하느님의 가난한 사람들에 대한 기도이다. 부자들은 하느님 찬미를 노래하거나 기도드릴 시간이 없다. 루카복음에서 가난한 자들의 가치는 가난하다고 데모하는데 있지 않다. 루카복음에서 가난의 의미는 포기이다. 결국 가난은 주님 자체로부터 온다. 가난한 자들은 일반적으로 다른 사람들의 구조를 기다리지 않는다. 그들은 잘 알고 있다. 주변에서 그들이 밀려나 있음을. 그들은 지나가는 시선처럼 환영받지 못한다. 그들은 귀찮은 존재가 된다. 그들은 부자들과 이기주의자들의 양심 안에서 엄하고 영원한 꾸짖음의 대상이다. 두 번째 행복은 지금 굶주림에 있는 자이다. 왜냐하면 배부르게 될 것이기 때문이다. 이 말씀은 구약의 약속이며(시편 25,6; 55,1; 65, 13), 불쌍한 거지 라자로(루카 16,25) 이야기에서 동일하게 나타난다. 루카가 말하는 하느님 나라는 가난한 자들의 잔치로 나타난다(루카 22,10-19). 그렇게 지금 우는 사람들도 역시 행복하다. 웃게 될 것이기 때문이다(21절). 이 말씀은 묵시록과 구약에서 다양하게 진술된다(묵시 7,16-17; 21,4; 이사 25,8; 49,10). 우는 자들이 웃게 되는 기쁨이란 악의가 있는 보복을 해서가 아니다. 그들은 하느님의 기쁨에 참여하기 때문이다. 계속되는 행복 찬가는 사람의 아들(예수 그리스도)을 사랑하기 때문에 사람들의 미움으로 내쫓기고 욕을 먹고 누명을 쓰는 고통을 받는 사람은 행복하다고 한다(22절). 주님은 저녁식사에서도 같은 말씀을 하신다(요한 15,21; 마르 8,35). 그럴 때 우리는 기뻐하고 즐거워해야 한다. 하늘에서 받을 상이 크다고 하신다. 이제 주님은 행복 선언과 반대되는 저주 선언을 하신다. 현세의 위로를 다 받은 부자 사람에 대해서 하느님의 엄한 저주를 말씀하신다. 그런데 이 말씀은 부자와 가난한 라자로의 비유에서도 말씀하신다(루카 16,20). 부유한 자들에게 영원한 공포(24절) 영원한 굶주림(25절; 이사 5,22), 슬픔(25절)을 선언한다. 속담에 마지막에 웃는 자가 잘 웃는 것이라고 한다. 아부하고 거짓 찬미하고 겉으로 도와주는 자들은 결국 오직 거짓 예언자로 대하게 될 것이다(26절). 그들은 백성들, 즉 세상에 거짓 말씀을 전했기 때문이다. 루카복음의 행복 불행 선언은 마태복음의 행복선언보다 더 근본적이다. 주님은 인간적인 약속에 여지를 두지 않으신다. 이방세계에서 온 그들 공동체가 오늘날 같이 외부세계와 새롭게 만나는 데 있어서 위험 안에 늘 놓여 있고, 오래된 이방인들이 포함된 공동체의 건강을 위해 이 같은 충격의 필요성을 지니고 있었다. 주님의 선언은 복음적 진실성과 엄격함으로 소개되어야 한다. 주님께서 선포한 오늘의 행복과 불행 선언은 달콤하거나 약하게 선언되지 말아야 하며 그렇다고 계급투쟁과 같은 혁명적 선포도 아니다. 주님은 하느님 나라 설교자이시다. 예수님은 오늘의 행복 선언을 현실적으로 살아가신 하느님의 설교자이다. 우리도 교회도 아니 또한 정치인도 오늘의 말씀을 살아야 하지 않을까?

• **"행복하여라, 지금 우는 사람들!"(루카 6,21):** 가난하게 살 때 사람들은 슬프고, 눈물을 많이 흘린다. 슬픔은 이렇게 지상생활에서 느끼는 행복과 인생의 맛을 제거한다. 신앙과 신심도 부정적인 경우가 적지 않다. 슬픔은 이처럼 악습의 옛 목록에서 특별한 위치를 차지했다. 또한 높이 올라가고 부유함에 도달해 있는 사람과 비교되었다. 누군가 다리를 다쳐 슬프다. 왜 그럴까. 단지 고통 때문에 그럴까. 실은 마음의 아픔이 있다. 멀리 가지 못하고, 가고 싶은 곳에 도달할 수 없기 때문인 듯싶다. 사람들은 오직 슬플 때만 울지는 않는다. 눈물을 흘리는 경우들을 살펴보자. 전쟁에서 집으로 돌아온 군인이 눈물을 흘린다. 위험에서 생존한 감동 때문이다. 부부들과 애인들이 말다툼을 한 후 또는 서로를 이해하지 못했지만 그 후 화해할 때 운다. 교부들은 우는 자들이 느끼는 이러한 행복을 생각했다. 그렇다면 오늘 복음이 말하고 있는 것, 우는 자가 더욱 행복하다는 것이란 무엇일까? 한 사람이 가족들과 멀리 떨어져 있었지만 그 후 다시 가족을 만났을 때 행복하다. 다시 말해 하느님과 만난 자는 행복하다. 모든 걸 잃고 돌아온 방탕한 아들, 다시 힘들게 그를 되찾은 아버지 그리고 아들은 행복하다.

• **"사람들이 너희를 미워하면... 너희는 행복하다!"(루카 6,22):** 복음은 "사람들이 너희를 미워하면... 행복하다."라고 말한다. 무슨 뜻일까. 화해가 거절 될 수 있다는 의미인 듯싶다. 결백하지만 이유 없이 오해 받으며, 저주받고 박해받을 수 있다는 뜻이다. 그런데 사람들이 너희를 미워하면... 행복하다는데, 도대체 나를 미워하는 사람들은 누구일까? 그렇다. 증오하는 자는 이 땅에서 내가 사라지기를 바라는 자, 원수다. 복음은 말한다. 그리스도인은 오해받고 미움 받고 박해받을 때 행복하다고... 왜냐하면 그리스도께서 영원한 사랑으로 우리에게 보상해주실 것을 믿기 때문이다. 다른 이들의 오해와 갈등, 증오는 나에게 무겁다. 하지만 복음은 다른 이들의 미움과 생각 그리고 오해와 별개로, 용기 있게 다시 일어나도록 가르친다. 이런 그리스도께서 주시는 자유가 나에게 기쁨을 선물한다는 것을 믿으면 행복하다는 것, 주님께서 그것을 오늘 복음에서 말하고 있는 듯싶다. 아무리 나를 미워하는 자가 있어도, 용기내고 포기하지 말고 그리스도의 행복을 만나라는 초대를 하고 있다.

• **원수를 사랑하여라. "너희는 원수를 사랑하여라."(루카 6,27):** 모든 국가는 해방된 날을 기념한다. 적에게서 승리하고, 원수로부터 벗어난 자유를 기억하고, 나라의 독립을 기념하며 축제를

벌인다. 현대에서 적이란 말은 매우 강한 뜻을 지니고 있다. 정말 악을 저지르는 자에게 해당되는 말이다. 하지만 성경에서 악이라는 표현은 현대 보다는 약하다. 그러면 악이란 무엇일까. 바로 선을 원치 않는 누군가를 의미한다. 시편(40,13)에서 작가는 말한다. "셀 수조차 없는 불행들이 저를 둘러쌌습니다. 제 죄악들이 저를 사로잡아 더 이상 볼 수도 없습니다. 제 머리카락보다도 많아 저는 용기를 잃었습니다."라며, 자신의 머리카락보다 더 많은 원수들이 있다고 고백한다. 복음은 "너희는 원수를 사랑하여라." 하고 말하고 있는데, 그것과 반대로 현실에서 우리는 나의 적, 우리의 적들을 사랑하지 않는다. 푸르타고 영웅전은 원수에 대해 이렇게 말한다. 원수들이 무엇인가를 필요로 하는데, 그 원수가 나의 용기와 인내를 가르치고 있다.

• **"너희를 미워하는 자들에게 잘해주고"(루카 6,27):** 고대 그리스의 스파르타에서 교육을 받은 젊은이들은 더 강한 자들로 보이고, 그렇게 되도록 싸우고 훈련된다. 사실 모든 청년들이 그것을 원하고 있다. 하지만 사람의 힘은 근육에서만 나오거나 물리적으로 측정되는 것이 아니라는 것을 모두가 잘 알고 있다. 더욱 중요한 것은 영혼과 정신의 힘이다. 여기 우리가 사는 현실에서도 싸움은 계속된다. 그렇기 때문에, 우리 모두에게는 각자의 원수

들이 있다. 세상의 모든 분야에서 원수들이 도사리고 있으며, 과학계, 예술계, 문화계, 심지어 종교, 이상과 신앙으로 가득 찬 세계 안에서도 경쟁하고 싸운다. 이처럼 인간의 전 생애가 원수와의 싸움으로 점철되어 있다. 그런데 오늘 복음은 "너희를 미워하는 자들에게 잘 해주라니, 도대체 무슨 말인가?" 복음은 이런 원수들이 우글거리는 현실을 부정하지는 않는 듯 보인다. 그렇다면 그리스도의 가르침 안에서 새로운 것이 무엇이 있을까? 예수님 역시 강하고, 용기 있고, 승리할 수 있는 제자들을 만나길 원했다. 하지만 예수님은 성령의 지평 위에서 꽃이 피고 사랑(caritas)을 수락하는 힘을 바랬다. 이런 덕목에서 최고 강한 자가 결정적인 모양에서 승리한다는 것이 바로 예수의 주장이다. 마치 사랑(caritas)이신 전능하신 하느님처럼 되는 것으로 모든 것이 가능하다는 뜻이다

• **루카 6,27-38:** 행복과 불행에 대한 평지 설교를 마치시고 예수님께서는 무뚝뚝하게 화제를 바꾸신다. 오늘 예수님의 말씀은 인간 생명의 모든 전망과 규범을 완전하게 뒤집어보는 전복이다. 한 마디로 "너희들의 원수들을 사랑하라."이다. 이 가르침은 일상생활에서 그리스도교 신앙을 살아가게 하는 모순들 가운데 하나이다. 일반적으로 원수들에게 대하는 경향은 도망하거나, 싸우거

나, 반대하고 증오하고 가능한 복수하는 것이다. 오늘 예수님께서 말씀하시는 모순된 계명이 말하는 최종적으로 중요한 사항은 바로 우리를 증오하는 사람에게 은혜를 베풀고, 우리를 나쁘게 말하는 자들에게 축복하며 우리를 중상하고 비방하는 사람을 위해 기도하는 것으로 완성된다(27-28절). 세상에서 지배적인 악의와 자비 사이에서 이 같은 계명들을 실천하는 신앙인은 아직 무엇인가를 더 포기하는 것이 남아있어야 한다고 가르치신다. 이것은 예수님 시대부터 이천년간 신앙적 가치로 토론해오던 것이다. 선한 신앙인들이 열린 마음으로 고백하는 것은 청정한 유토피아 같은 맑은 세상을 만들고 그 안에서 모두와 함께 사는 것이다. 그들은 단지 엄격한 윤리를 어둡게 적용하며 사람들을 판단하고 살아가지 않는다. 그것은 악함과 오만 그리고 폭력에 대해 아직도 더 넓은 자비와 용서가 아니라 또다시 유혹의 공간을 더 제공하는 위험 자체를 야기 시킨다. 세상의 역사에서는 신학자들이 서로 윤리적으로 옳고 그름에 대해 토론하는 영역으로 이미 들어섰다. 해결되지 않은 큰 문제들 가운데 하나는 사회에서 일어나는 사건에서 자비를 찾아볼 수 없다는 것이 문제이다. 만일 사랑과 용서와 못난 사람들을 도와주는 그러한 법을 가지고 있다면 사회가 어떻게 지탱되었을까? 그리스도께서는 늘 이원론적 윤리를 경계하신다. 즉 예수님은 세상을 선과 악으로 분리하는 것을 우려하시고 가능한 화해를 찾아내고 윤리적인 실수를 하지 말아야 하면서도 만일 실수했을 때 그 사람들에게 각각의 손해 배상을 청구하지 않으신다. 하느님께서는 인간 본질에 참으로 불가능한 것을 명령하지 않으신다. 그리스도의 선포는 '좁은 문을 찾으라'는 것보다 더 엄한 통지이면서 동시에 자비의 문을 열어 보이신다. 29절-35절의 말씀은 우리의 마음에 충격을 준다. 뺨을 때리고, 도둑맞고, 달라는 사람에게 주고 돌려받지 말며...이는 성서의 대희년 정신이다. 우리에게 익숙해진 습관은 우리를 사랑하는 자만을 사랑하고, 우리에게 도움을 주는 사람에게만 도움을 준다(32-33절). 그러나 신자들은 서로 사랑하고 도움을 주며 되돌려 받지 말아야 한다. 복음의 핵심적인 말씀은 "너희의 아버지께서 자비하신 것같이 너희도 자비로운 사람이 되어라."(36절; 시편 103,8; 145,8; 탈출 34,6)이다. 하느님의 성성(거룩함)은 역시 무한한 선함이다. 인간들의 죄는 선하지 못한 것이며 선하신 하느님께 일치하지 못하는 것이다. 선하신 하느님 안에는 우리 인간과 사회 문제들에 대한 해결점이 서 있다. 대희년은 모든 빚을 탕감하는 것이다. 성령의 대희년을 살기를 원하는 믿는 이들은 모든 빚을 탕감해야 한다. 자비는 어떤 자든지 그들을 판단하고 단죄하지 않는다. 그렇지 않으면 하느님께서 우리를 단죄하시고 판단하신다(37절). 그 대신 나누어줄 필요가 있다. 하느님은 선물하신다.

그 분은 기쁘게 기부하는 자를 사랑하신다(2코린 9,7). "주어라. 그러면 너희도 받을 것이다. 누르고 흔들어서 넘치도록 후하게 되어 너희 품에 담아 주실 것이다. 너희가 되질하는 바로 그 되로 너희도 받을 것이다."(38절) 우리는 교회는 사회는 정부는 얼마나 자비로운가?

• **"남이 너희에게 해 주기를 바라는 그대로 너희도 남에게 해주어라"(루카 6,31):** 오늘 세상을 보면, 사랑에 대해서 많이 말하고 있지만, 세상에서는 조금만 실천되는 것이 슬픈 일이다. 사랑에 대한 생각(태도)과 사랑의 구체적인 실천 사이를 구별할 필요는 있다. 남편이 부인을 위해 불 속에라도 들어갈 준비가 되어있다고 농담을 하면서 말하지만, 부인이 좋아하는 커피에 대해서는 모르고 있는 듯하다. 이처럼 마음 안에 느껴지는 사랑을 행동과 함께 표현하는지를 알기란 쉽지 않다. 복음은 수세기의 경험에서 시도되고 실천되어 온 충고를 던지고 있다. 우리가 다른 사람의 입장에 서 보려고 노력을 하라는 것이다. 그가 좋아하는 것을 알면서, 우리는 그를 화나게 하고 그를 고통스럽게 하는 경우가 비일비재하기 때문이다. 다른 사람들이 나를 좋지 않게 말할 때 나는 과연 그것을 받아들일 수 있는가? 그렇기 때문에 나는 다른 사람들을 나쁘게 말하지 않는다. 내가 어려움에 있을 때, 누가 나를 도울

수 있나? 그러므로 다른 자들이 원하고 필요한 때 도울 수 있는 여유가 필요하다. 나의 감정을 살피며 내가 나 자신처럼 다른 사람들을 사랑하도록, 보다 나은 방법을 배우려는 것이 사랑이라고 주님은 오늘 말씀하신다.

• **대전가톨릭대학교 입학식 총장 인사말:** 먼저 입학미사를 집전하신 대전가톨릭대학교 이사장이신 공경하는 유 라자로 주교님께 신학교 신부들과 학생들과 함께 감사의 인사를 드립니다. 그리고 뜻 깊은 오늘 저희와 함께 해주신 청주교구장 장 가브리엘 주교님께 감사의 말씀을 드립니다. 그리고 오늘의 주인공은 신입생 여러분들입니다. 이제 대전가톨릭대학교 학생이 된 12명의 신입생 여러분! 입학을 진심으로 축하합니다. 아울러 하느님께 사랑스러운 아들을 봉헌하신 부모님께 마음을 다하여 감사의 인사를 드립니다.

여러분들은 하느님께서 불러주셨습니다. 하느님의 부르심은 여러분의 응답으로 완성되기에 여러분은 아주 소중한 사람입니다. 예수님께서는 제자들에게 사랑의 계명을 선사하셨습니다. “내가 너희를 사랑한 것처럼, 너희도 서로 사랑 하여라!” 서로 사랑한다는 것은 무엇일까요? 여러분 한 사람 한 사람을 우리 모두가 사랑한다는 뜻입니다. 우리가 서로 사랑하는 가운데 하느님의 사랑을 발견한다는 말씀하십니다.

여러분들에게는 또한 감사를 드려할 분들이 있습니다. 성소를 찾도록 도와주신 본당 신부님과 교우 분들입니다. 그분들의 기도를 통해서 여러분들은 성장할 것입니다.

여러분은 일 년간 한필수 신부님과 김진 신부님 두 분과 함께 영성관에서 신학교 생활을 합니다. 그곳에서 하느님을 만나시고 대화하시기를 바랍니다. 하느님은 주님의 말씀을 가슴에 품고, 성체 앞에서 고요히 머무는 방식을 통해 여러분에 다가오십니다. 그곳은 하느님이 원하시는 생활방식으로 옮겨가 변화가 이루어지는 곳이 될 것입니다. 하지만 너무 서두르지는 마세요. 서로가 다른 환경에서 살아온 동료들과 일치하며 살기에 불편함과 어려움이 많을 것입니다. 하지만 그것도 너무 걱정하지 마십시오. 신부님들과 주님께서 도와주실 것입니다.

사랑하는 신입생 여러분!

주님께서는 루카복음 6장 36절에서 말씀하십니다. "너희 아버지께서 자비하신 것처럼 너희도 자비로운 사람이 되어라." 자비는 우리 믿는 이들이 하느님을 닮아야하는 목표이지만 사실은 그보다 먼저 그것은 우리에 대한 하느님 아버지의 소원이고 우리에 대한 당신의 목표입니다. 자비를 만나고 배우며 체험하는 신학교가 되기를 기도합니다.

사순절 재의 예식 다음 목요일 루카복음에서 주님께서 "자신을 버리고 날마다 제 십자가를 지고 나를 따라야 한다."(루카 9,23)고 말씀하셨습니다. 주님께서는 우리가 질수 있는 것보다 무거운 십자가를 맡기지 않습니다. 하지만 그 십자가를 혼자 지고자 할 때 무겁습니다. 신학교 생활도 같습니다. 다가오는 어려움을 혼자서만 감당하지 마십시오. 주님께서 그것을 원하지 않습니다. 동료들과 신부님들과 함께 십자가를 메십시오. 그러면 행복할 것입니다. 다시 한 번 여러분의 입학을 진심으로 축하드립니다. 감사합니다.

• **자비하신 하느님처럼 자비로운 나? "너희 아버지께서 자비하신 것처럼 너희도 자비로운 사람이 되어라"(루카 6,36):** 자비는 성경에서 하느님의 속성을 말한다. 성경에는 여러 가지 자비 용어들이 존재하는데, 먼저 여성적인 자비는 히브리말로 라하밈(Rahamim)인데 어원은 '자궁'을 말한다. 인간의 모든 존재는 어머니 품 곧 아기주머니(Rahamim) 속에서 10개월을 지낸다. 그러므로 자비는 생명을 품어 안는 것을 말한다. 또한 히브리말에서 남성적인 의미를 말하는 자비가 헤세드(hesed)인데, 그 뜻은 책임감을 말한다. 헤세드(hesed)는 남성이 지켜야 하는 책임인데, 집안의 가장이 다하는 책무로서의 자비다. 이처럼 아버지 하느님께서 자비하신 것은 상대를 품어주는 포옹, 상대를 위하는 책임이다. 우리도

생명을 넉넉하게 안아주는 행위를 하고, 상대방을 위해 책임질 것을 다하는 것이 "너희 아버지께서 자비하신 것처럼 너희도 자비로운 사람이 되어라"를 실천하는 것이다. 자비로운 사람은 상대방을 위해 세밀히 배려하며 상대방의 감정이나 태도에 민감한 사람이고 자상한 사람이다. 또한 예를 들어 자비로운 사람은 가난한 자를 도우려는 사람이고, 고통 속에 있는 자를 위로하고 그들의 억울함과 원의를 들어주는 자이다. 곧 엄마가 늙고 걷지도 못하며, 병들어도 함께 있는 것만으로도 감사하면 마음이 힐링된다. 그렇다면 우리가 자비로운 자가 되려면 어떻게 할 수 있을까. 바로 마음공부를 하면서 마음수련도 해야 한다. 이를 위해 먼저 마음을 챙기고, 알아차려야 한다. 그러면 마음은 어떤 곳일까. 마음은 감성들의 상징적 공간이고 느낌들의 집이다. 또한 성경에서 마음은 모든 내적 생활과 연관되어있다.

• **"남을 심판하지 마라. 그러면 너희도 심판받지 않을 것이다."(루카 6,37):** 현실에서 우리는 심판하는 말을 참으로 많이 한다. 예를 들어 우리는 "다르다"는 표현보다 "틀리다" 하는 말을 적지 않게 한다. 그래서 "맛이 틀리네요."를 "맛이 다르네요." 하면 어떨까. 기도할 때도 우리는 "주님, 제가 교만했어요."라고 표현하기보다 "주님! 제가 말을 많이 했어요."라고 사실과 펙트를 말하면

어떨까. 자신이 생활하며 만나는 분야에서 펙트와 사실 또는 진실을 표현하면 어떨까. 이를 위해 먼저 나에 대해서 솔직하게 말하기를 시작하면 어떨까. 그러면 이웃을 위해서도 그렇게 될 것이라고 믿는다(루카 6,36-38).

• **마음에 있는 보석. "눈먼 이가 눈먼 이를 인도할 수야 없지 않으냐?"(루카 6,39):** 16세기 화가 피터 브뤼겔bruegel의 한 유명한 그림이 있는데, 한 소경이 다른 소경들을 인도하는 장면이다. 플랑드르파(플라밍고) 화가인 그는 단순히 기쁨에 찬 미학만이 아니라 '특이한 장면'을 담아내는 걸 좋아했다. 곧 세상의 비극적인 시선을 담아낸 그의 그림이 해학적이고 아이러니칼한 인간의 우둔함을 표현하긴 했지만, 그렇다고 우스운 장면을 연출하는 그런 건 아니었다. 그의 그림들은 북새통을 쳐가며 보려고 사람들이 몰려들기에 충분하였다. 특히 성미 급한 자들에게 그랬다. 여기저기 큰 혼란을 일으키고 서로 부딪히며 그의 그림은 사람들에게 인기가 참 많았다. 북유럽의 언어로 브뤼겔bruegel이라는 그의 이름은 참으로 혼돈, 무질서, 소음이라는 뜻이 되어버렸다. 브뤼겔은 허름하고 몰락해가는 지역에서 살았다. 여기저기에서 우리는 그의 그림들을 발견할 수 있다. 작열하는 시선으로 시골의 작은 농부들 무리 가운데 7개 신비로운 설교가의 그림들도 있다. 그

러나 이 설교가들은 광신자들과 소경들이 섞여 있는 청중을 향해서 무분별한 모양으로 말하고 있다. 브뤼겔의 그림들은 오늘날에도 현실적이면서 참으로 많은 것을 적용해 생각하고 성찰하도록 우리를 초대한다.

• **좋은 열매, 마음의 열매(루카 6,39-45):** 오늘 복음은 평지 설교(6,20-49)의 마지막 부분(39-49) 가운데 한 부분(39-45)을 결론으로 맺으시며 말씀하신다. 예수님께서는 한 가지 비유를 통해서 우리가 마음으로부터 생각할 수 있도록 안내하신다. 눈이 보이지 않는 봉사가 또 다른 봉사를 안내할 수 없다고 말씀하신다. 맹인은 볼 수 없기 때문에 길이나 모르는 장소에서 어떠한 일이 일어날지도 모른다. 그러니 소경은 장소나 길을 다른 소경을 위해 안내할 수 없다. 위험이 항상 일어날 수 있기 때문이다. 길 위에 웅덩이가 있다거나 변두리 길을 지나갈 경우 절벽으로 떨어지거나 넘어질 수 있다(39절). 예수님은 제자가 스승보다 더 높을 수 없고, 제자는 다 배우고 나도 스승만큼 밖에는 되지 못한다고 말씀하신다(40-41절; 마태 10,25-26). 이 말씀은 초기 사도들의 경험에서 자주 나타나던 말씀이다. 바오로 사도 역시 하느님의 일에만 오직 전념(히브 13,21)하고 모든 선한 일을 완성(2티모 3,17)하도록, 그리고 믿는 이들이 완전하게 되도록(1코린 5,11; 2코린 13,11) 촉

구한다. 다른 두 가지 비유를 말씀하신다. "형제 눈 안에 든 티는 보면서 왜 제 눈 속의 들보는 깨닫지 못하느냐? 위선자야 네 눈에서 먼저 들보를 빼내어라, 그래야 눈이 잘 보여 형제의 눈 속에 있는 티를 꺼낼 수 있다." 이 말씀은 요한복음에서 간음하다 잡힌 여인에게 단죄하는 바리사이파 사람과 군중에게 하신 "너희 가운데 죄 없는 사람이 먼저 돌로 쳐라."(요한 8,7-9)는 말씀과 일치한다. 바오로 사도 역시 이 같은 사실을 경험한다. "나는 내 몸을 단련하여 복종시킵니다. 다른 이들에게 복음을 선포하고 나서, 나 자신이 실격자가 되지 않으려는 것입니다."(1코린 9,27) 나무에 대한 비유는 농사나 오래된 경험에서 유래된 것이다. 마태오복음의 산상설교(5장-7장)의 마지막 부분(마태 7,16-20; 열매를 보고 나무를 안다)과 유사하다. 가정에서 잘 자란 좋은 나무가 좋은 열매를 맺는다. 그러나 야생에 마구 자란 좋지 않은 나무는 쓸모없는 열매를 만들어 낸다(43절). 나무 종(種)의 평가는 열매 생산을 좋게 또는 좋지 않게 하느냐에 따라 인정된다(44절). 나무 비유는 구약의 기억에서도 발견된다(판관 9,1-21; 이사 5,1-7). 이제 오늘의 비유를 다양하게 비교하면서 우리는 그것을 무엇보다 우리 신앙인의 삶에 적용하여야 한다. 만일 선한 사람은 마치 좋은 나무와 같이 그 사람 마음의 선한 보물 창고로부터 좋은 것을 생산하고 봉헌한다. 그러나 반대로 악한 사람은 그 마음의 나쁜 보물 창고로

부터 나쁜 것을 내보낸다(45절; 마태 12,34-35; 마태 5,37). 사실 마음은 그 사람의 인격이다. 사람의 마음 안에 가득 찬 것이 입 밖으로 나온다. 사람의 입은 마음의 풍요로움에 따라 말을 한다. 좋은 말을 하고 나쁜 말을 하는 것은 각자 안에 담고 있는 마음 안의 보물 창고에 달려 있다. 입은 인격의 도구, 거울이다. 그리고 삶과 활동에서 인격이 나타난다. 예수님은 우리를 초대하신다. 주님의 초대는 결국 좋은 가지로 인격의 장소 마음에 접목하고 이식하면서 좋은 나무를 경작하자는 것이다. 하느님은 당신 자녀인 우리 모두의 마음 안에 항상 함께 계시는 값진 보물이시다. 우리는 보물이신 하느님을 얼마나 잘 보존할까? 만일 그렇지 못하다면 우리 자신 그리고 다른 자들을 위한 그 보물이 망가지게 된다.

• **"너는 어찌하여 형제의 눈 속에 있는 티는 보면서, 네 눈 속에 있는 들보는 깨닫지 못하느냐?"(루카 6,41):** 자! 그러면 우리는 다른 사람들의 구원에 대해 걱정하지 말아야 한다는 것일까? 우리 스스로 맺는 이웃 형제에 대한 관심과 주의가 이기주의적으로 집중하기 때문일까? 우리 그리스도인은 각자만이 아니라 가까운 자의 완전함을 생각한다. 하지만 정말로 그렇다면, 그렇게 할 수 있도록 이웃을 잘 이해할 필요가 있다. 과연 그것을 이해하고 알아차리더라도 잘 표현하고 말할 수 있을까? 심리학자들은 말한다.

자기 자신을 인정하는 양심에서 출발하고, 자신의 참 모습을 바라보면서 다른 이를 알아차려야 한다고... 내가 한 예술가의 찬양을 위해 음악적인 귀를 가져야 하고, 한 화가를 평가하기 위해 나는 예술가의 감각을 가져야 한다. 다른 자의 결함을 인도하기 위해 먼저 우리의 결함과 죄를 알아차려야 한다. 그리고 다른 이들을 교정하는 더 나은 방법을 배워야 한다.

• **"먼저 네 눈에서 들보를 빼내어라. 그래야 네가 형제의 눈에 있는 티를 뚜렷이 보고 빼낼 수 있을 것이다."(루카 6,42):** 소경은 다양한 병의 원인을 가지고 있다. 태생소경이 있고, 불행히도 후천적인 소경도 있다. 하지만 복음은 비유로 말한다. 우리의 정신과 내적인 눈이 영혼과 양심을 깨끗하게 하도록 힘써야 한다. 곧 내 시선인 내면의 눈은 영혼과 마음의 구원을 걱정해야 한다. 창조주 하느님은 이를 위해 특별한 인식인 통찰력을 우리에게 주셨다. 하지만 영성가들은 경고한다. 악마도 역시 그렇게 한다고... 예를 들어 다른 이들의 결점들을 우리는 교정할 수 없고, 바라볼 수 없다. 우리는 이것들에 관해 매우 주의를 기울여야 한다. 사람들은 종종 아주 티끌만한 나의 작은 것을 보고, 나의 빙산의 일각을 보고 소설을 쓴다. 우리는 쉴 시간이 없을 정도로 그렇게 바쁘지만, 제대로 보는 식별의 능력을 수련할 시간은 있어야 한다. 성인들

도 비슷한 유혹에 빠지곤 하였다. 그래서 베드로가 요한의 운명에 대해 예수님께 물었을 때 주님은 말씀하신다. "그것이 너와 무슨 상관이 있느냐? 너는 나를 따라라"(요한 21,22).

• **"마음에서 넘치는 것을 입으로 말하는 법이다."(루카 6,45):** 좋은 생각들은 마음의 저금통 안에 있는 숨겨둔 동전들과 같은 것이다. 각자 우리 안에 있는 보석을 꺼내어 상대방과 나누는 즐겁고 기쁜 한 주간이 되길 주님은 초대하신다.

돈보스코 성인의 예방교육 체크하기

√ 자녀들을 알아주기:

√ 자녀들을 믿어주기:

√ 자녀들을 사랑하기:

8. 다섯 종류의 믿음
(루카 7장)

한 예술가 친구는 기독교 신앙의 배타적인 주장들에 대해 이해하기 어려웠습니다. 처음 하는 성경 공부에서 매력적인 예수님을 발견했지만 그분이 하느님께 가는 유일한 길일까에 대해 고민하였고, 다원주의 사회에서 살면서 그녀는 그러한 편협한 시각에 저항하도록 개선되었습니다. 그녀가 여전히 예수님께 관심이 있었으므로 몇몇 교우들이 예수님을 구원자 주님으로 받아들이도록 압력을 가했지만 받아들일 수 없었습니다. 그녀는 개인적으로 복음을 읽는 일을 추구했으며, 사람들이 어떻게 다르게 예수님께 다가갔는지 그리고 어떻게 개인적으로 각 사람들을 대하셨는지를 관찰하기 시작했습니다. 점차 그녀는 구별되는 점을 보았습니다. 하느님께 가는 길은 참으로 하나이고 예수님을 통해서 이지만, 예수님께 가는 길은 많습니다.

• **그룹 나눔** 나에게 신앙이란 무엇입니까?

• **개인 성찰** 내가 하느님께 다가갈 때 그분에 대한 견해는 어떻습니까? 강력하지만 멀리 떨어진 느낌이거나, 사랑하지만 제한된 느낌입니까? 혹은 감성적으로 아버지다운 느낌이거나 예수님처럼 아버지다운 느낌입니까?

> 이 장에서 우리는 다양한 배경의 다섯 사람과 예수님께 다양하게 다가감을 만납니다. 각자 다른 방식으로 개인적인 믿음을 표현합니다. 루카 7장을 읽습니다.

가 질문과 나눔

1. 예수님을 만난 5명의 인물을 묘사합니다. 그들의 배경은 어떻게 다릅니까?

2. 예수님을 만난 첫 번째 사람에게 집중합니다(1-10절). 복음서에서는 예수님께서 놀라셨다는 기록이 두 번만 나옵니다(9절과 마르 6,6- 반대 이유로). 그분은 백인대장의 뛰어난 믿음에 대해 어떤 증거를 가지고 있습니까?

3. 성문 가까이에서 만나는 두 행렬을 그려봅니다(11-13절). 과부로부터 어떤 도움 요청도 외적인 믿음의 표시도 없습니다(백인대장과 상당히 다릅니다!) 예수님이 과부에게 어떻게 반응을 하셨나요? 여기서 나는 예수님에 대해 무엇을 배웠습니까?

4. 예수님께서 물리적으로 관에 손을 대시는 것은 쉽습니다. 그러나 구약의 율법에 의하면 그분은 의례적으로 부정합니다. 우리가 도움이 필요한 사람을 도울 때 이와 비교할만한 어떤 위험이 있을까요?

5. 요한의 질문에 대한 예수님의 대답을 묵상해 봅니다(21-23절). 예수님의 대답에서 요한의 영적 위기에 대한 예수님의 연민이 어떻게 드러납니까?

6. 예수님은 요한에 관해 말씀하실 기회를 가지십니다(24-28절). 그분에 관한 청중들의 반응은 무엇입니까?(29-30절)

7. 예수님의 청중들 가운데 바리사이 사람들과 율법 교사들은 모든 증거가 있었지만 요한과 예수님이 하느님으로부터 왔다는 사실을 여전히 거부했습니다(29-35절). 어떻게 그렇게 교육받은 사람들이 지성적으로 부정직할 수 있을까요?

8. 한 바리사이 인이 조심스럽게 입을 열었습니다. 이에 대해 예수님은 어떻게 조심스럽게 믿음을 이끌어내십니까?(39-47절)

9. 이제 예수님께서 그 여인, 그리고 시몬과 어떻게 대화하셨는지 되돌아봅니다. 어떤 구별을 알아차렸습니까?

이 차이점은 두 사람에 대한 예수님의 이해를 어떻게 설명합니까?

10. 백부장은 놀라운 믿음을 가졌으며, 과부는 수동적인 믿음을 지녔습니다. 요한의 믿음을 설명하기 위해서는 어떤 형용사를 쓸 수 있습니까? 시몬은 어떠합니까?

11. 다섯 명중에 누구의 믿음이 나와 가장 닮았습니까? 그 믿음은 예수님에 대한 나의 믿음에 어떤 원동력이 되었습니까?

기도하기

새로운 순종에 첫발을 내딛기 위해 성령의 도움을 청합니다.

실천하기

믿음은 기계적으로 따르는 종교적 공식 같은 것이 아닙니다. 믿음은 살아계신 하느님에 대한 능동적인 자신감입니다. 우리는 그분이 말씀하시는 것을 행합니다. 주님은 우리를 위해 끊임없이 행동하시는 주권자 하느님을 뜻합니다. 히브 11장에서 주님께 능동적인 자신감을 지녔던 남녀들의 명단을 묵상합니다. 그들은 각각 다른 도전들을 가진 사람들이었습니다. 그들이 가진 공통점은 무엇입니까?

무엇이 그들의 믿음을 키웠습니까?

믿음에 도전해봅니다. 내가 순종하기를 피해왔던 주님의 명령 한 가지를 고릅니다. 예를 들면, "원수를 사랑하라" 또는 너의 원수를 공정과 자비로 판단하라" 또는 내 양심에 있는 무엇이든지 정하십시오. 내가 얼마나 실제적인 믿음을 가지고 있는지 알 것입니다.

나 말씀묵상

• **백인대장의 믿음(루카 7,1-10). "나는 이스라엘에서 이런 믿음을 본 일이 없다."(루카 7,9):** 백인대장은 예수님을 진심으로 믿고 있다. 곧 백인대장의 신앙은 생활여정 속에서 성찰하는 모범적인 믿음의 유형을 가지고 있다. 하지만 대부분의 사람들은 부모로부터 물려받은 신앙의 유산을 지니고 있어서, 종교란 선택의 자유가 아니라 의무로 받아들이는 모습이 종종 보인다. 그래서인지 사람들은 이런 의무신앙에 대해 가끔 짜증을 내면서 말하곤 한다. 곧 세례를 원하지 않는 자녀들을 둔 부모들은 종교란 자녀들이 자유롭게 선택해야하는 것이라고 생각하기 때문이다. 자녀들이 좋아하고 그들에게 즐거운 종교들 그리고 그 종교의 신앙행위와 그 방식도 자유롭게 선택적이어야 한다고 믿는다. 하지만 생명은 사실 선택의 문제가 아니고, 부모로부터 피를 통해 흘러 내려와 전해지는 형질적인 선물이기에, 전승을 통해 전해 내려온 신앙도 생명과 같은 것이다. 이스라엘의 신앙은 이처럼 생명 아니 그 이상이라고 믿어왔다. 만일 우리의 신앙이 예수님의 인격을 만난다는 목표가 있지만, 그 곳에 도달하는 데 장애가 있다면, 이는 자연적으로는 병자들, 신체장애자들 그리고 성장과정에서 마비의 위험이 있는 자들과 같을 것이다. 백인대장은 또 다른 길을 통

해 회심할 것이다. 곧 백인대장은 선을 행하는 사람이고, 선을 존경하는 자다. 종종 우리는 이런 자가 신앙인이라고 말하지 않을 수 있지만, 하느님 스스로 우리가 참 선을 알아차리도록 인도하시고, 우리는 그 선물에 보답하여 갚을 것이 있는데, 이것이 바로 신앙이다.

• **과부 아들의 부활. "외아들이고 그 어머니는 과부였다."(루카 7,12):** 자비는 특히 죽음의 경우에 사람들의 마음속에서 불러일으켜 진다. 젊은이가 죽음을 당했을 때 슬픔은 더욱 깊게 나타나며, 그리스도교 신앙이 가르치는 것은 영생을 믿기 때문에 울지 않지만 슬픔은 남는다. 가족의 기둥이었던 사람들의 죽음인 부모나 친구의 장례미사에서 이런 모습이 잘 나타나고 있다.

• **"주님께서는 가엾은 마음이 드시어"(루카 7,13):** 다른 자들의 고통과 불행은 사람들에게 자비심을 불러일으킨다. 돌보아 줄 사람 없이 혼자서 울고 있는 아이들을 보면 거의 모든 사람들은 안타까운 마음이 드는 것이 사실이다. 러시아의 철학자, 신학자, 사상가 솔로비요프는 자비심은 사람들 사이의 일치를 드러내는 자연적 표징이라고 말하였다. 그들이 베푸는 자비는 세상을 살리기 위하여 하늘로부터 받은 사명이다. 이러한 인식된 자비는 사랑의

실천(caritas)과 사랑의 행동에서 변형되지 않을 때 자비도 풍요롭지 않게 된다. 풍요치 않은 자비는 그 특징을 약화시킨다.

- **"예수님께서는 그를 그 어머니에게 돌려주셨다"(루카 7,15):** 죽었던 아들이 과부 어머니께 돌아왔다. 그런데 예수님은 자신의 업적을 완성하기 위해 젊은이를 부활 소생시킨 것이 아니다. 주님은 단지 슬픔 속에 젖어 있는 과부 어머니에게 잃어버렸던 아들을 돌려주기 위해서 그 젊은 아들을 살린 것이다. 이처럼 예수님과의 만남이란, 죽은 이들이 부활을 통해 갈라지지 않는 영원한 자가 되는 초대이다. 이는 또한 사람들과 만나는 전조 곧 예보가 된다. 사람의 아들의 마지막 승리가 될 종말의 그 날도 사람들과 세상 사이의 우주적인 만남의 날이 될 것이다. 그 때, 모든 인간적인 끈들은 다시 모인다. 어머니들은 아들들에게 되돌아가게 될 것이고, 아들들은 어머니에게 돌아간다. 남편은 부인에게, 모두는 모두에게 되돌아간다. 이처럼 세상의 종말 때, 이런 식의 만남이 결정적으로 이뤄질 것이다. 우리는 그런 위대한 도래를 선포하며 그렇게 이해한다. 죄 자체가 우리를 분리시키고, 한 사람을 다른 자로부터 멀리 떨어지게 하더라도, 결국 그리스도와 만나는 우리의 접촉은 화해의 성사가 된다. 이 모든 경우, 우리 안에서 잃어버린 사랑 곧 슬픔과 고통은 결

국 다른 이들 안에서 새롭게 만나도록 인도한다. 왜냐하면 우리는 영성적으로 새로운 생명과 함께 늘 일어나게 되기 때문이다.

• **신앙생활은 말씀과 접촉하는 믿음생활:** 복음은 '믿음의 해'를 보내고 있는 우리가 걸어가야 할 모습과 관련하여 말한다. 1열왕 17,18과 루카 7,12-12에서 과부인데다가 하나뿐인 아들이 죽은 여인의 이야기가 나온다. 1열왕 17,18에 나오는 과부는 엘리야에게 불평과 탄원이라도 하고 있지만, 복음의 과부는 아무 말도 하지 못하고 울고만 있다. 주님께서는 그 과부에게 '가엾은 마음'이 드셨다. 곧 주님은 자비로운 마음으로 과부를 위로하시고 죽은 아들의 관에 손을 대시며 "접촉"을 하신다. 이와 같이 성경에서는 우리의 청원과 믿음보다 주님의 자비와 은총이 훨씬 크다는 것을 말씀하신다. 신앙이란 무엇일까? 믿음은 접촉하는 것이다. 접촉하지 않고 접촉이 없는 믿음이 오늘 우리 신앙에서 큰 문제이다. 얼마 전에 선출되신 새 교황님의 파격적인 행보, 그 접촉의 행보는 마치 '신앙의 해'에 믿는 이들에게 표징인 것처럼 새로운 바람을 일으키셨다. 많은 이들을 놀라게 하며 가톨릭을 넘어, 그리스도교를 넘어 많은 이들에게 신선한 충격을 주고 있다. 심지어 세계적인 신학자 한스 큉(Hans Küng)은 새 교황님의 행보를 보며 이렇게 표현했다. "지금 벌어지고 있는 일들, 이런 일들이 있을 것

이라고 상상이나 할 수 있었을까? 하지만 우리는 지금 그것을 현실로 목격하고 있다. 두 번 맞이하기 어려운 봄을 뜻밖에 맞았는데 그것을 다시 겨울로 돌리지 말자." Küng이 이렇게 감동할 정도로 엄청난 변화를 겪고 있는 전 세계 가톨릭교회가 이러한 변화 속에서 감당해야할 과제들은 얼마나 심각할까? 이 변화에 저항하려는 힘도 얼마나 클지를 생각해 본다. 오랜 시간 쌓이고 굳어진 체제가 한 번에 변화될 수는 없기 때문이다.

'새로운 복음화'의 요구가 심각하게 대두되는 것은 수치로만 봐도 쉽게 체감할 수 있다. 1940년대에 95%가 가톨릭인구였던 남미가 1980년대에는 76%, 2012년도에는 65%로 급감한다. 미국도 2000만 명의 가톨릭인구가 교회를 떠났다. 무엇이 문제였을까? 다시 한 번 신앙에 대해서 상기해 본다. 신앙은 무엇일까? 주님을 믿는 것이며 말씀을 만나는 것이다. 말씀은 공부의 대상이 아니라 믿음의 대상이다. 성경의 역사 비평적 방법으로 성경을 공부하기 시작한 것도 말씀을 해부하기는 하지만 말씀을 만나지 못하는 우를 범해왔다고 느낀다. 성경을 공부하면서 주님을 한 번도 만나지 않았다면 이것은 분명 잘못된 신앙생활이다. 복음에서 과부의 외아들이 살아난 것은 과부가 말씀을 공부했기 때문이 아니다. 말씀의 예수님을 만났기 때문이다. 천국은 말씀을 많이 아는 이들이 가는 곳이 아니라 하나라도 믿고 그렇게 살아가는 이들이 가는 곳이다. 바오로사도의 깊은 통찰이 이를 역설해 준다. 사도 바오로는 박해자(갈라 1,13)였고, 열심한자였으나(갈라 1,14) 반전을 경험한다. 참 복음을 전할 수 있도록 예수님이 당신을 바오로 사도 안에 계시(갈라 1,16)하셨고 말씀이 사도 안에서 움직이셔서 복음이 선포된 것이다. 이렇게 말씀이 우리 안에서 움직이셔야 하는데 우리는 반대로 말씀을 움직이려고 하지 않는지 성찰해 본다. 주님은 이렇게 우리의 능력과 힘 보다 주님의 은총과 계시가 당신의 말씀을 전하도록 우리를 초대하고 있다. 새 교황님께서는 올해 성유축성미사 때 이런 말씀을 남기셨다. "양 냄새가 나는 목자가 되시기를 바랍니다." 이 역시도 양들과의 접촉을 말씀하신 것이라 여겨진다. 작년에 열린 세계 주교 시노드에서도 그렇고, 신앙의 해에 대두되는 개념인 '새로운 복음화'에서도 가장 중요한 것은 사제, 그리고 신학교 교육이라며 사제양성에 초점을 두고 있다. 이처럼 사제와 수도자가 복음적으로 양성되어 다양한 접촉을 통해 만나는 이들에게 주님의 축복을 나눌 수 있는 것이 중요하다. 이 세상에서 가장 위대한 성인도 자기 자신을 구원할 수 없지만 아무리 망가진 자라도 다른 자를 구원할 수 있는 것이 교회의 신비이다. 이 신비 안에서 자기 자신 안에만 머물러 있는 것이 아니라 사람들과 접촉하며 예수님의 연민이 아들을 살려낸 것처럼 생명의 복음을 전하고 나눌 수 있도록 특별히 사제직을 준비하고 있는 신학생들을 위한 많은 기도를 부탁드린다. 7년이라는 신학교 교육, 그 과정에서 사제로서의 필요한 소양을 위한 공부도 중요하지만 예수님과 접촉할 수 있도록 그 접촉을 나눌 수 있는 사제가 될 수 있도록 기도해주시길 청한다.

• **시대의 표면적인 일(皮相). "이 세대 사람들을 무엇에 비기랴? 그들은 무엇과 같은가?"(루카 7,31):** 신학자 칼 라너는 오늘을 사는 사람, 우리시대 인간들이 추상적으로 관념화 되었다고 표현하고 있다. 곧 오늘날 사람들은 자신의 구체적인 삶보다는 추상화된 군중들의 생활에 익숙해 있는 듯하다. 이처럼 인간은 자기 자신의 성찰과 개별적인 이해보다는 모든 세대 사람들에게 공통되어 있는 그들이 지니고 있는 문제들을 가지고 고민하고 있다. 이처럼 그들은 자신의 근본적이고 구체적인 문제에 직면해 있으면서도 그 해결책은 실제 문제와 거리가 먼 반대의 모습으로 나타난다. 곧 대중들이 추구하는 방법으로 해결해보고자 한다. 사실 사람은 너무 많은 것에 관련되고 집중되어 삶이 한 쪽으로 몰려있는 개인주의자로 남아있다. 사람들은 대중의 의견과 대중매체, 그리고 군중들의 대다수에 의해 결론이 이어지는 군중대화의 노예로 남아있다. 다시 말해서 사람들은 대중들의 의견에 나쁜 영향을 주는 군주는 존재하지 않는다고 믿고 있다. 따라서 대중의

의견을 반대하는 자는 백성의 적이 되어 선언되고 조소를 당한다. 그리스도인들은 역사 안에서 그리스도의 영 안에서 대중의 의견을 변형하도록 시도하였지만 헛된 시도였던 경험이 적지 않다. 그러나 중요한 것은 군중이 말하고 있는 것을 받아들이면서도 그리스도의 삶 앞에서 항상 서 있도록 인간의 특성을 교육해야 하는 것이다. 이는 그리스도교적 성숙함과 판단의 자유 곧 자유로운 식별 위에 남아 있다.

• **사랑은 죄인들을 용서한다. "저 사람이 예언자라면, 자기에게 손을 대는 여자가 누구이며 어떤 사람인지, 곧 죄인인 줄 알 터인데"(루카 7,39):** 어린이들의 교육에서 부모들의 주된 걱정 가운데 하나가 나쁜 친구들이다. 구약에서 하느님은 메시아를 받아들이도록 히브리 백성을 다음과 같이 교육하시곤 하였다. 이방인들 그리고 죄인들과 같이 다니는 것을 원하지는 않았던 것이다. 그러니 바리사이에게는 예수님께서는 이러한 규칙에 중요성을 잊어버리고 행동하는 것처럼 보였을 법도 하다. "혹시 그것을 폐지하도록 생각하곤 했을까?"라는 의문도 가진다. 그런데 아마도 그리스도교 윤리에 의해서 제시된 덕이나 모든 이성적인 현명함에도 예수님의 행동을 반대하고 있는 듯하기도 하다. 하지만 예수님은 단지 이런 관습과 전통의 관계성을 보여주기를 원하신 것

이다. 분명 악은 영적으로 성숙하지 않은 자를 부패시키거나 추락시킬 수 있다. 곧 신앙 안에 성숙한 사람만이 악으로부터 접촉되지 않을 수 있다. 태양은 빛을 내지만 어둠 때문에 그 빛이 부족할 수 있다. 하지만 햇빛은 오히려 그런 어둡고 부패한 환경 안에 빛을 내야 참 빛일 것이다. 일상의 삶에서 모든 행동이 잘 결정되는 것이 필요한데, 동시에 이성적으로 지혜롭고, 늘 좋은 지향에 의해서 영향도 받게 된다. 그러므로 각자가 안정성을 미리 챙기고 추정하지 않는 것도 좋기는 하지만, 선을 행하는데 있어서 실수할 것을 두려워하지 않는 것 역시 중요하다.

사랑은 죄인들을 용서한다. "저 사람이 예언자라면, 자기에게 손을 대는 여자가 누구이며 어떤 사람인지, 곧 죄인인 줄 알 터인데"(루카 7,39) "이 여자는 그 많은 죄를 용서받았다. 그래서 큰 사랑을 드러낸 것이다." "적게 용서받은 사람은 적게 사랑한다."(루카 7,47)

돈보스코 성인의 예방교육 체크하기

✓ 자녀들을 알아주기:

✓ 자녀들을 믿어주기:

✓ 자녀들을 사랑하기:

9. 하느님 말씀 듣기: 믿음의 첫걸음 (루카 8,1-21)

1989년 11월 9일 베를린 장벽이 무너져 열리고, 공산주의가 동유럽 전역에서 무너지기 시작했을 때 우리는 기뻐했고, 복음전파를 기대했습니다. 사람들은 "엄청난 개방," "그리스도를 받아들이는 수천 명," "성경에 대한 요구"에 대해 들었으며, 이는 어느 정도 사실입니다. 그러나 그 후로 만연한 물질주의, 국가 종교 지도자들 간의 힘겨루기 등의 뉴스 기사가 보도되기 시작했습니다. 그들은 단순히 서양 사람들과 접촉하기 위해 회의에 참가한 많은 사람들에 대해 냉소적으로 말했습니다.

• **그룹 나눔** 내가 그리스도교를 처음 대했을 때의 반응에 영향을 미친 한두 가지 요인은 무엇입니까?

• **개인 성찰** 처음 하느님과 함께 나의 삶을 시작했을 때 보다 지금 더 하느님의 음성을 분명히 듣습니까?

그리스도교 복음이 전파되는 곳마다, 사람들이 청중으로 있는 동기가 다 다르기 때문에, 결과는 다양합니다. 예수님은 이를 아셨습니다. 그리고 그분은 어느 날 이 문제를 비유를 들어 다루셨습니다. 루카 8,1-21을 읽습니다.

가 질문과 나눔

1. 루카는 우리에게 전통으로부터 근본적으로 벗어나시는 예수님에 대해 말합니다. 그분의 제자들 무리와 함께 다니기 시작하는 여자들에게서 무엇을 관찰할 수 있습니까?(2-3절)

2. 각 단락의 결론 부분을 다시 읽어봅니다(8절,15절,18절,21절). 예수님께서 계속해서 강조하신 교훈은 무엇입니까?

3. 첫 번째 비유에서(4-15절) 뿌려진 씨는 모두 같지만 결과는 다 다양합니다. 다른 결과들을 설명해 봅니다.

네 종류의 땅 중 어떤 땅이 나와 가장 비슷합니까?

4. 처음 세 종류의 땅과 달리 예수께서는 네 번째 땅에 대해 거의 말씀하지 않으시고, 단순히 좋았다고 말씀하십니다. 무엇이 식물을 성숙하게 만드는지를 알기 위해 전문 정원사일 필요는 없지만, 식물이 잘 자라게 하기 위해 무엇이 필요하다고 생각합니까?

이렇게 육적으로 요구되는 조건은 영적인 필요에 어떤 영향을 미칩니까?

5. 15절을 다시 읽어 봅니다. 무엇이 내가 하나님 말씀을 간직하고 보존하는데 가장 도움을 줍니까?

6. 예수님의 두 번째 비유는 약속과 경고로 첫 번째 비유를 연장합니다(16-18절). 18절에서의 약속과 경고는 예수님의 가르침을 잘 들을 수 있도록 어떻게 동기를 부여합니까?

나는 성경에서 진리라고 알고 있는 것을 언제 무시하는 경향이 있습니까?

7. 19-21절에서 예수님은 하나님 말씀을 듣는 것에 대해 더 언급하는 기회를 가지십니다. 왜 예수님은 21절에서 하신 것처럼 반응하셨을까요?

8. 예수님도 잘 알고 계셨듯이, 가정은 하느님의 말씀을 실행하기 쉬운 장소가 아닙니다. 내가 집에서 하느님 말씀을 실천하려고 한 경험(긍정적 혹은 부정적)을 설명합니다.

9. 15절을 다시 묵상합니다. 나의 좋은 땅을 경작하기 위해 무엇을 할 수 있을까요?

기도하기

가정에서 주님이신 예수님의 더 명확한 증인이 되기 위해 서로 기도합니다.

실천하기

일기를 쓰지 않는다면 지금이 시작하기 좋은 때 입니다. 하느님의 말씀을 읽은 후에 무언가 중요한 일이나 혹은 누군가와의 의미 있는 만남을 경험하면서 무슨 일이 발생했는지 묵상해 봅니다. 하느님이 내게 하시는 말씀을 적어봅니다. 그분은 친밀한 대화를 위해 기다리고 계십니다.

| 야고보(예수님 부활 후 개종한 실용주의적인 형제)는 듣고 실천하는 것에 대한 현실적인 할 말이 있었습니다. 루카 8,21과 야고 1,19-27을 비교합니다. 또한 시편 119장에서도 결실 있는 묵상을 찾을 수 있습니다. 이 장의 176절(길 잃은 양처럼 해매니 당신의 종을 찾으소서. 당신의 계명을 잊지 않았습니다)은 하느님의 말씀을 위해 다른 용어들을 사용하고 하느님의 말씀과 그분의 말씀을 듣고 실천한 결과인 약속에 접근하는 다양한 길을 보여줍니다. 매일 6장씩 읽습니다. 한 달 안에 이 엄청난 시편을 모두 읽을 수 있습니다.

나 말씀묵상

• 하느님의 나라(루카 8,1-3)

1. "고을과 마을을 두루 다니시며"(루카 8,1): 모든 종교는 신성을 믿는다. 철학자도 존재하는 모든 것의 첫째 원인, 신에 대한 인식을 말한다. 그런데 성경의 하느님과 이방민족의 신들 사이에는

큰 차이가 있다. 그리스의 신들은 올림푸스 위에 거처하고, 사람들은 높은 산에 신들의 성소를 세운다. 그리고 신들에게 청원을 올리기 위해서는 산위에 올라 그들 가까이 가야 한다. 하지만 이스라엘의 하느님은 하늘 위에 거처하시지만 높은 곳에서 당신 백성을 향해 내려오신다. 다시 말해 인간의 역사 속에 당신 모습을 계시하고 드러내신다. 이렇게 성경은 인간이 하느님을 찾는 것을 전하지 않고 오히려 하느님이 인간을 찾아오신다고 전한다. 결국 신약에서 하느님이 사람이 되셨고, 그렇게 강생하신 그리스도께서도 오늘 복음에서와 같이 "고을과 마을을 두루 다니시며" 인간을 찾아오신다. 열두 제자와 함께 특히 악령과 병에 시달리다 치유된 여자, 일곱 마귀에 들렸던 막달라 여자 마리아, 헤로데의 집사 쿠자스의 아내 요안나, 수산나, 다른 여자들이 그분 주위에 많았다(공생활-백성, 수난직전-제자, 부활이후-여성, 제자). 이 모습은 교회에서도 계속된다. 하느님이신 예수님이 사람을 찾아오신 것처럼, 사제직을 준비하는 신학생들이나 그리스도의 몸인 교회 공동체에 속한 우리도 신학교와 본당에서 인간을 찾는 복음훈련을 해야 한다. 왜냐하면 우리는 그렇게 하도록 하느님으로부터 초대를 받았기 때문이다.

2. "복음을 전하셨다."(루카 8,1): 그리스말 Evangelios(복음)은 기쁜 소식을 의미한다. 학생들에게 기쁜 소식이란 시험에 합격하

는 것이고, 백성에게는 전쟁이 끝났음을 알리는 종전 소식이다. 이렇듯 히브리인들에게는 메시아의 기다림이 바로 기쁜 소식이며, 하느님 나라가 가까이 왔다는 소식이다. 기쁨은 실제로 매우 중요한 심리적 상태이며 구체적으로 인간을 치유한다. 성경에서의 기쁨은 행복이고 행복은 축복 곧 복됨을 말한다. 복되다는 것은 인간이 올바른 길을 걸어가는 것이다. 그런데 아무리 옳은 길도 결코 순탄하지만은 않다. 비도 오고 눈도 내리며 천둥 번개 벼락이 치기도 한다. 하지만 예수님처럼 옳은 길을 걸어가는 자는 그 길이 어렵다고 해서 결코 뒤로 되돌아가지 않고, 그 길을 바꾸지 않는다. 이것이 우리에게 주신 예수 그리스도의 진정한 기쁜 소식, 하느님 나라의 소식이다. 우리도 인내하며, 그리스도를 닮아 우리 안에서 그분이 활동하고 움직이는 사람이 되길 기도하자. 우리도 그리스도의 모든 선과 아름다움이 지속적으로 실현되는 복음 선포, 기쁜 소식 전달자가 되도록 살아가자.

• **씨 뿌리는 사람의 비유(루카 8,4-8) "씨 뿌리는 사람이 씨를 뿌리러 나갔다.":** 씨앗이 자라 나무가 되고, 그 나무에서 열매가 맺는다. 씨앗은 많은 열매로 농장을 풍요롭게 한다. 그래서 농장은 곡식과 과일로 가득 채워진다. 복음에서 씨 뿌리는 사람의 비유는 우리의 내적인 생활을 농장에 비교하고 있다. 하느님께서는 농장

을 그저 황무지로 내버려 두시지 않으신다. 주님은 계속 좋은 씨를 우리 마음의 밭에 심으시고 우리 안에 있는 내면의 농장을 지속적으로 가꾸신다. 좋은 씨란 하느님의 영감, 즉 좋은 생각들인데 그것들이 우리 마음과 정신 안에 들어와 마음의 농장, 내면의 농장을 가꾸신다. 씨앗들은 마음의 땅에 뿌리를 내리게 한다.

• **"어떤 것은 좋은 땅에 떨어져, 자라나서 백배의 열매를 맺었다."(루카 8,8):** 우리 마음은 좋은 땅이므로 우리 자신을 믿어야 한다. 하느님은 본디 우리 마음도 당신 마음을 닮도록 만드셨기에 높은 당신의 뜻을 우리에게 내리셨다. 우리는 모두 전 인격으로 백배의 많은 좋은 열매와 업적을 이루도록 하는 능력을 받았다. 우리의 마음은 처음부터 길, 바위, 가시덤불이 아니라 좋은 땅으로 만들어졌다. 우리는 이것을 믿고 좋은 땅을 일구어야 한다. 좋은 땅에 떨어진 것은, 바르고 착한 마음으로 말씀을 듣고 간직하여 인내로써 열매를 맺는 사람들이다.

• **"씨는 하느님의 말씀이다."(루카 8,11):** 농장은 한 번에 창조된 땅이 아니라 계속 좋은 씨로 밭을 일구어 뿌리를 내리게 하는 살아있는 내면의 농장이다. 우리에게 들어온 이상들과 좋은 사색들은 마치 말씀처럼 작용한다. 성경은 하느님께서 우리에게 직

접, 간접으로 말씀하시고 보여주신다. 예수님은 아버지의 말씀으로 정의되는데, 이 말씀이 우리 사이에서 강생하셨다(요한 1,14). 인간이 되시고, 인간의 말로 말씀하셨다. 어린이들과 말할 때 어른들은 어린이의 언어를 쓰듯이, 우리와 함께 하느님께서도 같은 일을 하신다.

• **루카 8,16-18. "정녕 가진 자는 더 받고, 가진 것이 없는 자는 가진 줄로 여기는 것마저 빼앗길 것이다."(루카 8,18):** 위의 복음 말씀을 이해하는데 깊은 성찰 없이 영적인 배경을 고려하지 않고 말씀을 읽는다면, 혹자들은 이 말씀이 정의롭지 못한 것이라고 생각도 하고 또 그렇다고 말할 것이다. 그런데 위의 말씀이 돈에 관한 이야기를 한 것이라고 글자 그대로 이해하여 말을 한다면, 그 말씀을 영적인 의미로 숙고하여 알아차리는 시간이 더욱 필요한 듯싶다. 신약 특히 복음에서 예수님이 건네시는 말씀은 영적이고 그 의미가 말씀의 내면에 있다. 곧 하느님의 선물들은 매우 다양하다. 또 우리는 하느님의 그런 선물들을 은총이라고 부른다. 은총이란 무엇일까? 하느님 안에서 하느님과 함께 하는 생명 곧 삶을 의미한다. 그래서인지 이 말씀을 글자 그대로 세상의 가치대로 이해한다면 오히려 말씀의 왜곡이 발생할 수 있다. 곧 위의 글을 읽고 혹자들은 돈을 많이 버는 자는 더욱 부자가 될 것이지

만, 서두르거나 게으름 때문에 그리고 빈손뿐인 자들이라면, 돈을 그렇게 벌어들이지도 못하거니와 오히려 있는 돈도 잃어버릴 것 같다고... 그렇다. 복음도 이렇게 말한다. 노동을 원하는 사람이 경제적인 곤경에 처하게 되는 두려움을 가지지 않는 것처럼, 영성생활도 이와 동일하게 나타난다고... 큰 수풀 속에서 변화되고 성장하도록(마태 13,21) 예정된 것들이 있다. 겨자씨 또는 작은 씨앗처럼, 하느님은 우리에게 은총을 주실 것이다. 그래서 성인들은 이 말씀으로 종종 다음과 같이 기도한다. "주님! 우리의 모든 것을 취하시고, 오직 당신의 은총을 주소서. 이것으로 내게는 충분하나이다."

• **루카 8,19-21. "내 어머니와 내 형제들은 하느님의 말씀을 듣고 실행하는 이 사람들이다."(루카 8,21):** 사람이며 하느님이신 그리스도께서는 신성과 인성이라는 이중의 기원을 가지고 있다. 복음 말씀에 따르면, 그리스도께서는 인간의 가정에 일치하여 하나가 되어 있는 듯 보인다. 하지만 단지 겉모양이 그렇다. 마리아의 신비는 적합하면서도 나아가 넓게 확장되어 간다. 곧 마리아는 하느님의 어머니시다. 마리아는 지상에서 하느님을 탄생토록 자신의 몸을 봉헌해 드리면서 성령을 받기 때문에 완전히 그런 경향에 속해 있으신다. 하느님께서도 다양한 모양으로 우리 안에

오신다. 특별히 마음 속 영감에서 당신의 말씀을 통해서 오신다. 우리가 신적인 그분의 말씀을 실천한다면, 그것이 즉시 육체가 되고, 세상 안에서 현실이 된다. 오리게네스와 다른 교부들은 말한다. 모든 그리스도인은 이 세상에서 생명을 전달하기 위해 하느님을 잉태하도록 부르심을 받는다고... 한 사제가 다음과 같이 말하였다. "나는 강론대에서 하느님께 나의 목소리를 빌려드린다. 왜냐하면 하느님께서 전하시는 사랑의 메시지가 인간인 나의 목소리 안에서 다시 소리가 나도록 하기 위해서이다." 우리들의 손도 하느님께 빌려 드리자. 하느님의 사랑이 세상에 육체로 변화되도록...

돈보스코 성인의 예방교육 체크하기

- ✓ 자녀들을 알아주기:
- ✓ 자녀들을 믿어주기:
- ✓ 자녀들을 사랑하기:

10. 예수님의 참 정체성: 믿음의 기반
(루카 8,22-56)

크리스마스나 부활절 시기에는 그리스도교 국가의 잡지가 종종 "예수는 과연 누구인가?" "우리는 역사의 예수를 알 수 있는가?"와 같은 특집기사 표지와 함께 나옵니다. 해마다 예수님에 관한 저서들 곧 '내가 결코 알 수 없는 예수'(Philip Yancey저) 혹은 '진짜 예수가 일어나 부활하셨겠습니까?'(John Blanchard저) 같은 새로운 책들도 나옵니다. 무명의 예수는 한 때 미국의 TV 다큐멘터리 시리즈이기도 했습니다. 그런데 2000년 후에도 역사를 뒤집은 그 분은 여전히 대부분의 사람들에게 비교적 알려지지 않았습니다. 과연 본당과 가정에서 예수님을 만나려고 얼마나 말씀을 공부합니까?

• **그룹 나눔** 무엇이 나를 처음으로 예수님께 매료시켰습니까?

• **개인 성찰** 나는 인간 예수님에 대해 무엇을 가장 높이 평가합니까?

"이 나자렛 예수님은 결국 누구입니까?" 예수님께서 지상에 계셨을 때의 사람들 역시 예수님에 대해 궁금해 했습니다. 루카복음 8장은 열두 제자들에게 그분의 실제 정체를 드러내는 네 가지 권능 사건들을 포함합니다. 루카 8,22-56을 읽습니다.

가 질문과 나눔

1. 나는 22-25절에서 사건의 시작부터 끝까지 일어나는 제자들의 감정을 어떻게 인식합니까?

2. 끝부분(25절)의 제자들의 질문은 그들이 물어본 것 중 가장 중요한 질문입니다. 그들은 생각했던 것만큼 예수님을 모른다는 것을 깨닫습니다. 언제 갑자기 내가 예수님에 대해 궁금하게 되는 것을 발견합니까? 그것이 무엇으로 이어졌습니까?

3. 두 번째 만남(마귀들과 돼지 떼)에서 사건들을 설명합니다(26-33절).

4. 예수님께서는 마귀 들린 이를 구원하셨습니다, 하지만 지역 주민들은 그분께 그들의 지역에서 떠나달라고 요청합니다(37절). 이유가 무엇일까요?

5. 40-56절에서 예수님과 제자들은 그들의 지역으로 다시 돌아옵니다. 세 번째와 네 번째의 놀라운 사건들은 서로 얽혀 있습니다. 여자에게 먼저 집중합니다(42-48절). 그녀의 치유는 다른 사람들의 치유와 어떻게 다릅니까?

6. 예수님께서 누가 자신을 만졌는지 알아야 한다고 주장하신 이유는 무엇일까요?

7. 마지막 권능 사건은 야이로의 고통에 손을 뻗치고 있습니다. 내가 야이로라고 가정하고, 예수님과의 경험을 설명합니다(40-56절). 바닷가에서부터 집까지 내가 생각하고 느끼는 예수님을 어떻게 설명하겠습니까?

8. 군중들은 이 네 가지 권능사건 중의 하나 혹은 다른 것을 목격하지만, 제자들만이 이를 모두 목격 합니다(마지막 사건에서만 세 명). 제자들이 예수님에 대해서 어떤 새로운 것을 배웠는지 요약합니다.

9. 네 가지 위급한 상황들은 각기 상당히 다릅니다. 그렇지만 어떤 공통점을 볼 수 있나요?

10. 여기서 예수님의 어떤 특성(사랑을 제외하고)이 내가 위급한 상황에서 그분을 전적으로 신뢰하도록 합니까?

기도하기

나의 성가신 문제를 예수님께 가져옵니다.

실천하기

일기에 내가 마주하고 있는 위기를 설명합니다. 그러고 나서 조용한 곳에서 그분께 귀 기울입니다. 그분이 하시는 말씀을 기록합니다. 그리고 그분이 내게 하라고 말씀하시는 첫 번째 단계를 실천합니다.

나의 교회나 동료들이 예수님에 대해서 미숙한 견해나 고정관념을 가지려는 경향이 있습니까? 개방성을 보이는 신앙인이 아닌 친구는 어떤가요? 이 권능 사건들은 예수님을 설명하는데 사용할 수 있습니다. 7장에서의 예수님과 백인대장, 과부, 세례자 요한, 바리사이들 그리고 죄 많은 여자와의 만남을 이용할 수도 있습니다. 집이나 사무실에서 열리는 성서모임을 위해 4주에서 6주 일정을 계획합니다.

나 말씀묵상

• **루카 8,22-39:** 이들 두 기적 이야기에서, 루카는 순서와 내용 양쪽 모두 마르 4,35-5, 20을 가깝게 따른다. 예수는 풍랑을 잠잠하게 하며(8,22-25), 한 남자에게서 많은 마귀를 쫓아낸다(8,26-39). 명확히 루카가 마르코를 매우 밀접하게 따르고 아주 가볍게 편집하기 때문에, 이 이야기들은 복음사가들이 매우 다른 것들에 대해 어떻게 다루는지를 보여 준다. 바다를 잔잔하게 함에서, 루카는 강조점을 제자들의 실패에서 예수의 권능으로 이동한다. 그는 겁많은 제자들을 비난하지 않는다(마르 4,40과 마태 8,26). 그는 제자들을 예수와 함께 잠들게 하는데, 이는 그들의 공포를 더욱 이해할 수 있게 만든다. 예수는 왜 그들이 믿음이 없는가를 묻지 않고 오히려 그들의 믿음이 "어디에" 있는지를 묻는다. 마지막 질문, "이분이 누구이신가?"는 양쪽 버전 모두에서 예수의 첫 악마 추방을 회상하게 한다. 그러나 그 효과는 매우 다르다. 마르코에서, 제자들은 하느님 나라의 신비가 주어진 "안에 있는 사람"로

선언되었다(4,11). 그들은 그분이 누구 인지 아는 것이 전제된다! 잠잠하게 하는 이야기는 마르코에서 실제로 그렇지 않은 "안에 있는 사람들"에 대한 그의 묘사의 일부분으로 역할을 한다.

그러나 루카에서는 “안에 있는 사람/밖에 있는 사람”의 주제가 똑같은 방법으로 작용하지 않는다. 루카는 제자들에 대해 아이러니를 작동하지 않는다. 그리고 “이분이 누구신가?”라는 의문에서 우리는 이전의 질문, “이것이 어찌 된 말씀이기에, 그가 더러운 영들에게 명령을 하면 그들이 복종하는가?”에서 루카복음서에 대한 반향을 듣는다. 마귀들과 관련해서처럼 바람과 파도가 그렇다. 그러나 제자들은 이것으로부터 이전의 담론이 명료하게 한 것처럼(8,11) 예수가 하느님의 말씀을 말한다는 것을 배워야만 한다. “너희의 믿음이 어디에 있느냐?”라는 질문은 그러므로 똑같은 담론의 배경에 대해 이해되어야만 한다. 곧 믿음은 “하느님의 말씀을 듣고 그것을 행함”을 뜻한다(8,21). 제자들의 믿음의 부족이 도전을 받은 것이다.

루카는 게라사의 마귀 들린 사람에 대한 마르코의 버전에 대해 한층 더 충분하게 그리고 혼합된 결과를 만든다. 그는 자신의 사료가 문체적으로 또한 구조적으로 부족하다는 것을 분명하게 알게 된다. 그는 첫째로 정확함 에 몰두한다. 예를 들면(마르 5,7에서처럼), 그는 부마자가 예수에게 “맹세 하는(orkizō)”것을 합당하다고 깨닫지 않고, 그것을 "청하다"(8,28)로 바꾼다. 그는 마르 5,9-10에서 탐지한 숫자에서의 혼란과 마르 5,14의 긴장된 결과(참조: 루카 8,30-31.35)를 교정한다. 둘째로, 루카는 명확함을 제공하고자 한다. 그는 게라사인들의 지역이 어디에 있었는지 말하며(8,27), 예수가 물로 들어가지 않고 육지에 발을 디뎠다는 것을 독자에게 확신시킨다(8,27). 그는 돼지를 치는 사람들이 그것들을 알리기 전에 사건들을 보게 하며(8,34), 예수가 떠나 달라는 집단의 요구에 대한 동기를 보충한다(8,37). 5,16의 마르코의 산만한 보고는 8,36의 감탄할 만한 요약과 해석으로 압축되었다.

셋째로, 루카는 그가 생각하기에 더욱 논리적인 순서로 이야기를 배치한다. 그는 특히 담화적인 놀람을 싫어한다. 마르 5,14은 그 지역에 고을이 있음에 대해 전혀 언급하지 않고서 돼지를 치는 사람들이 고을로 가게 한다. 루카는 8,27에서 즉시 고을을 언급함으로써 이후의 구절을 미리 조처한다. 또한 그로 인해 8,39에서 그 남자가 "온 고을에 두루" 선포 하게 할 수 있다. 마르코는 부마자가 옷을 입지 않았다는 것을 전혀 말하지 않았다가 다시 옷을 입게 한다(마르 5,15). 루카는 이 정보를 처음부터 제공한다(8,27).

루카 편집의 결과는 어떠한가? 그는 마르코 자신을 사용한 이야기에 대해, 두 가지 이적(8,22-39)의 결정적인 요소들을 효과적으로 제거했다. 마르코는 부마자의 힘, 무덤들 가운데 살아감, 올바른 정신으로 옷을 입고 있음, 그리고 예수와 함께 여행하는 것보다는 오히려 이방인 지역에서의 그의 선포에 강조점을 둔다. 그의 이야기에서, 공을 들여 마르 16,1-8의 애매한 빈 무덤 기록과 긴장을 유지한 채, 이 구절이 그의 복음서의 "실제적 끝맺음"을 대신하기 때문이다. 루카는 마르코가 구도적으로 하려는 것을 파악하지 않는다. 그에게 있어서, 마르코는 단지 서투르게 쓰인 사료이다.

루카의 편집은 그 자신의 몇 가지 특징적인 관심사를 감지하게 해 준다. 담화 안에서 그의 "순서"에 대한 몰두는 집요하다. 이것에 대한 두 면모가 설명될 가치가 있다. 첫째는 이전 것을 이후의 구성 전개를 위해 계속해서 제공하는 것은, "예언/성취" 형식의 어떤 것을 단 하나의 이야기의 범위 내에서 조차 조성한다는 것이다. 곧 모든 요지는 반복되고, 모든 질문은 대답된다. 둘째 면모는 "담화(diēgēsis)"의 역할에 대한 그의 이해이다. 확실히 그가 diēgeomai라는 용어의 사용을 이야기 끝까지 미루는 것은 우연한 것이 아니다. 그 남자는 사건의 결과가 끝난 다음에, 하느님이 그를 위해서 하신 모든 것을 말해야 한다. 그 자신의 담화가 보여 주는 것처럼, 루카에게 있어서 이것은 지금 기쁜 소식을 선포하는 모습이다. 곧 하느님/예수가 한 것을 "순서대로" 알리는 것이다. 결국, 마르 5,16에 대한 루카의 간결한 축소인, "그 남자가 어떻게 구원되었는가?"에서 우리는 이야기의 의미가 무엇인가에 대한 그의 특징적인 이해를 알 수 있다. 곧 하느님의 방문은 구원을 위한 것이다. 이제 우리가 두 이야기(잠잠하게 함과 부마자)를 볼 때에 그들은 모두 바람과 영들에 대한 예언자의 권능을 드러내는 것을 깨달을 뿐 아니라, "믿음"과 "구원"의 요소를 결합시키며, 그로 인해 말씀을 듣고 그것을 행함은 씨 뿌리는 사람의 비유에 대한 루카의 버전과, 구원하는 믿음의 전체적인 요점이 두 딸의 이야기 사이에 연결을 제공한다.

• **루카 8,40-56:** 씨 뿌리는 사람의 비유를 따라오는 기적들의 연속은 두 딸의 복합적인 이야기와 함께 결론을 맺는다. 루카는 이 기록을 마르 5,21-43에서 가져오는데, 거기에 이미 이야기-안의-이야기로서 나타난다. 이런 종류의 삽입은 마르코의 문학적 습성이 매우 많은데 현재 기록의 형식은 의심의 여지없이 그의 예술적 수완이다. 루카의 편집이 약소함은 이 담화에 대한 그의 승인을 표시한다. 하나의 기술적인 끼워 넣기보다 더 많은 것이 야이로의 딸의 소생과 하혈하는 여인의 치유를 연결한다. 양쪽 여자들이 모두 "딸"이라 불린다. 소녀는 열두 살이며, 월경 개시기와 전통적으로 연관된 나이다(참조: Prote- vangelium of James 8,3). 이 여인은 십이 년 동안 "하혈"(기원으로 분명히 부인병과 관련

하여)을 하였다

• **야이로의 딸의 소생과 하혈하는 여인의 치유, 구원하는 믿음 (8,40-56):** 여자는 죽었던 것으로 알려졌다. 각자의 상태가 희망이 없어 보인다. 이야기들은 가장 분명하게 예수의 치유 능력과 믿음의 응답에 의해 결합된다. 첫째 치유에서, 예수는 여인에 의해 접촉되고, 또 그에게서 치유의 dynamis가 나감을 느낀다. 둘째로, 예수는 소녀의 손을 잡고 그녀를 부른다. 비록 예언자의 능력이 거의 비인격적인 것으로 나타난다고 하더라도, 루카는 치유의 인격적인 성격을 강조한다. 군중 가운데 많은 이들이 예수를 밀쳐 댔지만, 그는 한 사람이 믿음으로 그를 만지고 치유된 것을 알았다. 여인은 예수에 의해 분명히 그녀의 믿음이 그녀를 구원했다는 말을 듣는다. 또한 예수는 야이로의 딸을 불러내고, 그녀에게 먹을 것을 주라고 명령한다. 그리고 야이로는 믿음을 가지라는 말과 딸이 구원될 것이라는 말을 예수에게 듣는다. 루카가 이전의 두 기적을 통하여 실행했던 구원하는 믿음의 주제는 여기서 단호하게 명백한 요건이 되기에 이른다. 루카의 전반적인 담화의 견지에서, 이 이야기들은 씨 뿌리는 사람의 비유(8,11-15)에 대한 예수의 해석 안에서 계획적인 선언들의 입증(성취)을 계속한다. 믿음은 구원이다. 예수에게 속한 사람들은 말씀을 듣고 그

것을 실행하는 사람들이다(9,1). 이 백성을 위한 새로운 지도자단을 준비하기 전에, 루카는 하느님의 회복된 백성이 어떻게 믿음에 의해 형성 되는지를 보여 주었다. 양쪽 이야기 모두에서, 우리는 구원된 사람이 공동체로 회복되는 것을 알아차린다. 어린 소녀는 가족에게 돌려졌다. 여전히 한층 더 인상적인 것은 정결 규정 때문에 사람들의 공동생활로부터 십 이년 동안 소외되었던 하혈하는 여인이다. 결과적으로 여인을 소외되게 하는 효과를 가졌던 이 괄목할 만한 복합적인 제한의 척도에 의해, 그 여자가 피를 흘리는 동안에는, 그녀를 접촉하는 사람을 누구나 "불결한" 사람이 되게 했다. 그러므로 단순히 군중 속으로 들어가는 것은 절망에서 유래하는 믿음의 대범한 행위였다. 게다가 그 여자는 의사들에게 모든 재산을 탕진하였기 때문에 가난하게 되었다. 이 여인은 자기가 무슨 까닭으로 예수님께 손을 대었으며, 또 어떻게 즉시 병이 나았는지 온 백성 앞에서 아뢸 수 있었다. 우리가 이 이야기들의 결과를 뒤돌아볼 때, 우리는 어떻게 루카가 부르심과 따돌림 받는 이들의 구원을 강조했는가를 알아듣는다. 죄 많은 여자는 예언자에게 환대를 받으며 그녀의 믿음이 그녀를 구했다고 듣는다(7,36-50). 제자들은 결국 죄인과 세리를 포함시키는데, 그들은 멸망에서 구원 되며 그들의 믿음이 효력을 가지지 못한다고 꾸지람을 듣는다(8,22-25). 게라사의 부마자는 가장 극적으로 모든 사람들로부터 무덤들에서, 옷을 입지 않고, 쇠사슬로 묶인 채 쫓겨나 있다. 그는 "구원되었고" 그가 분리되어 있었던 고을로 돌아가 하느님이 해 주신 것을 선포하라는 말을 듣는다(7,36.39). 끝으로, 병, 죽음과 불결에 의한 소외로 결합된 이들 두 여자는, 딸로서 불리며, 또한 믿음으로 구원된다(8,40-56). 이런 섬세한 필치로 루카는 자신의 사료로부터 이야기들을 가져왔고 이제 이것들을 자신의 담화적인 목적에 적합하게 만들었다.

• **2019년 7월 뉴질랜드 크라이스트처치 한인성당 특강:** 찬미 예수님, 안녕하세요, 오늘 독서와 복음은 '평화'에 대한 말씀이 많이 나옵니다. 제1독서에서 "보라, 내가 예루살렘에 평화를 강물처럼 끌어들이리라." 그리고 복음에서는 "수확할 것은 많은데 일꾼이 적다."라고 하시고 제자들을 파견하시면서 "어느 집에 들어가거든 먼저 '이 집에 평화를 빕니다.'하고 말하여라."라고 하십니다. 그리고 제2독서에서도 "나는 우리 주 예수 그리스도의 십자가 외에는 어떠한 것도 자랑하고 싶지 않습니다."라고 하였습니다. 또 복음환호송에서도 "그리스도의 평화가 너희 마음을 다스리게 하여라."라고 하였습니다. 오늘 미사는 '평화'의 말씀이 많이 나오는데 평화가 무엇일까요?

구약의 평화는 땅의 문제입니다. 땅이 있어야 평화롭고 구약의 내용이 전쟁 이야기인 것은 땅이 없으면 불안하고 평화스럽지 못하다는 것입니다. 그러면 신약의 평화는 무엇일까요? 신약의 평화는 땅만 이야기하는 것이 아닙니다. 여러분들도 처음 이곳에 이민을 오셔서 열심히 일하셔서 내 집 마련을 하시니까 평화로우셨죠? 하지만 예수님이 말씀 하시는 평화는 보이지 않는 평화, 즉 마음의 평화를 말씀하시는 것이고 구약의 평화는 땅처럼 외적평화를 말합니다. 그래서 예수님은 제자들에게 어느 집을 가든지 "평화를 빌어주어라."라고 말씀하셨고 그것은 마음의 평화를 빌어주라는 말씀이십니다. 그러면 여러분들의 마음은 평화로우신가요? 네, 침묵은 긍정이라고 생각하겠습니다. 예수님께서는 왜 마음의 평화를 이야기하셨을까요? 예수님은 땅이 있어야 한다는 전제로 말씀하시면서 그리고 마음까지 평화스러워야 한다는 말씀입니다.

마음은 인간의 내면의 집이고 땅은 외적인 집입니다. 외적인 집과 내면의 집이 같이 잘 갖추어져야만 평화로운 것이고 그것이 그리스도의 평화라는 뜻이며 세상을 향해 외치는 세상의 평화가 되는 것입니다. 내적, 외적, 세상의 평화는 조화를 이루어야하고 우리 신앙인도 외적 조건인 성당도 있어야 하지만 내 마음의 방이라고 할 수 있는 마음도 온유하고 평화로워야 합니다. 그래서 내 마음이 평화롭지 못하다면 스스로 잘 점검해보아야 합니다.

자신의 마음이 왜 불편한지 몰라서 불안한 경우도 있고 따라서 예수님은 마음의 평화를 말씀하시며 오늘 복음에서도 열두 제자가 아니라 일흔 두 명의 제자를 파견하시는데 이들을 '평화의 사도'로 파견하는 것입니다. 예수님은 왜 일흔 두 명을 둘씩 짝지어서 파견하셨을까요? 한 명씩 파견하셨으면 더 많은 공동체를 만들 수 있는데 둘씩 짝지어서 파견하신 이유는 숫자도 중요하지만 파견하는 제자들이 서로 평화를 이루라는 예수님의 뜻입니다. 그래서 우리들의 공동체도 마찬가지로 둘이 사랑하고 평화를 이루라는 예수님의 말씀으로 신앙생활을 하면 좋겠습니다.

둘이 사랑하고 평화롭다면 불가능할 것이 없다는 예수님의 말씀이며 제자들을 파견하시는 예수님은 "양들을 이리 떼 가운데로 보내는 것처럼 너희를 보낸다."라고 하셨습니다. 오늘 복음에 따르면 여러분은 이리 떼이고 최 신부님은 양이 됩니다. 최 신부님은 성품도 양처럼 순하시고 친절하시며 마음도 긴 머리처럼 부드러운 분이셔서 제가 만나자마자 금방 친해졌습니다. 사실 신부들이 다른 신부들이랑 함께 하면서 편안하고 쉽게 친해지는 것은 아닌데 교구가 다른 신부인 저를 환대해 주셔서 감사드립니다. 제가 시드니 성당에 부임한 지 6개월이 되었고 주일을 타 본당에서 지내는 것이 쉬운 일이 아닌데 최 신부님이 아주 길을 잘 닦아 놓으셔서 제가 올 수 있었고 최 신부님이 사랑을 잘 베풀어 주셨기 때문입니다. 이것이 평화이고, 평화는 큰 행사로 보여 지는 외적인 것에 치중하면 마음을 다칠 수 있습니다. 내 마음을 잘 다져 놓으면 외적인 것은 저절로 잘 이루어집니다. 구약의 평화는 전쟁으로 얻어져서 온통 전쟁 통이고 이상한 전쟁도 많았으며 이해 못할 가정 관계도 많았고 그것이 인간의 인생이었습니다. 그래서 구약은 그런 인생 속에서 믿음이 중요했습니다. 우리의 믿음을 돈독히 하려면 구약성경을 읽으시고 이해하기 힘든 부분은 그냥 읽으시면 됩니다. 어쩔 땐 아는 것이 병이 될 수도 있고 많이 안다고 믿음대로 살아지는 것도 아닙니다. 물론 정확히 알면 더 깊어지지만 그것이 외적인 부분만 안다면 그 안에 있는 믿음에 대한 부분을 스쳐지나갈 수 있습니다.

구약 성경이 역사의 전쟁의 책이라면 신약 성경은 사랑의 책이고 이 반대되는 내용이 한권에 묶여져 있는 것이 성경입니다. 사랑도 다투면서 애증이 생기기도 하는데 평화라는 주제를 너무 어렵게만 생각하지 마시고 나의 평화가 어떤 것인지 스스로 점검하는 것이 중요합니다. 제가 뉴질랜드 본당을 방문하면서 여러분들께 어떤 말씀을 나눌까 하고 고민하면서 제 전공인 예수님 말씀을 해 드려야겠다고 생각했습니다. 내면의 집인 마음은 무엇일까요? 여러분들은 스스로의 마음을 잘 아시나요? 내 마음을 나도 몰라 하고 말하기도 하는데 그러면 누가 알까요? 한마디로 마음은 기도하는 기관입니다. 예수님께서 우리에게 주신 신앙생활의 관점에서 평화를 이루기 위해서는 마음 중심의 삶을 살아야 하는데 바로 그 마음은 기도를 잘 할 수 있는 기관입니다. 몸에 소화기관이 위라면 흡수기관은 장인데 그러면 죄를 짓는 기관은 어디입니까? 마음이라고 학생이 정확하게 대답하네요. 공부를 해서 대답하는 것이 아니라 삶에서 느끼는 것이라고 생각하는데 우리는 자신에 대해서 잘 살펴보는 것이 중요합니다.

오늘 강의에서 악에 대해서도 나누겠지만 기도를 하는 기관인 마음에 대해서 이야기를 하는데, 나의 마음을 예수님의 마음과 비추어서 바라본다면 판단하지 않고 신앙생활을 할 수 있습니다. 성경에서 나오는 죄를 보면 극단적인 표현들로 너무하다는 생각도 듭니다. 마태오복음 5장 29-30 절의 "네 오른 눈이 너를 죄짓게 하거든 그것을 빼어 던져 버려라. 또 네 오른손이 너를 죄짓게 하거든 그것을 잘라 던져 버려라."라고 매정하게 말씀하시는 예수님으로 느낄 수 있는데 이것은 예수님의 비유적인 표현이시고 그대로 알아들으면 안 됩니다. 손가락으로 가리키는 목표물을 보아야 하는데 손가락만을 보면 안 된다는 말이고 손을 자르라는 표현은 습관의 죄를 말씀하시는 것입니다. 우리는 많은 상황에서 나에게 고착된 습관으로 행동할 때가 많은데 그 습관을 내려놓으라는 말씀이십니다. 발의 죄는 움직이는 기관이기 때문에 환경을 말하는 것으로 환경을 개선하라는 뜻이며 눈은 보는 것이 생각을 거쳐서 마음으로 오기 때문에 눈은 마음과 직결됩니다. 마음인 눈은 외적인 환경을 정확히 보고 그것이 마음과 생각으로 가기 때문에 눈은 중요하며 내가 보는 것이 마음으로 가서 기도를 하느냐 아니면 못하느냐는 눈에 달려있습니다. 그래서 눈으로 본 것이 생각으로 가서 여러 가지 머릿속으로 계산을 거쳐서 그것이 결정되면 마음으로 가고 손과 발로 가서 행동으로 이어집니다. 그러면 어떻게 하면 죄를 짓지 않을까요? 답은 눈으로만 보시고 생각과 마음으로 끝내시면 됩니다. 그러면 생각과 마음이 조금 불편하고 힘들어도 죄는 짓지 않을 수 있습니다. 이것은 많은 영성가들의 수도생활로 드러난 임상적인 결과입니다. 다윗은 훌륭한 왕이었지만 바세바와의 관계를 보면 아마도 제 강의를 미리 들었더라면 불륜의 죄를 짓지 않았을 텐데 하는 생각을 해봅니다. 그럼에도 불구하고 하느님께서는 죄인을 통해서 당신의 축복을 주시고 우리들도 죄인이지만 하느님께 은총을 받는 존재입니다.

생각이 많은 분들이 기도를 잘할까요? 아니면 생각이 없는 분들이 기도를 잘할까요? 상황 마다 다르겠죠? 대부분 생각이 많은 분들은 자신을 들볶아서 힘들고, 생각이 없는 분들은 주위사람이 힘들다고 합니다. 그러면 누구와 함께해야 할까요? 이것은 식별(discernment)이 필요한데 우리는 식별을 판단으로 하는 경우가 많습니다. 그리스도교는 사랑의 종교이고, 구약 성경의 사랑은 판단중지입니다. 우리는 살면서 판단을 많이 하는데 판단을 하려면 하느님처럼 해야 합니다. 하느님은 공정한 판단을 하시는데 우리는 하느님처럼 공정하게 판단할 수 없고 편파적일 수밖에 없기 때문에 우리는 판단을 중지해야 합니다. 그리스도교에서 가장 중요한 사랑은 판단중지이고 하느님이 가장 먼저 만드신 창조물은 빛이었습니다. 사실 해가 있어야 빛을 보는데 논리적으로 맞지 않는 순서로 하느님은 빛을 창조하시고 난 후에 해와 달과 별을 창조하셨습니다. 그래서 성경은 과학적으로 이해하면 이해할 수 없습니다. 농사를 지으려는 데 음악 책을 보면서 농사를 지을 수 없듯이 성경은 과학서가 아니라 믿음의 책입니다.

빛은 판단하지 않는 사랑이라고 말할 수 있고 모두에게 비추는 편파적이지 않는 사랑입니다. 그래서 천주교는 빛의 종교이고 우리는 그 빛을 받아서 사랑의 호르몬이 나오고 사랑으로 태어난 사람입니다. 혼배를 하면서 사랑이 태어나고, 자신이 태어나고 싶어서 세상에 나온 사람은 없습니다. 그 징표는 배꼽인데 배꼽이 없는 사람은 흙으로 만들어진 아담뿐입니다. 인간은 자신이 세상에 나오고 싶어서 태어나는 것이 아니라 사랑이 나를 부른 것입니다. 그렇기 때문에 자신의 책임으로 실망하지 말고 사랑으로 기쁨을 나누며 어려움도 이겨낼 수 있습니다. 그래서 사랑의 시작은 판단을 멈추는 것입니다. 제가 지금 가장 기쁜 것은 신학교에서 십년을 공부하고 이십년 만에 본당사목을 하게 된 것입니다. 신학교에서 있을 때 학교 밖에서 특강과 북 콘서트를 하면서 신자들에게 저의 강의와 책으로 어려움을 이겨냈다는 고맙다는 말을 들으면 제가 너무 기쁘고 감사했습니다. 어느 자매님은 "오늘 제가 미사 드리고 이혼하려고 마음먹었는데 신부님 강론을 듣고 판단중지하고 이혼 도장은 일단 안 찍을게요."라고 말씀하시는데 너무 고맙고 기뻤습니다. 지금도 그 자매님께서 행복한 결혼생활을 하시길 바라고 하느님이 우리에게 주신 평화 안에서, 사랑에 대한 개념이 우리 안에 있다면 그 하느님의 사랑이 우리를 움직이는 것인데 우리는 스스로 움직이느라고 힘들었습니다. 한국 가정의 이혼율은 높게 증가하는데 누구도 이혼하려고 결혼하는 커플은 없습니다. 프란치스코 교황님께서도 사목적으로 혼인법을 많이 풀어 주시려고 하시지만 교황님 혼자서는 힘드시고 교회법도 간소화되어야 할 필요가 있습니다. 우리들은 성당에서 사랑의 언어, 평화의 언어, 마음의 언어를 배워야 함께 갈 수 있습니다. 하지만 우리의 삶은 학교 공부에만 몰두하고 직장을 잡고 혼인하고 미래를 설계하며 계획은 잘 세우지만 사랑의 언어를 배울 기회는 없었습니다. 다시 말하면 외적인 구약과 같은 외적인 축복은 잘 준비하지만 눈에 안 보이는 사랑의 언어는 배울 기회가 없었습니다. 학교에서 배우지도 못했고 부모는 알아도 표현을 잘하지 못하니까 자녀들은 못 알아듣게 됩니다. 그래서 혼인을 준비하는 젊은 커플은 사랑의 성숙함을 준비하는 사랑의 언어를 배우는 전문적인 교육이 필요합니다. 의대 공부는 보이는 몸을 해부해서 배우지만 영혼, 사랑, 마음은 안 보이는 것을 배우기 때문에 더 어렵고 신학공부가 더 어렵습니다.

믿음은 무엇입니까? 안 보이는 것을 믿는 것이 신앙생활이고 요즘은 보이는 것도 안 믿는 현실입니다. 누군가 보이지 않으면 처음에는 걱정하다가 시간이 지나도 계속 보이지 않으면 걱정에서 의심으로 변하게 됩니다. 교황님은 선풀 운동에 앞장서시지만 큰 변화가 없는 현실이고 사람들은 너무 쉽게 악플들을 씁니다. 제가 책을 쓰기 시작한 이유는 신학교에 사제 양성을 하면서 살지만 신자들을 만날 기회는 적었기 때문에 여러분들과 나누고 싶은 이야기를 책으로 쓰기 시작한 것입니다. 남녀가 사랑의 언어를 배우지 않아도 사랑을 느끼기 때문에 혼인을 합니다. 그것은 축복인데 사랑의 호르몬이 영원합니까? 여성은 어떤 남성을 좋아하나요? 여성은 남성의 오빠 호르몬 때문에 매력을 느끼는데 40대가 넘어가면서 남성은 오빠 호르몬은 줄어들고 언니 호르몬이 생긴다고 하지요. 그래서 인간에 대한 이해와 사랑의 언어를 배우면 부부는 삶을 위해서 애쓰게 됩니다. 그것은 복음을 읽으면

되는데 쉽지가 않고 올바른 해석이 필요합니다. 3세기 알렉산드리아 학파를 대표하는 교부학자인 오리게네스는 주님의 삶을 철저히 살았던 학자였는데 그는 자신의 욕정을 끊기 위해서 자신 스스로가 거세하였습니다. 그로 인해서 성인이 되지 못했지만 그의 생애는 훌륭한 학자로서 성인이 될 충분한 자격이 되는 분이셨습니다. 제가 신학생일 때에는 주님만을 사랑하는 것에 걸림돌이 되었던 자신의 욕정으로 스스로 거세를 했던 오리게네스를 이해하기 힘들었지만 나이가 들면서 인생을 알려주는 지혜를 가지면서 이해할 수 있었습니다.

한 시간의 강의로 악에 대한 모든 것을 나누기는 부족하기에 우리 자신이 지속적으로 자기훈련(self checking)을 하는 것이 중요합니다. 주님의 기도의 마지막 부분에 "악에서 구하소서."라고 하는데 악은 무엇일까요? 주님의 기도의 첫 번째 부분에서 "아버지의 이름이 거룩히 빛나시며 아버지의 나라가 오시며 아버지의 뜻이 하늘에서와 같이 땅에서도 이루어지소서."라고 기도하지만 우리는 내 나라, 내 뜻, 내 이름이 빛나는 게 더 중요한 신앙생활을 하는 경우를 만납니다. 그리고 두 번째 부분은 양식에 대한 것이며 성체성사가 양식인데, 미사에서 이루어지는 양식이 완성되는 곳은 우리들의 삶의 현장입니다. 오늘 미사를 통해서 주님의 살과 피를 내 몸에 모시고 세상의 현장에서 성체성사를 완성시키는 것입니다. 나의 가정과 일터에서 성체성사를 완성하지 않는 삶은 미흡하고 불완전한 것이며 일용할 양식은 하루를 먹을 만큼의 양식입니다. 오늘날의 대기업들은 일용할 양식이 아니라 평생을 먹을 양식을 착취하는 모습을 보일 때가 있는데 만약 그런 기업을 운영하는 오너가 그리스도인이라면 주님의 기도를 하지 않는가하는 마음이 들기도 합니다. 일용할 양식은 먹고 남은 것을 모아서 서로 나누어야 한다는 것이 성체성사의 완성입니다.

신앙인은 매일 주님의 기도를 하지만 유혹과 용서는 쉬운 일이 아닙니다. 우리가 운전을 하지만 차의 엔진에 대해서 다 알면서 운전하지는 않는 이유는 차에 있는 메뉴얼의 도움으로 편하게 운전할 수 있습니다. 이처럼 그 좋은 메뉴얼이 '주님의 기도'입니다. 용서는 하느님께서 우리의 죄를 용서하듯이 우리도 서로 용서해야 하는 것인데, 이것은 우리가 서로 용서하지 않으면 하느님도 우리를 용서하지 않겠다는 말씀이십니다. 용서를 화해로 생각하시는 분이 있는데 용서는 전적으로 나의 문제이고 내가 상대방을 용서하는 것입니다. 그래서 용서는 내가 하지만 화해는 서로가 만나는 것이므로 시간과 은총이 필요합니다. 용서의 기관은 마음이고 생각이 마음으로 내려와서 용서하기를 결정하기에 마음으로 용서하고 기도를 합니다. 한국의 천주교 신자들은 아시아적인 불교식의 기도방법을 선호합니다. 처음에 묵주기도를 배워서 시작하면 정신을 바짝 차리고 기도문을 외우면서 하다가 나중에 익숙해지면 30단을 하면서도 생각이 다른 곳에 있고, 모든 일에 다 참견하면서도 손에 있는 묵주알은 돌아갑니다.

그리스도교의 기도는 의식기도인데 한국 신자들은 대부분 마음 기도로 하시고 기도를 양적으로 채우기가 쉽습니다. 많은 유럽 신자들은 의식기도로 하고 한국 신자들은 마음기도로 하는데 이것을 맞고 틀림으로 이야기하기 보다는 기본적인 신자로서의 생각은 가지고 기도를 했으면 좋겠습니다. 생각 없이 기도를 하다보면 좋은 지향의 기도도 그저 자신의 마음이 편하자고 하는 경우가 생기기 때문입니다. 가정과 본당 공동체 관계에서도 너무 눈치만 보지 말고 생각을 충분히 한 다음, 마음에서 우러나오는 기도와 표현은 문제가 없습니다. 나의 마음과 상대방의 마음을 이해하고 마음에서 우러나오는 말을 하면 기도의 기관인 마음을 하느님께서 움직여 주십니다. 그 마음으로 성경을 읽으면 좋은데 지식적으로 외우고 이해하려는 방식은 예수님의 마음을 만나기가 쉽지 않습니다. 저도 신학교 교수였지만 어느 본당의 판공 문제를 보면 어디서 문제들을 출제했는지 반도 맞히기가 힘듭니다. 역사 교육처럼 단어와 숫자가 몇 번 나오는지 하는 질문들을 보면 마음으로 하는 마음공부처럼 합니다. 그러나 사랑과 평화에 대한 구체적인 의미를 이해하면 마음도 편해집니다.

유혹은 내 자신이 충만할 때 유혹이 생기기가 쉽고 힘들고 어려울 때는 유혹이 덜 합니다. 주님의 기도에서 “악에서 구하소서.”라고 하는데 악은 무엇일까요? 그리고 악은 어디에 있을까요? 여러분들이 성경을 읽으실 시간이 없다면 주님의 기도를 묵상하시면 좋겠습니다. 주님의 기도는 신약성경의 요약본이며 예수님께서는 우리가 신앙생활을 잘할 수 있도록 잘 알려주셨는데 자연종교인 불교는 자신 스스로가 알고 찾아가야 합니다. 천주교는 성경과 기도문에 메뉴얼처럼 잘 나와 있습니다. 구약의 악은 이스라엘 백성이 아닌 사람이 악이고 적이고 원수였으며 신약으로 와서는 예수님께서는 악은 더 이상 사람이 아니라고 하십니다. 그래서 주님의 기도에서 악에서 구하소서를 악을 행하는 자에게서 구하소서로 이해하시면 됩니다. 악행자로부터 구해달라는 기도이고 악과 싸우는 것은 하느님과 예수님이 하시니까 우리는 시편기도를 하면서 악에서 구해달라고 기도하면 좋겠습니다.

인간은 어느 누구도 악행자가 되려는 사람은 없습니다. 제가 신학교에 있을 때, 신입생들에게 “좋은 사제가 되고 싶죠?”라고 물으면 모두 큰소리로 “네!”라고 대답합니다. 하지만 세월이 지나서 그 신학생들 모두가 훌륭한 좋은 사제가 되어 있다고 장담은 할 수 없습니다. 마태오복음의 밀과 가라지 이야기에서 제자들이 예수님께 밭의 가라지 비유를 설명해 달라고 청하니 예수님께서는

"가라지를 뿌리는 원수는 악마다."라고 말씀하셨습니다. 예수님이 하신 말씀은 경계하라는 말씀인데 제자들은 "가라지를 다 거두어 낼까요? " 하고 묻습니다. 그러자 예수님은 "아니다. 너희가 가라지들을 거두어 내다가 밀까지 함께 뽑을지도 모른다."라고 대답하셨고, 악은 싸워야할 대상이 아닙니다. 상대방이 나의 평화의 인사를 받지 않는다고 화낼 필요가 없고 내가 건넨 평화는 결국 나에게 돌아옵니다.

성경공부를 많이 하는데도 교회가 교회답지 못하다면 어떻게 성경공부를 했는지 질문을 해야 하고 오히려 성경을 몰라도 선하고 순수하게 사는 분들도 많습니다. 예수님의 말씀은 마음을 치유하고 평화를 주는 구체적인 방법을 다 말씀하셨습니다. 우리가 이해하지 못해서 넘어가는 부분들이 많은데 곰곰이 자세히 보면 일관성 있게 말씀하시는 예수님을 만나게 됩니다. 악을 악으로 보복하게 되면 계속 악순환은 이어지고 내가 하지 않아도 하느님이 갚아 주심을 믿으면서 식별은 정확하게 하면 됩니다. '낄 때 끼고 빠질 때 빠져라'라는 낄끼빠빠의 원칙만 잘해도 자신을 잘 보는 것입니다. 제가 시드니 본당에 오기 전에 평화방송의 '영혼을 돌보는 고해성사' 13편을 강의하고 왔습니다. 고해성사를 하지만 내 자신의 마음을 돌보는 것은 쉽지 않기 때문에 13편의 강의를 통해서 자기수련을 배울 수 있습니다. 어려서부터 부모에게 사랑을 많이 받았다면 배우지 않아도 사랑을 표현하지만 그렇지 않았다면 사랑의 ABC를 배워야 가능합니다. 그것이 바로 복음이고 사랑의 언어를 배울 수 있습니다. 마르코복음을 예수님의 언어 중심으로 천천히 읽으시면 자녀교육, 나를 바라보기, 인간관계가 다 나와 있습니다. 또 제 책인 '복을 부르는 마음'을 읽으시면 악은 사람과 생각이 아니라 나쁜 생각이 죄고 악이라고 말합니다. 그리고 나쁜 생각도 생각으로만 남으면 죄가 아니고 마음은 불편하지만 죄는 짓지 않는 것입니다. 자신의 생각을 바라보고 마음을 수련하며, 그런 점에서 성경은 마음수련 책입니다. 특히 바오로 서간은 영혼수련 책입니다.

제가 시드니 본당에 부임하고 유튜브에 강론, 교리, 성경 특강을 올리고 있습니다. 주일에 미사 참례를 하기 위해서 한 시간을 넘게 운전해서 오시는 교우 분들도 계시고 또 직장일로 주일미사에 못 오시는 교우들을 위해서 시작하게 되었습니다. 여러분들도 좋아요, 구독, 댓글을 써주시면 감사드리고 저의 페이스 북에 방문하시면 매일 복음묵상을 읽을 수 있으며, 저의 희망은 전 세계에 복음을 전하고 싶습니다. 마음은 기도의 기관이며 용서의 기관이라고 했는데, 나의 마음을 예수님의 마음으로 거울처럼 잘 비추어 보면 복음 말씀이 나를 인도해 주십니다. 화장을 오랜 세월을 했어도 거울이 있어야 화장을 할 수 있듯이 복음서를 거울이라고 말하고 싶습니다. 복음을 거울처럼 보면서 예수님이 나에게 하시는 말씀이 무엇인지 잘 보는 것이 중요합니다. 한국 신자들은 실천을 잘하셔서 바로 움직이는 장점이 있지만 이제는 바로 실천하기 전에 마리아처럼 말씀을 품고 있다면 그 말씀이 나를 움직이게 합니다. 말씀이 나를 움직일 때, 나와 하느님이 하나가 되어 더 잘할 수 있습니다. 한국 교회는 믿음의 선물과 사랑의 선물을 강하게 받았지만 믿음과 사랑을 먼저 공부하고 이해하지 않으면 손과 발이 따로 움직이게 될 수 있습니다.

오늘날 사회 복지사도 많고 복지 사업을 하는 분들도 많지만 사랑을 제대로 공부하고 이해하지 않으면 복지가 기업이 되어 돈만 벌 수 있습니다. 교회는 교황님의 말씀처럼 야전병원으로 내적인 아픈 이들을 돌보는 치유의 공간이 되어야 합니다. 마지막으로 예수님의 여섯 가지 마음을 소개하겠습니다. 온유한 마음은 따뜻하고 부드럽습니다. 겸손한 마음은 예수님께서 직접 삶으로 보여주셨습니다. 용서하는 마음, 사랑하는 마음, 일치하는 마음 그리고 칭찬과 긍정입니다. 예수님의 마음을 한 가지만 선택해서 잘하시면 다른 마음도 함께 연대하여 이루어집니다. 우리의 공동체가 예수님을 닮아 가면 예수님은 우리를 움직여 주실 것이고 우리는 부족하지만 그것에 실망하지 말고, 모두 좋은 땅인 것을 믿고 나의 상태가 그렇지 못할 때는 걷어내면 됩니다. 감사합니다.

돈보스코 성인의 예방교육 체크하기

√ 자녀들을 알아주기:

√ 자녀들을 믿어주기:

√ 자녀들을 사랑하기:

11. 제자 훈련: 믿음 안에서 뻗어가는 (루카 9,1-50)

"내 경험상 뛰어난 사람은 도전에 끌립니다. 그러나 삶의 기준을 낮게 잡고, 우리 삶을 연약하게 하면서 우리는 자연스럽고 무의식적으로 평범한 사람들이라는 것을 확인했습니다."(The Ugly American에서 맥화이트 MacWhite 대사가 외교단에 대한 비판을 분명히 합니다)

• **그룹 나눔** 대사의 뛰어난 사람과 평범한 사람의 관찰에 대한 나의 반응은 어떠합니까?

• **개인 성찰** 나는 내 자신이 평범하다고 생각합니까? 아니면 성장하는 예수님의 추종자라고 생각합니까? 내 삶에서 이에 대해 어떤 증거를 봅니까?

우리가 예수님의 열두 외교단을 보았을 때 우리 역시 그분의 선별 기준이 궁금할 것입니다. 복음서에서는 그들의 배경에 대해서는 별로 이야기하지 않지만 예수님이 그들을 어떻게 훈련하셨는지에 대해서는 많이 이야기합니다. 루카 9,1-43을 읽습니다.

가 질문과 나눔

1. 2년 동안 예수님은 제자들을 가르치고, 훈련하고 시험하십니다. 이전 장들을 참고하여, 어떻게 자신을 일례로 들어서 제자들을 준비시킵니까?

2. 예수님의 열두 제자들에 대한 사명과 가르침을 확인합니다. 어떤 것이 특히 오늘날의 복음 선포와 세계선교에 관련이 있다고 생각합니까? 왜 그렇습니까?

어떤 것이 관련 없거나 비실용적이라고 생각합니까? 왜 그렇습니까?

3. 10-17절에서 사도들은 성공적으로 선교사명을 마치고 막 돌아옵니다. 우리는 그들이 배고픈 군중을 먹이기를 꺼려하는 것을 이해할 수 있습니다. 그러나 예수님은 계속하십니다. 군중들을 먹이는 것에 제자들을 연관시키기 위해 예수님이 하신 점진적인 단계들을 관찰합니다. 어떤 단계들입니까?

4. 예수님께서는 이제 두 가지의 힘든 가르침을 전하십니다. 그분의 비참한 죽음에 대한 첫 번째 예언(21-22절)과 주님이신 그분에게 헌신하면서 치르게 될 대가(23-27절)입니다.
그분은 우리가 치르게 될 대가인 단기비용과 그로인해 얻게 될 장기적 이익에 대해 어떤 말씀을 하십니까?

5. 일상생활 속에서 우리는 이 단기 비용/장기 이익의 법칙을 일에서 볼 수 있습니다. 예를 들어 볼까요?

6. 예수님의 변모는 제자들에게 어떤 의미를 지니고 있을까요?

또한 예수님의 변모는 예수님 자신에게는 어떻게 중요합니까?

7. 다른 제자 문제를 마주하신 솔직한 예수님께로 돌아갑니다. 참아주기 힘든 상황(41절)인 동시에 연민(42-43절)을, 그분에게서 어떻게 함께 느낄 수 있었습니까?

내가 하느님의 연민을 가짐과 동시에 인내심 없이 반응했을 때를 생각해 봅니다. 이 복합적인 감정들은 내가 무엇을 하도록 했습니까?

8. 제자들의 세 가지 문제점이 강조된 루카 9,43-50을 읽습니다(44-45절, 46-48절과 49-50절). 각각을 설명합니다.

이 세 가지 문제점들의 뿌리로 무엇이 보입니까?

9. 나는 어떤 사각지대, 혹은 영적으로 미성숙한 영역에서 노력해야 합니까?

10. 예수님은 이 열두 제자들이 그분의 세계 선교를 수행하도록 훈련하십니다. 이 훈련의 어떤 측면이 내게 이익이 될까요?

기도하기

내가 지금껏 했던 것보다 더한 제자 훈련을 기꺼이 견딜 수 있도록 기도합니다.

실천하기

내 교회에 정해진 리더십 훈련 프로그램이 없으면, 시작을 하나 하도록 고려해 봅니다. 다른 교회들이 어떻게 효과적으로 하는지 알아봅니다. 그리스도교 서점에 이와 관련된 많은 책이 있습니다. 그동안, 디모데서 1서와 2서를 읽기 시작합니다. 바오로가 그의 어린 동반자 디모테오를 그가 죽은 후에 어떻게 수행하도록 가르쳤는지, 특별히 1디모 3,1-13에서 리더들의 자격을 고려합니다.

나 말씀묵상

• **사도들의 부르심(루카 9,1-6). "길을 떠날 때에 아무것도 가져가지 마라. 지팡이도 여행 보따리도 빵도 돈도 여벌의 옷도 지니지 마라."(루카 9,3):** 대개는 여행준비를 할 때 신경이 과민해진다. 우리가 가져갈 필요한 것을 찾는데, 잊어버린 것은 없나 하고 걱정하기 때문이다. 복음에서 주님께서 하시는 경고는 '아무것도 준비하지 말고 출발하라는 것'인데, 과연 그것이 가능할까? 그러나 많은 성인들이 그것을 실행하곤 하였다. 성 프란치스코는 아무것도 지니지 말고 설교를 하러 다니도록 그의 형제들에게 청하곤 하였다. 가난한 사람이 행복하다고 말하는 자는 첫 번째로 그 복음을 모범으로 여기며 살아갈 수 있어야 한다. 하지만 과연 오늘날 이 복음 말씀을 정말 비슷하게라도 실천할 수 있을까? 근본적인 실천은 드물어 보인다. 이것을 또한 모든 이들에게 요구할 수도 없다. 복음이 강조하는 것은 특히 영의 가난 곧 내적인 태도이다(마태 5,3). 주님의 말씀이 구체적으로 의미하는 것은 우리의 삶과 일의 성공은 우리가 얼마나 준비하느냐에 따라 달려있는 것이 아니라는 것이다. 비록 필요한 모든 것을 실행했다 하더라도, 결코 우리 스스로가 확실하게 준비했다고 말할 수는 없다. 그러므로 우리에게 힘을 주는 유일한 것은 하느님께서 우리에게 묻는

것을 실행하고, 그 실행을 위한 바른길 위에 존재한다는 확실함이다.

• **헤로데의 눈 속에 비친 예수(루카 9,7-9). "그는 예수님을 만나 보려고 하였다."(루카 9,9):** 우리 주위에서 일어나는 슬프고, 기쁜 일은 긴장하고 경계하는 어떤 힘을 주는 것이 분명하다. 신문과 TV에서 쏟아져 나오는 소식들에서 분명 이런 현상들이 발생한다. 지금 예수님께서 우리에게 오셔서 중풍병자, 시각장애자들을 치유하신다면, 얼마나 많은 사건을 취재하러 기자들이 몰려들었을까? 하지만 스쳐가는 말 또는 아무런 책임 없는 소문들은 오직 돌고 도는 것일 뿐 어떤 실용성이나 삶에 희망을 주지 않는다. 헤로데가 이런 소문에 시달리고 있는 바는 자신의 삶에 자신이 없기 때문이며, 예수님을 만나 보려고 하는 것이 그리 놀랄만한 일은 아닌 듯싶다. 예수님을 만나보려고 하는 사람들은 두 부류가 있다. 하나는 주님과 함께하기 위해서, 또 다른 하나는 그분을 반대하기 위해 무엇인가 결정을 해야 하는 자들이다. 그들은 어떤 방식이든 예수님을 보려고 한다. 대중매체를 이용해 종교적인 것을 과잉으로 전하는 것은, 진실한 기적과 참 계시에 관한 것이라도 그리스도교적 메시지의 의미를 올바로 전하기가 쉽지 않을 뿐 아니라 오히려 오해를 불러일으키고 손해를 입힌다. 그리스도의

메시지는 모두 내면적이고 예수님을 따르기 위해 초대된 것이기 때문이다.

• **"요한이 죽은 이들 가운데에서 되살아났다."(루카 9,7):** 하느님께서 계시하시는 모든 것은 신비이다. 군중이 무엇을 생각하는지 모르는 것에 놀랄 필요가 없다. 하느님과 관계하는 큰 가치는 잊어버리면서 군중에 대한 생각으로 골몰하는 것은 분명 옳지 않다. 신뢰하지 않는 자나 자기를 모르는 자에게 길을 묻는다면 그리고 그가 알려주는 길에 대한 정보가 분명하지 않다면 그가 가리키는 길을 따르지 않을 것이다. 그러나 길을 가리켜 주는 자가 믿을 만한 사람이라면 그 길의 방향을 이해할 뿐 아니라 간단한 신호로 충분하다.

• **"요한은 내가 목을 베었는데, 소문에 들리는 이 사람은 누구인가?"(루카 9,9):** 하느님을 믿지 않고 그의 계시를 믿지 않는 자는 커다란 신적 가치를 여러 가지 이유로 믿지 않는다. 불신, 영적부동성들이 만연되어있지만 반면 감각주의의 호기심과 탐구까지 일어나고 있다. 결국 듣는 자들의 삶을 혁신하는 그리스도의 목소리를 진실로 취하지 않고 반대하고 있는 것이다.

• **물량(物量)이 아닌 마음의 나눔(루카 9,11ㄴ-17):** 이 복음은 10절의 사도들이 파견되었다가 돌아와서 자기들이 한 일을 예수님께 낱낱이 보고한 장면부터 보아야 한다. 그런데도 군중들이 예수를 좇아왔다. 예수님께서는 그들을 기꺼이 맞아 하느님 나라를 설명해 주시며 치료해야 할 사람들을 고쳐주셨다. 저녁때가 되었다. 그러나 사람들이 있는 곳은 외딴곳 광야이다. 제자들과 예수님의 생각이 여기서 다르게 나타난다. 제자들은 군중이 외딴 곳에 있고, 멀리 떨어진 것을 걱정한다. 그래서 빨리 군중들을 돌려보내자고 한다(12절). 그러나 예수님은 군중들과 함께 머무시길 원하신다. 예수님은 아신다. 군중들이 당신을 필요로 한 것을..., 그래서 예수님은 그들을 가도록 두지 않으신다. 예수님께서는 제자들의 걱정과 그들의 그러한 생각이 옳다는 것도 잘 아신다. 그러면서도 예수님께서는 "너희가 먹을 것을 주어라" 하신다(13절). 제자들은 예수님의 군중에 대한 사랑의 마음을 알아듣는 것 같지 않다. 그들은 빵 5개와 물고기 2마리밖에 가지고 있지 않다고 한다. 예수님께서는 "먹을 것을 주어라"고 하셨지, 너희들이 가서 이 백성 모두를 위해 음식을 사오라고 말씀하시지 않았다. 장정만해도 5,000명인데 부인과 애들까지 하면..., 그들은 아마도 돈 걱정을 했을 것이다. "우리가 먹을 것을 구하러 가자, 그러나 이 적은 돈으로 어떻게 가능할까?...," 제자들은 항상 그렇게 낙담하

고 실망한다. 주님께서는 어떻게 이 일이 진행이 될까를 아신다. 그래서 주님은 50명씩 그룹으로 모이라고 하신다. 이 방식은 음식을 나누어 먹는 방법으로서 오래된 유대 풍습이다. 이제 예수님은 사제로서의 행동을 하신다. 말씀을 하신 다음에 음식을 손에 들고 하늘에 계신 아버지를 향해 바라보신다. 5개의 빵과 물고기 2마리를 받아서 축복하신다. 아버지께서 상징의 의미 빵과 물고기 위에 강복하시리라는 것을 가르치시기 위해서 요약된 표현이다. 그리고 가정에서 아버지께서 나누시는 것 같이, 제자들에게 떼어 나누어주시며, 군중에게 축성된 음식을 나누어주도록 하셨다(16절). 그리고 배불리 먹게 하고 남은 조각이 열두 광주리나 되었다. 이 복음은 먹거리가 많이 남았다는 것이 핵심이 아니다. 이 복음의 핵심은 주님의 손에 의해 쪼개어 나누어진 음식이다. 주님이 쪼개신 그 음식을 이제 오늘도 보존하고 계속 나누어야 한다. 말씀의 빵 형태를 매일 매일의 삶의 빵, 신비의 빵으로(17절)... 이것이 2000년 전부터 교회가 실행하도록 이어진 주님의 유일한 기적이다.

- **예수성심성월:** 예수성심성월 대축일에서 성체와 성혈은 교회의 양식이고 그리스도의 몸과 피이며, 성체성사 안에 현존하시는 하느님을 의미한다. 첫째 성체성사의 실천적 의미는 파스카 신비

의 실천이고, 둘째 예수성심에서 마음의 의미가 중요하다. 1. 성체성사의 의미; 1)예수님께서는 잡히시던 날 밤에 빵을 들고 감사를 드리신 다음, 그것을 떼어 주시며 말씀하셨다. "이는 너희를 위한 내 몸이다. 너희는 나를 기억하여 이를 행하여라." "이 잔은 내 피로 맺는 새 계약이다. 너희는 이 잔을 마실 때마다 나를 기억하여 이를 행하여라." 사실 주님께서 오실 때까지, 여러분은 이 빵을 먹고 이 잔을 마실 적마다 주님의 죽음을 전하는 것이다. 2) 루카 9,11-17: 공관복음은 하느님 나라의 신비를 전한다. 기적, 치유, 구마, 특히 잔치로 드러난다. 주님께서 제자들에게 "너희가 그들에게 먹을 것을 주어라" 하시니, "저희에게는 빵 다섯 개와 물고기 두 마리밖에 없습니다." 예수님께서는 빵 다섯 개와 물고기 두 마리를 손에 들고 하늘을 우러러 그것들을 축복하신 다음 떼어 제자들에게 주시며, 군중에게 나누어 주도록 하셨다. 3) 구약의 성체성사적인 의미는 '나눔', 만나의 기적이다. 만나의 기적은 긴급구호를 의미하며 일방적인 도움을 뜻한다. 4) 신약성서의 성체성사적인 의미도 '나눔', 오병이어의 기적이다. 서로 나눔, 함께 나눔, 자립적인 도네이션(기부, 봉헌)이다. 2. 예수 성심에서 마음의 의미: 현대인들은 머리로 생각하고, 의지(원의)로 결정하며 마음으로 느낀다. 하지만 성경에서 마음은 생각(사고)의 충만함이다. 고대 유다인들은 논리나 이성을 설명하는 말을 가지고 있지 않았다. 고대 현자들은 마음속에서 자신을 돌아보는 성찰과 묵상을 하였다. 마음이 없는 사람은 감각도 없는 사람이며 지혜롭지도 못한 자이다. 지혜문학의 모든 페이지는 마음의 언어들로 가득 차 있다. 셈족 언어문화에서 모든 것을 잊은 사람은 마음이 텅 빈 자(속이 없는 자)다. 만일 생각이 그의 마음을 더 이상 건드리지 않는다면 그것은 그에게 흥미를 잃게 한 것이고, 물질보다도 의미 없는 존재로 여겨진다. 사회적으로 큰 영향을 주는 인물에 대해서는 백성들의 마음을 훔쳐간 사람이라고 말했다. 이와 같이 성경에서 마음의 용어는 매우 글로벌하며, 인간의 모든 행위를 가리키고 있다. 즉 마음이란 감정과 느낌들로 시작해서, 자신의 삶을 돌아보는 성찰을 통해서 진보의 과정을 거친다. 그리고 자신의 생각과 표현을 만들어 간다. 결국 각자 마음에서 일어나는 선과 악의 식별을 배우고 거기서 실천적인 행동이 발생한다. 그 행동의 시작은 바로 정화된 마음이다. 결론적으로 마음은 윤리생활의 뿌리이자 중심이 된다. 주님께 접촉한 사람은 마음이 거룩한 자다. 예수성심성월에서 우리는 예수님의 성심을 배우자. 곧 주님께서 아버지 하느님께 충만한 신뢰를 드렸듯이 우리 마음이 예수성심을 닮기를 바라자.

• **베드로의 고백(루카 9,18-22). "군중이 나를 누구라고 하느냐?"(루카 9,18):** 예수님의 이미지는 많은 모습으로 표현되어 왔다. 초기 지하무덤교회 카타콤베에서는 목동으로, 비잔틴 성당 모자이크에서는 전능하신 예수님 Pantocrator, 고딕성당에서는 고난 받는 예수님, 르네상스시대에는 인간-신으로 그려졌다. 모든 예술가들은 각자의 이상대로 완벽한 그리스도의 모습을 그렸다. 교회를 반대하는 무신론자들도 그리스도를 혁명가, 박애주의자로 여기며 평가하였다. 왜 그리스도를 그렇게 표현하는가? 예수님은 모든 창조물의 장자이다(콜로 1,15). 우리가 가지고 있는 불완전하고 부분적인 특징을 완전한 그리스도의 모습 안에서 찾아야 한다. 그리스도의 충만함이라는 기준으로 우리가 성장하기 위해서 그리스도의 완전함을 지속적으로 닮도록 노력하여야 한다. 그리스도인들은 성인들 삶을 읽고 사랑한다. 그들 안에서 그리스도의 완전함을 돌아보기 때문이다. 성인의 삶은 그 징표를 읽어내고 그리스도의 충만을 이해하도록 돕는다.

• **"너희는 나를 누구라고 하느냐?"(루카 9,20):** 군중이 그리스도를 누구라고 했는가? 사도들은 그리스도를 누구라고 생각하는가? 제자들은 그리스도에 가까이 있는 자들이다. 그들은 그리스도께서 말씀하시는 것을 듣고, 모든 업적을 직접 보았다. 제

자들이 직접 체험한 예수 그리스도를 무슨 말로 어떻게 표현을 할 것인가? 마태오복음은 베드로의 내적 고백을 언급하고 있다. “살아계신 하느님의 아들 그리스도이십니다.”(마태 16,16) 루카복음은 “하느님의 그리스도이십니다.”라고 고백한다. 메시아는 Christos(그리스말)인데, 이 모든 것은 신앙의 기초표현이다. 모든 성경역사는 이 고백에 집중되어 기록되어있다. 인간에 대한 하느님의 구원 약속은 모든 인간성의 혁신에서 이뤄진다. 이 구원은 하느님으로부터만 올 수 있는데, 메시아는 하느님, 살아계신 하느님의 아들이다. 그리스도의 신비를 이해하는 자는 하느님을 인식할 것인데, 그리스도께서 신비의 문이기 때문이다(요한 10,7). 애초에 사도들은 그리스도를 인간으로 알고 그를 따랐다. 그러나 그 후 시간이 지나서 그리스도께서 인간-하느님이신 것을 깨달았다. 지금 나 역시 그리스도를 누구라고 하는가?

• **제 십자가를 지고(루카 9,22-25) “사람의 아들은 반드시 많은 고난을 겪고”(루카 9,22):** 모든 좋은 일에는 기쁨도 있지만 힘도 든다. 이 경험이 늘 우리를 가르친다. 합리적이거나 이성적으로 실행한다는 것은 쉽지 않아 보인다. 하지만 본디 그런 것이 인생이다. 역사에서 그 같은 예를 많이 볼 수 있다. 바르게 살아온 예술가들, 과학자들, 정치가들은 그 많은 고통과 이해할 수 없는 어려

움 속에서 참 가치를 이뤘고, 그래서 인간의 발전을 이루는데 공헌 하였다. 그리스도께서도 그렇게 사셨다. 마치 인간이 그렇게 살았던 것처럼 그리스도께서도 마찬가지이다. 그리스도(사람의 아들)의 "반드시 많은 고난을 겪고"라는 말씀은 자신의 고통을 심리적으로 충분히 설명하시는 듯하다. 인간 사회도 이런 경향을 가진다. 마치 모든 것이 같은 방향으로 흘러가는 물결의 흐름과 같다. 그리스도께서 받는 고통의 의미가 매우 심오하지만, 바로 인간이 당하는 고통의 그 경험이 예수님의 고통을 이해하는데 열쇠를 제공한다. 용기는 덕이다. 어려움을 겁낼 필요가 없다! 성가정은 두려움을 극복하도록 아이들을 가르친다. 용기를 배운 아이만이 삶을 위해 큰 선물을 받는다. 산 정상에 오르고 오른 자들만이 역풍과 비를 두려워하지 않기 때문이다.

사람들 속에서 하느님을 어떻게 볼 수 있는가? 우리가 사람들 속에 영혼의 위대함을 발견할 때 우리는 거기에서 뭔가 신적인 것을 찾아본다. 위대한 예술가들, 신의 목소리, 신의 손, 신이 내려주신 능력.... 신적 탈렌트가 있는 것, 그것이 신적인 일을 하였고, 위대한 자들의 천상세계를 말하고 있다. 신화, 천상지희, god..... 연예인들도 그것을 추구한다. 그러나 누구도 병자, 빈자, 소외된 자, 박해받는 자들에게 신적인 모습의 표현을 비슷하게라도 하지 않는다. 어느 누구도 지금 슬퍼하고 고통 받으며, 실패한 자들에게 신이 내린 삶이라고 말하지 않는다. 여기서 정확하게 "나를 누구라고 하느냐?"는 예수님 질문의 핵심을 빗겨나가고 있음을 발견할 수 있다. 사도들이 예수님의 신성을 고백하자마자, 예수님은 고통 받고, 박해받으며 죽음에 처해진다고 말씀하신다. 모든 것이 잘될 때는 하느님께서 우리와 함께 계시는 것을 느끼는 것이 어렵지 않게 여겨진다. 그러나 신앙을 보존하는 그 순간 어려움의 순간이 특별하다는 것을 느껴야 한다. 고통은 악마적 기원을 가지고 있다. 하지만 그리스도 안에서 신적인 목표, 느낌을 취하고 있는 것이다.

• **"날마다 제 십자가를 지고 나를 따라야 한다."(루카 9,23):** 우리가 매일 만나는 수많은 어려움, 이것이 십자가인데, 인내이기도 하다. 그런데 우리는 종종 십자가를 내던지고 멀리 도망가고 싶은 유혹에 빠지고 있다. 하지만 주님께서는 우리가 질 수 있는 십자가 보다 무거운 것을 맡기지 않는다. 주님은 우리에게 약속하셨다. 어떤 어려움 속에서도 우리에게 특별한 도움을 주시겠다고... 어느 시각장애 시인이 글을 썼다. "자신 안에서 신뢰를 잃어버린 사람만이 약한 존재이다. 그리고 자기중심 안에 작은 것을 넣고 품는 자만이 참으로 작은 자이다."

영국의 성탄절 성가에서 성 빈첸슬라오의 이야기가 나온다. 빈

첸슬라오 왕은 맨발로 다니면서 가난한 자에게 자선과 선행을 하였다. 한 겨울 그를 따르는 종이 추위를 견디지 못하고 고통스러워하자 빈첸슬라오는 종한테 자신의 발자국을 밟고 따르라고 말하였다. 그 순간 기적이 일어났다. 종의 발이 따뜻하게 달아오른 것이다. 전설 같은 성인 이야기지만, 이 기적이 말하는 것은 그리스도를 따르는데 큰 고통과 어려움의 무게는 주님께서 덜어주신다는 뜻과 연관된다. 우리가 사랑하는 누군가와 함께 고통을 당한다면 심리만 아니라 영적·육적 위로를 실제로 받게 되듯이, 그리스도를 따르는 자는 주님의 생각과 행동을 닮아 그 고통까지 이해할 수 있게 된다. 그래서 구세주와 함께 자기 십자가를 짊어졌던 순교자는 신적 은총을 받을 수 있었다. 혼자 짊어지는 십자가가 무겁다면 주님과 함께 지는 십자가는 결코 무겁지 않으며, 하느님께서 맡기시는 십자가는 제 십자가를 지는 이에게 결코 무겁지 않듯이, 사순시기를 맞아 우리 모두 제 십자가를 지며 주님을 따라 가야 할 것이다. 어린이와 같이 된다는 것은 다시 유년기로 돌아가라는 생물학적인 요청이 아니다. 하느님 안에 머무는 자세를 은유적으로 표현한 것이다. 어린이와 같이 회심하라는 초대인 것이다. 그래서 마태오복음은 회심을 겸손하고 낮은 자로 뜻한다(마태 23,8-12). 하느님 앞에서 회심과 겸손한 삶이 형제들 사이의 관계 즉 교회 공동체의 올바른 모습을 보여 준다. 강한 것, 힘 센 것이 아니라 어린이를 받아들이는 사람은 바로 예수님을 받아들이는 것이다. 강한 것, 권력은 세상의 이익을 거두는 것이다. 하지만 작은 것을 받아들이는 사람은 성령과 함께 계시는 예수님을 얻게 된다. 이것은 결국 아기로 태어나신 성자예수 그리스도를 파견하신 하느님 나라의 아버지를 받아들이는 것이다.

• **루카 9,23-26:** 이 복음은 주님께서 선포하시는 수난과 죽음과 부활에 대한 예고이다. 예수님의 제안은 매일 십자가를 받아들여서 지라는 것이다. 골고타 십자가에서의 매일 지는 십자가는 심한 박해를 피하기 위한 것이 아니라 오히려 스스로 모든 형태의 자유로움에로 다가서는 것이다. 주님은 또한 자기 목숨을 구하려는 자는 잃는 것이라는 위험을 말씀하신다(24절). 다른 두 가지 위험은 주님을 따르는 진실성에 있는 것이 아니다. 두 가지 위험은 세상의 부요함을 얻는 것이며(25절), 사람의 아들을 증거 하는데 있어서의 부끄러움이다(26절). 루카는 공동체를 말하는데 있어서 다음을 기억한다. 공동체는 참 부활의 공동체이어야 한다. 그 부활은 삶의 건강한 조건이 갖춘 기초에 서 있다. 왜냐하면 삶과 자유를 향한 여정을 포기하는 것은 그 발걸음을 죽음과 실패에 양도하기 위한 것이기 때문이다. 김대건 성인과 정하상 성인과

함께 동료 순교자들은 자신의 목숨을 예수님을 따르기 위해 내놓았다. 오늘날 자기를 버리는 것은 무슨 의미인가? 자신을 비하하고 내팽개친다는 것이 아니라 내 욕심을 버리고 매일 제 십자가, 즉 자기 역할, 부모, 교사, 직장인, 자녀…로서 성실히 살아가는 것이다. 자기 십자가를 혹시 이웃이나 예수님께 넘기지는 않는가? 나의 뜻만 생각하면서 주님이나 형제자매의 뜻을 무시하지는 않는가? "나를 따르려는 사람은 누구든지 자기를 버리고 매일 제 십자가를 지고 따라야 한다."(9,23)

• **"…기도하시러 산에 오르셨다. 예수님께서 기도하시는데, 그 얼굴 모습이 달라지고 의복은 하얗게 번쩍였다."(루카 9,28-29);** 예수님께서 거룩하게 변모하셨다. 변모는 무엇인가 바뀐 것이 아니다. 곧 주님께서는 돌을 빵으로 바꾸는 것을 원하시지 않은 것과 같이 어떤 종류의 마술도 피하신다. 만일 주님께서 본질, 본심을 바꿔서 마술을 부리셨다면 그것은 바로 악마들이나 하는 속임수를 부린 것이다. 변모는 그런 것이 아니다. 그러면 주님의 거룩한 변모는 무엇이며, 어떻게 그것을 알아들어야 할까? 주님께서는 변한 게 아니고 바로 주님 당신의 본질이 드러나신 것이다. 변모는 종전 공생활에서 보여주셨던 기적도 아니고 그렇다고 건국 이야기에 나오는 신화는 더욱 아니다. 주님께서는 제자들에게 지

금까지 말씀으로 당신의 본질을 보여주셨으나 그들은 잘 알아듣고 볼 수도 없었다. 그런데도 베드로는 "스승님은 살아계신 하느님의 아드님, 그리스도이십니다."(마태 16,16)라고 대답을 하였지만, 지금 타보르 산에서는 그 대답을 얼떨결에 했음을 확연히 알게 된다. 이제 주님께서는 당신의 본질을 말씀뿐 아니라 빛을 통해서 보여주신다.

• **거룩한 변모(루카 9.28-36):** 예수님의 삶에서 중요한 두 가지 사건은 세례와 거룩한 변모이다. 이는 주님의 십자가 사건과 부활과도 신학적으로 연결되는 사건이다. 세례와 십자가 사건이 주님의 비움(kenosis)이라면 거룩한 변모와 부활은 충만(pleroma)이다. 세례와 십자가 그리고 거룩한 변모와 부활은 영화에서 예고편과 본 편의 관계라고 볼 수 있다. 거룩한 변모는 교부들에게 매우 중요한 신학과 영성의 기초가 된다. 특히 동방 교회 교부들의 영성에서 그것은 매우 중요한 핵심이다. 신학과 영성적인 면에서 서방 그리스도교와 동방 그리스도교의 차이점은 우리 서방 그리스도교는 예수님께서 십자가 위에서 돌아가신 갈바리아 산을 좋아하고, 동방 그리스도교는 예수님께서 충만하게 부활을 미리 보여주신 거룩한 변모가 있었던 타볼 산을 좋아하는 경향을 가지고 있다. 한국 사람들도 외적인 신앙 형태는 예수님의 십자가 신앙

에 익숙해 있지만, 내면에는 내적 충만의 거룩한 변모, 즉 부활의 기쁨에 심성적으로 익숙해 있다고 본다. 사실 균형 잡힌 신앙생활은 십자가의 비움과 부활의 충만이 함께 어우러져 있어야 한다. 예수님은 산으로 기도하러 가신다. 그런데 베드로, 요한, 야고보 세 명을 데리고 산에 오른다. 율법에 따르면 둘이나 세 명은 증인이다(신명 17,6;19,15). 세 명의 제자들이 예수님을 동행하며 산으로 간다. 이는 현재와 미래의 제자 공동체를 위해서도 매우 중요한 모습이다. 함께 기도하는 공동체, 둘이나 셋이 모인 곳에 늘 함께 계시는 주님이시다(마태 10,20). 예수님께서 기도하시는 동안에 그 모습이 변하고 옷이 눈부시게 빛났다. 마태오복음 병행 구절(마태 17,2)은 예수님의 얼굴이 제자들 앞에서 변하여 해와 같이 빛났다. 예수님의 모습이 변하고 옷(루카)과 얼굴(마태오)이 눈부시게 해와 같이 빛났다는 것은 성령의 현동(움직임)에 의한 신화(神化)를 나타내는 것이다. 예수님의 본 모습인 하느님의 모습으로 변모하셨다. 이는 바로 부활의 순간을 보여준 것이다. 부활은 변모이다. 성령과 함께 변화된 모습이 부활이다. 작은 부활인 거룩한 변모를 제자들은 미리 보았다. 그런데 변모된 주님께서 모세와 엘리아 즉 당신에 대해 말하곤 했던 구약의 증인들과 대화하신다. 그런데 베드로는 예수님께서 당신 사명을 살아 갈 것에 대해 이를 저지하는 유혹을 하고 있다. 마치 악마가 광야에서 예수님을 유혹하였듯이 그렇게 예수님의 길을 막고 있다. "선생님, 저희가 여기서 지내면 얼마나 좋겠습니까! 저희가 초막 셋을 지어 하나는 선생님께, 하나는 모세에게, 하나는 엘리야에게 드리겠습니다." 베드로가 이런 말을 하고 있는 사이에 구름이 일어 그들을 뒤덮었다. 마치 폭풍우가 이는 것 같이 신적인 초월성이 감추어져 숨어 버리는 영광의 구름은 바로 말할 수 없는 하느님의 현존(성령)을 드러낸다. 마치 이스라엘 백성들이 출애굽 하던 때 사막에서 체험했던 것처럼 영광의 구름은 주님과 제자들을 덮었다. 그 구름(성령)은 주님과 제자들을 자신들의 운명에로 안내할 것이다. 성령은 늘 우리를 좋은 길로 안내하신다. 그것은 바로 예루살렘을 향한 십자가상의 죽음이다. 자기 십자가를 지고 주님을 따라야 한다. 이 때 구름 속에서 하느님 아버지께서 말씀하신다. "이는 내 아들, 내가 택한 아들이니 그의 말을 들어라!" 그의 말을 들으라는 명령어는 모든 제자들에게 해당된다. 그리스도께서도 역시 모세와 같은 약속된 새로운 예언자이시다(신명 18,15-18). 예수님의 말씀을 듣는 것 자체가 구원이다. 우리는 얼마나 주님의 말씀을 듣는가? 이는 성서 읽기, 쓰기, 성서와 함께 기도하기와 같다. 거룩한 변모는 예수님께서 받으신 세례 사명의 완성이다. 부활이 십자가 죽음 사명의 완성인 것처럼 말이다. 거룩한 변모의 지속적이며 영원성의 표현은 부활이다. 그 상징의 표현이 창조되지 않은 신적인 빛이다. 세례와 견진을 받은 모든 그리스도인 역시 주님의 모습을 닮은 신화(神化)의 모습인 부활과 변모에 방향 지어져 있다. 사순 시기는 주님 부활의 모습(거룩한 변모)을 닮아 가는 시기이다. 나는 얼마나 닮아 가고 있는가?

• **"예수님께서 기도하시는데, 그 얼굴 모습이 달라지고 의복은 하얗게 번쩍였다."(루카 9,29):** "그들 앞에서 모습이 변하셨는데, 그분의 얼굴은 해처럼 빛나고 그분의 옷은 빛처럼 하얘졌다."(마태 17,2) 빛은 무엇인가? 빛은 풍경을 아름답게 보이도록 한다. 물론 빛이 거짓 아름다움을 만들어가는 것은 아니며, 본질을 바꾸는 것도 아니다. 빛은 원래의 그 모습이 잘 아름답게 보이도록 한다. 필자도 2007년 안식년을 어느 수도원에서 보내며 거의 매일 오후에 1-2시간 산책을 하였다. 뒷산에 올라 수도원이 어디 있나 바라보고 "아! 저기 있다."하고 잠시 자세히 보면 수도원이 아니라 비슷한 사회복지 시설이다. 장소가 바뀐 것이 아니라 나의 눈이 잘 못 본 것이다. 이같이 세상이 변화하는 것이 아니라 시각이 변한다. 해가 환할 때는 산 아래 경치는 아주 선명하게 잘 보이고 풍경도 매우 아름답다. 그런데 날씨가 흐려서 햇빛이 약할 때는 아름다운 풍경이 잘 보이지 않는다. 그렇다고 본래의 그 풍경이 변한 것이 아니다. 빛은 풍경을 더 아름답게 잘 보이고 내 살

던 곳이 아름다운 것을 발견하도록 돕는다. 결국 세상은 원래 아름다운데 나의 시야가 좁던지 흐리게 되어서 그 본질을 보지 못했던 것이다. 빛은 영성가들이 두 가지로 말한다. 외적인 빛의 감각들과 내적인 빛으로서 마음과 정신이다. 외적인 빛은 우리 인간이 가지고 있는 감관들 눈, 코, 입, 귀, 손, 몸으로 느끼지만 내적인 빛은 마음과 정신으로 느낄 수 있다. 그 빛은 마음과 정신 안에 비추어 오고, 그 빛을 통해서 우리는 그 대상의 본질을 바라볼 수 있다. 베드로는 평소에 마음과 정신으로 내적인 빛을 통해 주님의 모습을 볼 수 없었다. 그런데 지금 강렬한 주님의 빛이 비추자, 눈이 휘둥그레지면서 주님의 본 모습을 보고 있다. 그러면 무엇이 세상을 변모하게 할까? 그것은 빛과 사랑이다. 바로 빛과 사랑이 세상을 변모하게 한다. 사랑의 실천과 환한 빛이 세상을 아름답게 그 본질이 잘 드러나도록 한다. 사랑으로 출발한 원의가 일하고 우리 환경을 변화하게 한다. 사랑하면 세상이 다르게 보인다. 참 사랑을 깨닫고 체험하면 세상이 변하게 된다. 그 빛과 사랑은 바로 주님과 성령으로부터 기인되는 세상 변모의 원천이자 뿌리이다. 타보르 산위에서 예수님의 거룩한 변모는 죽은 자들의 부활을 고백하는 그리스도신앙의 본질을 제시한다. 죽음이 믿는 이들에게 거룩한 변모 곧 부활신앙으로 가는 시작이라면, 믿지 않는 이들에게는 죽음이 끝이요 마침이기에 변모도 없는 것이다. 부활은 세상에서 태어난 우리가 서로의 사랑과 빛으로서 변화되어 가는 그리스도신앙의 본질이며, 세상은 우리의 삶이 성령의 내적 빛과 사랑으로 살아갈 때 변화 되는 것이다.

• **루카 9,43-45. "사람의 아들은 사람들의 손에 넘겨질 것이다."(루카 9,44):** 고대 그리스인들은 통치를 하기 위해 사회가 좋은 법을 가지고 있어야 한다고 알고 있었다. 또한 미개한 백성들에게는 매우 강한 법들 또는 작은 법령들로도 효력을 준다는 것을 알았다. 그래서인지 법 없이는 사회도 그렇게 약하게 된다는 것도 안다. 그렇지만 오늘날에 법이란 이런 폭력으로부터 또한 우리를 보호한다. 예수께서는 지금 복음말씀에서 사람들이 가진 총체적인 힘에 의해 사람들의 손에 넘겨지고 배신될 것이라고 예상하신다. 모세의 율법이 신적인 율법임에도 불구하고, 또 완벽한 인간의 법으로 지배하는 로마의 질서에도 불구하고 정말 그렇게 나타날 것이다. 그래서일까 인간들이 현명하고 자비하며, 분노와 미움과 열정으로 지배되지 않는다면, 사람들에게 종속되어 있더라도 무섭지 않을 수 있다. 하지만 예수님은 그렇게 눈이 멀어진 사람들의 손에 정말 넘어가신다. 그래서인지 모든 것이 늘 깨어있는 아버지의 손에 넘겨지는 일은 없는 듯싶다.

• **예수님의 이름으로(루카 9,46-50). "누구든지 이 어린이를 내 이름으로 받아들이면 나를 받아들이는 것이다."(루카 9,48):** 우리 모두는 '이름으로'라는 표현을 잘 알고 있다. 사실 모두 누군가의 이름으로 행동한다. 법의 이름으로 사법관들이, 국가 공무원들은 국가의 이름으로 행동한다. 옛날 방식으로 말하는 것 같지만. 사실 우리 사회에서 이름은 커다란 가치를 지니고 있다. 하지만 히브리인들에게는 이름이란 각자가 세상에서 소유한 성소 곧 부르심이라는 말이었다. 이런 배경에서 우리는 창세기 이야기를 더욱 잘 이해할 수 있다. 곧 낮과 밤, 하늘과 땅의 이름을 부르셨을 때, 하느님께서는 그 이름들로 그대로 그렇게 창조하신다(창세 1,3-10). 아담은 동물들에게 이름을 지어주도록 초대되었다(창세 2,20). 이름으로 이뤄지는 창조가 결정적인 뜻을 지니고 있는 것이다. 아마도 창조사건의 기억 속에서 또는 그렇게 부과 된 목표에 기초하여, 인간들도 장소들에게 이름을 부여해 주고 있다. 하느님은 이처럼 성경의 야휘스트 자료가 설명한 이름들을 주시는데, 곧 하느님의 어떤 사람들, 예언자들에게 특별한 이름을 주신다. 왜냐하면 이름은 하느님과 특별히 함께 하는 일치의 징표를 드러내기 때문이다. 그렇게 임마누엘이란 이름 때문에 하느님은 우리와 함께 하신다(이사 7,14; 마태 1,23). 그리스도께서는 하느님께서 하시는 것처럼 인간들을 대하고, 당신의 이름으로 사람들을 받아

들이도록 우리에게 청하고 계신다. 왜냐하면 그분은 모든 이들과 함께 하며, 당신의 정체가 드러나기를 바라시기 때문이다. 필자도 그렇게 주님을 따라 작은 것에서부터 하나씩 소박하게 조용히 걷고자 한다. 그래서 존경하고 사랑하는 교우들과 청소년 그리고 젊은이들과 아침 식사를 하고자 한다. 주님께서 하신 것처럼 아침을 빵과 커피로 소박하게 나누며, 이런 얘기 저런 이야기를 하고 싶다. 주님께서 나를 통해서 그렇게 교우들과 함께 하시길 바라시는 듯싶다. 나도 예수님의 이름으로 교우들과 어린이들, 젊은이들을 그렇게 받아들이고 싶다.

돈보스코 성인의 예방교육 체크하기

✓ 자녀들을 알아주기:

✓ 자녀들을 믿어주기:

✓ 자녀들을 사랑하기:

2부

예루살렘으로 가는 길

루카 9,51-24,53

12. 하느님은 너무 많이 요구하신다 (루카 9,51-10,24)

"나는 내가 그리스도인이 되면 모든 문제가 해결되리라고 생각했습니다. 그러나 문제가 더 많아졌습니다!" "복음 선포자는 모든 빛과 기쁨을 약속했습니다. 그는 예수님을 따르는데 드는 높은 비용에 대해서는 이야기하지 않았습니다." 개종자들이 저런 이야기들을 하는 것을 들어보았습니까? 비용? 통증? 고통? 이 요소들은 불편함을 피하려는 우리의 욕망들과 맞지 않습니다. 자신이 대접받는 것이 당연하다고 여기는 시대에 태어난 사람들에게는 즉각적인 만족이 시대의 흐름입니다. 예수님의 제자들을 위한 삶의 방식에서 더 이상의 목표는 있을 수 없습니다.

• **그룹 나눔** 지금까지 예수님을 따르는데 어떤 대가를 치렀습니까?

• **개인 성찰** 하느님의 삶의 방식을 따르도록 선택된 사람들을 위한 하느님의 목적은 예수님을 닮는 것입니다(로마 8,29). 그리스도교 이전 시대와 비교해서 나의 성격은 어떻게 더 예수님 같이 되었습니까? 예수님의 마지막 1년인 예루살렘 여정은 유대인에게 멸시당하는 사마리아인을 복음화하려는 시도로 시작됩니다. 루카 9,51-62를 읽습니다.

가 질문과 나눔

1. 9,51-56에 걸쳐 예수님의 행동과 태도를 설명합니다.

2. 9,51-56에 있는 짧은 에피소드를 묵상합시다. 우리는 예수님에 따른 선교에서 무엇을 배울 수 있습니까?

   이 선교를 위한 안내 중에서 교회로서의 우리가 따를 필요가 있는 것은 무엇입니까? 왜 입니까?

3. 9,57-62에서 우리는 제자가 되려는 세 사람을 만납니다. 예수님을 따르기 위한 각각의 전제 조건은 무엇입니까?

이 세 제자 후보 중 누가 가장 나와 같습니까? 어떤 점에서입니까?

4. 루카 10,1-24를 읽습니다. 일흔두 제자의 사명과 9,1-6의 열두 제자의 사명을 비교하고 대조합니다.

5. 각각의 예수님의 지시는 그분의 깊은 절박함을 드러냅니다(10,2-12). 오늘날의 그리스도인들에게 복음 선교 사명을 위한 이런 절박함이 필요할까요? 왜 입니까? 혹은 왜 아닙니까?

6. 예수님께 일흔두 제자의 성공은 궁극적으로 사탄의 복종에 대한 미리보기입니다(10,18). 그러나 10,20에 있는 그분의 말씀을 생각해봅니다. 내가 제자중의 한 명으로서 이 말씀을 들었다면 어떻게 느꼈을까요?

이러한 주의를 주는 그분의 목적은 무엇인 것 같습니까?

7. 예수님께서는 그분의 기쁨을 첫 번째로 아버지와, 그러고 나서 일흔두 제자들에게 표현하십니다. 이들 기쁨의 이유 중에서 어떤 것이 나를 움직입니까?(21-24절)

여기에서 내가 예수님께 귀 기울임으로써, 그분의 마음에서 어떤 깨달음을 얻었습니까?

8. 아마도 우리 모두는 제자가 되기 위하여, 그리고 세계 선교에서 하느님이 우리에게 너무 많은 것을 요구하신다는 것을 한 번쯤은 느꼈을 것입니다. 그분의 요구는 사실상 엄청납니다(9,57-62; 10,1-12). 그러나 그분은 긍정적인 호소(명시적, 암시적)로 우리를 참여시킵니다(9,60.62; 10,2.16.18-24). 그분의 조건 중 어떤 호소가 제자로 따르거나 세계 선교를 하도록 영감을 줍니까?

기도하기

내가 하느님의 목표를 따를 수 있는 용기와 영적인 힘을 위해 기도합니다.

실천하기

구약에서는 제자라는 단어를 오직 한번만 씁니다(이사 8,16). 그러나 자신을 하느님과 그분의 목적에 헌신하고 그분으로부터 직접 배우는 활발한 제자들을 묘사합니다. 히브 11장은 좀 더 중요한 제자들을 설명합니다. 우리는 8과의 실천하기에서 언급했습니다. 그것을 제자 훈련 수업을 위해 다시 봅니다. 그들이 하느님을 따를 때 어떤 반복되는 성격들이 이들(남자들과 여자들)에게서 나타납니까? 무엇이 그들을 강한 제자로 만듭니까? 무엇이 그들의 보상입니까?

나 말씀묵상

• **루카 9,51-56:** 이 복음은 예수님께서 거룩한 변모 이후에 당신의 사명을 완수하시기 위해서 예루살렘으로 올라가시는 모습이다. 예수께서 오르실 날이 가까워지자 예수님은 예루살렘으로 가신다. 아버지께 되돌아가시기 위해서 예수님은 세상에서 돌아가셔야 한다. 마치 야훼의 종이 고통을 받아들이는 것처럼(이사 50,6-7) 심부름꾼들을 앞서 보내셨다. '그들은 길을 떠나 사마리아 사람들의 마을로 들어가 예수를 맞이할 준비를 하려고 하였으나' 이 구절은 교회의 모습으로 이해할 수 있겠다. 아버지께 돌아가는 예수님은 사람들 사이에 머물러 계셔야 한다. 우리 교회의 모습은 늘 예수님을 모시고 준비하는 교회이어야 한다. 그 마을 사람들은 예수께서 예루살렘에 가신다는 말을 듣고는 예수를 맞아들이지 않았다. 사실 사마리아 사람과 유대인들은 서로

적대적인 관계였다. 역사적으로도 원수였다는 것이 드러난다. 사마리아 사람들이 예수님을 받아들이지 않은 이유는 예수님이 예루살렘을 향해 단지 사마리아를 지나치기 때문일 것이다. '이것을 본 제자 야고보와 요한이 "주님, 저희가 하늘에서 불을 내리게 하여 그들을 불살라 버릴까요?" 하고 물었으나' 이 부분은 마치 야고보와 요한이 엘리아 예언자의 모습으로 기억된다. 2열왕 1,10.13.14에서 엘리아 예언자는 아하즈야 왕이 보낸 병사들 위에 하늘로부터 불이 내리도록 하여 쓰러뜨렸다. 야고보와 요한도 엘리아와 같이 그들의 힘과 능력을 반대자들을 심판하는데 쓰고자 한다. 그러나 예수님께서는 당신의 능력과 힘을 하느님 나라의 좋은 일을 위해서 쓰신다. 그것은 마귀와 병을 제어하고 치유하는데 그 힘과 능력이 발휘된다(루카 9,1). 사람의 아들은 인간의 영혼을 잃어버리게 하기 위해서가 아니라 구하시러 오셨다(55절 예수께서는 돌아서서 그들을 꾸짖고 나서). 예수님은 다시 당신의 복음 선포의 사명을 계속하시기 위해 또 다른 마을로 가신다. 이 말씀은 보석과 같은 것인데, 저항을 저항으로 대하지 말라는 예수님의 태도이다. 오늘날 우리들도 공격과 저항에서 평온을 잃게 된다. 주님께서는 저항을 벗어나 무엇인가 다른 것에 집중하도록 우리를 초대한다. 이를 위해 세상은 너무 크고 넓다. 그러므로 다른 마을로 가야한다.

• **루카 9,57-62:** 예수님을 따른다는 것은 보금자리나 머리 둘 곳이 없는 즉 지붕 없는 곳을 따르는 것이다. 마치 지혜가 정착할 곳이 없는 것처럼(집회 24,7) 그리스도의 지혜도 역시 머무를 곳이 없다. 예수님을 따르는 것은 그분과 함께 계획되지도 않는 불편한 존재가 되겠다는 선택이다. 예수님을 따르는 것은 그분이 가시는 길 어느 길이나 나도 가는 것이다(57절). 예수님께서 다른 사람에게 '나를 따라 오너라' 하고 부르시자, 그 사람은 그러겠다고 한다. 그러나 엘리야를 따르기 전의 엘리사처럼(1열왕 19,20) 아버지 장례를 치른 후에 오겠다고 한다. 이 복음은 히브리인들에게 거룩한 권리와 의무에 관한 것을 말한다. 그 사람은 먼저 인간적인 것을 원하지만 예수님의 대답은 엄하시다. 마치 예레미아에게 결혼하지 말라고 하시고(예레 16,1-13), 에제키엘에게는 죽은 부인을 위해 울지 말라고 하시는(에제 24,15-25) 하느님과 같이... 이스라엘에서 위의 두 가지 결혼과 죽음 문제는 하느님에게 달려 있는 것이다. '죽은 자들의 장례는 죽은 자들에게 맡겨두고 너는 가서 하느님 나라의 소식을 전하여라.'(60절) 이 복음은 엘리아가 엘리사를 부를 때의 비유(1열왕 19,19-21)로 맺고 있다. '엘리사는 엘리야를 떠나 집으로 돌아가서 황소 두 마리를 잡고 쟁기를 부수어 그 고기를 구워 사람들을 대접하였다. 그러고 나서 엘리사는 엘리야를 따라 나서 그의 제자가 되었다.'(1열왕 19,21) '쟁기를

잡고 뒤를 자꾸 돌아다보는 사람은 하느님 나라에 들어갈 자격이 없다.' 그래도 우리는 불편한 존재로 사시는 예수님을 따르겠는가? 하느님께 우리의 인간적인 것을 맡겨보자. 오늘날의 안락함을 불편한 예수님과 대비해 생각해 보자.

• **그리스도를 따르는 조건들(루카 9,57-62). "저는 스승님을 따르겠습니다."(루카 9,57):** 라틴어 격언에 긴 길은 질서와 함께 가고, 짧은 길은 앞사람을 따라서 그의 모범과 함께 간다는 말이 있다. 집 안에서도 자녀들과 청소년들은 부모를 흉내 내고 닮아가는 경향을 보인다. 또 좋은 학교란 따르고 싶고 닮고 싶은 선생님들이 있어 그들을 지켜보면서 그렇게 따라 살아가는 곳이다. 초기의 첫 교회들도 바로 그렇게 탄생하였다. 사도들은 예수님을 만나 따르고 닮아갔다. 하느님의 말씀을 세상에 선포하기 위해서 파견되었을 때, 사도들은 홍보하는 메뉴얼 책도, 신학적 지식들, 그리고 복음의 문화도 가지고 있지 않다. 예수로부터 듣고 본 것을 그렇게 단순히 가르쳤다. 마르코 복음은 베드로의 설교를 다시 간단히 요약했다. 하지만 마르코의 목적은 바로 눈앞에서 예수님을 구체적으로 만나는 것이었다. 오늘날 역시 교리를 추상적으로 배우지 않는 것이 매우 중요하다. 그러나 세례를 받아 그리스도 주님의 가족이 된다는 것은 내가 생각하고 행동을 하는 방

법에서 예수님의 인격을 구체적으로 이미지화 하는 것을 말한다. 신앙을 살아 전달한다는 것은 윤리적 반성보다는, 복음의 한 구절 한 구절을 읽고 내면적 장면을 다시 찾아 살아가는 것이 필요하다.

• **"죽은 이들의 장사는 죽은 이들이 지내도록 내버려 두고,"(루카 9,60):** 죽는다는 말은 다양한 모양으로 표현할 수 있다. 죽음은 생명과 반대이다. 심리학적 관점에서 죽은 자들은 잃어버린 자들이다. 잊어버리는 것은 죽음의 조짐이요, 예고이며 이미지이다. 하지만 생명은 이와 달리 매우 역설적이다. 곧 삶에서 보고 들은 모든 것을 기억해야 하고, 미래를 생각하여야 한다면, 우리는 정신의 총체적 혼동으로 소모되는 위험을 느낄 것이다. 젊음을 신선하게 내적으로 유지하려는 자는 지금만 생각하는 것이 더 좋다. 예수님께서 요청하시는 것은 당신과 함께 살아가는 신선함이다. 곧 주님에게 집중하기 위해서 유익하지 못한 걱정들을 잊는 것을 요청하신다.

• **"쟁기에 손을 대고 뒤를 돌아보는 자는 하느님 나라에 합당하지 않다."(루카 9,62):** 현명한 사람은 자기가 틀린 것을 알았을 때, 자신의 의견과 감정을 바꾸는 유연성을 지닌 자이다. 하지만 한

계가 있다. 너무 자주 생각을 바꾸는 자는 항구적이거나 신뢰적이지 않다. 더군다나 신뢰로 약속한 자가 태도를 바꾸는 것은 더 나쁘다. 그래서인지 그리스도의 참 본질은 그리스도의 인격에 믿음을 두는 곳에 있다. 그리스도의 현존을 의심하며 믿는 것은 확신하지 않는 것이다. 의사는 다른 약을 복용하는 환자에게 진료를 거부한다. 부작용이 있으면 몸이 쇠약해지기 때문이다. 불행히도 많은 그리스도인들이 이중처방에 마음을 두고 따르고 있다. 조금은 그리스도의 가르침을 받아들이고, 조금은 반대의견에 호감을 갖는다. 그렇게 약하게 그리스도를 따르는 삶은 좋은 모범적인 예를 보여주지 않는다. 그것은 그렇게 살아가는 자에게 만족을 주지 못하기 때문이다.

• **루카 10,1-12:** 예수님은 조금 전에 열 두 제자를 파견하시고 (루카 9,1-6) 왜 일흔두 제자를 또다시 파견하실까? 창세기 10장 노아로부터 내려오는 지상에 퍼진 인종이 70 혹은 72이다. 민수기 11,24-30은 하느님께서 모세에 의해 제안된 70인 원로에게 예언의 영을 내려주신다. 72명의 제자 파견은 복음 선교의 확장을 가리킨다. 그런데 한 명씩 파견하면 72지역의 선교지를 확보할 수 있는데, 반으로 줄어드는 것을 감수하면서 둘씩 짝지어 파견하는 것은 '서로 사랑'하라는 주님의 가르침을 증거 하는 복음

의 정당한 선포를 말한다.(신명 19,15; 사도 8,14 베드로와 요한; 사도 13,2 바오로와 바르나바) 제자들의 파견에 대해 예수님은 많은 걱정과 함께 요청을 하신다. 제자들은 어쩌면 이스라엘 백성이 이집트에서 고통당하는 것처럼, 극단적인 가난을 체험하면서도, 어느 집이건 평화를 빌어 주고, 마음대로 이 집 저 집 옮겨 다니지 말며, 병자를 고쳐줘야 한다. 이는 하느님의 나라가 다가왔다는 것을 전하기 위해서다. 하느님 나라를 위한 제자들의 삶이 바로 예수님께서 아버지로부터 파견 받아 세상에서 살아가는 삶이다. 오늘의 그리스도인, 교회는 과연 하느님 나라를 위해 극단적 가난은 아니더라도 세상에 평화의 인사를 나누고 있는가? 병자들을 위해 얼마나 하느님 나라의 모습을 살아가는지 돌아보도록 주님은 지금 우리를 파견하신다.

• **수확할 밭을 위한 일꾼. 루카 10,1-9. "수확할 것은 많은 데 일꾼은 적다."(루카 10,2):** 그리스도께서 선교의 비유를 밭에서 일하는 예를 들어 사용하고 있다. 이 구절은 사실 사제나 선교사의 부르심과 파견의 경우로 읽혀진다. 예수님은 좋은 소식을 알지 못하는 이 세상에 좋은 사람들이 많이 있다는 사실을 강조하고 계신다. 이들은 제자, 사도로 부르심을 받는 은혜라는 특전을 받는 것이다. 그리스도께서 원하시는 위대한 일은 바로 하나의 영혼을

그리스도께 인도하는 것이다. 이웃을 구하면서 우리도 구세주의 모상이 된다. 선교를 통해서 우리 스스로 구원된다. 그래서 모든 그리스도인은 사도 그리고 선교사적의 성소를 가지고 있다. 그러나 현실은 그 때나 지금도 정말 나서는 자들이 적다. 사도들의 선교는 모든 그리스도인들에 해당되는 기쁜 소식을 전하는 것이다. 하지만 각자의 특별한 성소를 선택한 자들에게 일꾼이 적은 것이 안타깝다. 따라서 그리스도의 설교는 늘 현실적이다. 교회에서 사제성소를 위해 기도해야 하지만 이와 같은 기도들은 옳은 방법으로 봉헌되어야 한다. 우리는 마음과 영혼을 구하는 성소를 갖는 사제들을 위해 기도한다. 그런데 기도 자체는 이미 사도들의 직무이다.

• **"당신의 수확할 밭"(루카 10,1-12):** 당신의 수확할 밭은 오리게네스에 의하면 우주적 의미를 던지고 있다. 하느님 나라 안에 모든 세상을 모아야 할 필요가 있다. 새감 윤을수 신부의 핵심 사상인 '나 하나 세계'에서도 당신의 수확할 밭을 바라보고 있다. '나'는 즉자적 존재로서 주체적 자아이며, '하나'는 관계적 존재로서 주체적 자아들의 모임인 친교적 하나의 공동체이며, '세계'는 주체적 존재 '나'에서 출발하여 관계적 존재의 '하나' 공동체가 하느님께서 만드신 전 세계에서 복음을 전하고 살아가는 것

이다. 모든 세계가 영적이 되는 것은 하느님이 모든 것 안에 있기 때문이다. “하느님께서는 모든 것 안에서 모든 것이 되실 것입니다.”(1코린 15,28) 하느님의 영광을 위해 창조된 모든 것을 수확하는 것이 인간의 과제이다. 모든 것 안에서 하느님의 말씀이 숨어 있다. 하느님께서 세상에 기원을 주셨고, 모든 것 안에서 신적 지혜가 계시된다. 우주에 숨어있는 의미를 발견하는 것은 예술이다. 교부들은 이것을 자연의 관상이라고 불렀다. 영적인 몸(Theoria Psyike), 과학자들이 발견한 세상은 일치되고 조화로운 일이 이루어지고 있다. 우주법칙에 따라 시계처럼 기능하고 있다. 영적인 사람들은 저 너머로 가야하며 세상의 조화 속에서 하느님의 목소리를 모아야 한다. 세상은 하느님과 만나는 기회와 시간을 가리키는 큰 시계와 같다. 린네처럼 어떤 과학자들에게 ‘하늘은 하느님의 영광을 말한다.’(시편 19,1)라고 묵상하는 마음은 영광의 옷을 입은 하느님을 본다(시편 93,1).

• **추수할 일꾼. “수확할 것은 많은 데 일꾼은 적다.”(루카 10,2):** 예수님 시대의 농사는 오늘날과 다르다. 오늘날의 농사법은 기계농이어서 벼를 기계로 자르고 곡물을 모으며 볕 짚을 묶는다. 그런데 예수님 시대 농사법은 일일이 손이 가야하는 수공농이다. 오늘날 추수형태와 달라 자르거나 하지 않고 오직 이삭을 손으로

직접 떼어낸다. 이삭 수확은 손으로만 해야 한다. 그런데 밀과 곡식 사이사이에 풀이 함께 자라서 올라온다. 그래서 수확할 것이 많다는 것은 이삭만이 아니라 나쁜 잡초까지도 손으로 뽑아내야 한다는 것이다. 이것이 제자들의 사명이다. 세상에는 많은 좋은 종자들이 있다. 그런데 세상은 그 좋은 것을 모른다. 하느님께서는 그 많고 좋은 종자들이 구원되길 원하신다. 사도로 존재하는 은총은 사도 자신을 위한 특권이다. 모든 그리스도인에게는 사도와 선교사의 성소가 있다. 그러나 단지 적은 사람들이 그 부르심에 응답한다.

• **"수확할 밭의 주인님께 일꾼들을 보내 주십사고 청하여라."(루카 10,2):** 사제, 선교사, 설교가는 교회에서 부르심을 받은 사도들이다. 따라서 사제, 수도자 성소를 위한 기도가 교회에서 올바른 방법으로 드려져야 한다. 기도자체가 이미 사도직이 시작되고 업적이 이루어지는 것이다. 예수님께서도 2-3년간 설교하시고 기적을 행하셨는데, 그 이전 30년 동안 일하시고 기도하셨다. 이 30년 역시 예수님께서는 사도로서 사셨다. 우리도 일하고 기도하는 것 자체가 사도의 삶을 사는 것이고 말씀의 참 의미에서 선교사이다. 사제, 수도자를 위해 기도한다면 우리가 드리는 기도의 힘은 그들의 선교사명을 이미 효과적으로 도와주고 있는 것이다. 오

리게네스는 "수확할 밭의 주인님께 일꾼들을 보내 주십사고 청하여라."는 말씀을 우주론적인 비유와 연관을 맺고 해석한다. 곧 하느님의 나라 안으로 모든 세상을 모아들일 필요가 있다. 왜냐하면 모두가 영적으로 변화되기 때문이다. 하느님은 모든 것 안에 계시기 때문이다(1코린 15,28). 교부들이 우주의 숨어있는 의미를 발견하는 것은 자연의 관상, 영적인 본능을 부르고 있는 예술이다.

• **수확할 일꾼:** 제자, 사도로 부르심을 받는 것은 은혜라는 특전을 받는 것이다. 그리스도와 함께 구원하는 것 역시 삶에서 할 수 있는 어떤 것보다 더 위대한 일은 바로 하나의 영혼을 그리스도께 인도하는 것이다. 이웃을 구하면서 우리는 구세주의 모상이 된다. 우리 스스로 구원된다. "수확할 것은 많은 데 일꾼은 적다."(루카 10,2) 요한 금구 성인께서 말씀하신다. "사도가 되는 은혜는 사도(봉사자) 스스로에게 특별한 명예이다. 오직 그리스도와 함께 한 영혼을 구원하는 것은 인간사도(봉사자)가 삶에서 할 수 있는 위대한 업적이기 때문이다. 우리는 이웃을 구원하면서 구세주의 모습이 되고, 우리 모두 스스로 역시 그렇게 구원되었다." 그런데 오늘의 현실에서 모든 그리스도인이 사도와 선교사의 부르심을 받았지만, 단지 적은 자들이 그것을 의식할 뿐이다. 모든 그

리스도인은 사도, 선교사의 성소를 가지고 있다. 본당에서는 사목위원들, 구역반장들이 하느님의 부르심에 해당되는 제자봉사자들이다. 그러나 나서는 자들이 참으로 적다. 사도들의 선교사명처럼, 본당 봉사자들이 부르심을 받은 것은 구역반과 본당 공동체를 위해 기쁜 소식을 전하는 것이다. 이 봉사는 모든 그리스도인들에게 해당되는 사명이다. 하지만 실제로 각자의 특별한 성소(사제, 수도자) 뿐 아니라 본당의 봉사자로 선택한 자들에게 일꾼이 적은 것이 매우 안타깝다. 따라서 그리스도의 이 설교는 늘 현실적이다. 교회에서 사제성소를 위해 기도해야 하지만 이 기도들은 옳은 방법으로 이루어져야 한다. 우리는 마음을 구하는 성소를 가진 사제들, 본당은 사목위원 및 봉사자들을 위해 기도한다. 하지만 기도 자체는 이미 사도들의 직무이다. 기도하는 자가 부르심을 받는 자들이다.

• **루카 10,1-9:** 성서에서 인사는 친구와 형제들을 위한 하느님의 평화(shalom)이다. 인사는 모든 선과 완전한 구원 그리고 하느님으로부터 오는 모든 선물의 충만이다(5절). 제자들의 평화의 인사를 받아들이지 않는 자들은 주님의 평화와 친교를 받아들이지 않는 것이다. 따라서 그 평화는 인사를 전하는 제자들에게 남아 그들과 함께 한다. 받아들이지 않는 자들은 다만 그들이 분열

안에 머물러있다는 것이다(6b). 하느님 나라의 증거와 평화를 받아들이는 경우, 제자들은 축복 받은 그 집에 머물게 된다. 제자들은 그 집에서 두려움 없이 머물고 먹고 마시는 봉헌을 받게 된다. 중요한 것은 이집 저집 옮겨 다니지 말아야 한다(7-8절; 1코린 10,27).

• **도시의 저주(루카 10,13-16). "불행하여라, 너 코라진아! 불행하여라, 너 벳사이다야!"(루카 10,13):** 불행(저주)선언은 누군가에 대적하여 간섭하려고 최고의 힘을 부리고 던지는 선포이다. 어린이들이 싸움을 할 때 혼자 대적할 수 없고, 방어도 할 수 없을 때 다급하게 엄마나 아빠 혹은 어른을 부르는 것처럼, 히브리인들도 그들 적들에게 하느님의 불행(저주)을 요청한다. 그러나 조금 지나면 불행과 저주선언은 주술적인 것이 조금만 남게 되고 주로 예언적 요소들이 많아졌음을 비교해 볼 수 있다. 그리스도의 불행선언은 바로 예언적 경고이자 주의이다. 하느님의 은총에 저항하지 말라는 것인데, 그렇지 않다면 불행이 너희 위에 떨어진다는 주의를 주고 있다.

• **"너희에게 일어난 기적들이 티로와 시돈에서 일어났더라면, 그들은 벌써... 회개하였을 것이다."(루카 10,13):** 성당에 자주가지

않는 사람은 아름다운 강론을 한 번 들었을 때, 특별한 충격을 받을 수 있지만, 성당을 정기적으로 다니는 사람은 그렇지 않을 수 있다. 습관은 너무 생각 없이 기계적으로 행동하며 살아가기에 필요한 것이고, 안정된 삶을 주고 변화해야하는 것을 그대로 보존하게 하는 것들이다. 수도생활, 신앙생활에서 습관들은 문제를 만들 수 있다. 복음이 지속적으로 묻고 있는 것이 바로 회개이다. 회개는 하느님의 자유로운 선택과 모든 새로움을 주는 변화이다. 어떻게 움직여야하나? 우리는 기도로 무엇인가를 청하러 성당에 가는 것이 습관이 되었다. 그러나 우리를 인도하려는 목적과 그 원인들을 가만히 바라보면서 그 위에 이루어지는 우리의 제스처, 언어, 사고방식 등을 묵상할 필요가 있다. 이런 식으로 하느님의 말씀들이 매일 우리 안에서 삶으로 살아 숨 쉬고 효과적인 변화의 에너지가 되어 계신다.

• **"그리고 너 카파르나움아 네가 하늘까지 오를 성싶으냐? 저승까지 떨어질 것이다."(루카 10,15):** 오늘날 카파르나움을 순례하는 사람들은 세상에서 가장 거룩한 곳 가운데 하나인 카파르나움이 폐허된 유적으로 남아있는 것을 보고 믿을 수 없어 할 것이다. 이곳에서 예수께서 가르치셨고, 사도들을 부르고 선택했다. 실로 옛 시나고가의 폐허자리인 이곳에 성 베드로 대성전이 세워졌어

야 하는 곳이다. 그러나 폐허된 카파르나움은 더욱 설득력 있고 효과적인 복음말씀의 징표로 남아있다. 바로 하느님으로부터 많은 가르침을 받은 영혼들의 모상인데, 그러나 그들은 그것을 실천하지 않았다. 그리스도는 땅위에 육화한 하느님의 생각, 정신이다. 그것이 다시 우리 생각들과 그분 말씀을 육화하도록 우리를 인도한다. 이것들은 오직 폐허로만 남아 있는 것이 아닌 모양으로 세상을 건설하도록 운명 지어진 것이다.

• **루카 10,17-24:** 돌아온 일흔두 제자의 기쁨은 마귀들을 복종시킨 것이었다. 무엇이 그들을 놀라게 하고 기쁘게 했을까? 일흔두 제자에 하신 예수님의 권고는 병자들을 치유하라는 것(10,9)이었지 마귀들을 쫓아내라는 것이 아니었다. 모든 마귀를 제어하는 권세는 열두제자에게 하신 것(9,1)이다. 물론 병든 사람이 마귀 때문이라면 일흔두 제자에게도 그것이 유효한 것이다. 그러나 지금 일흔두 제자의 기쁨은 구마에 대한 것이다. 하여간 사탄이 하늘에서 번개 불처럼 떨어지는 것은 새 세상이 시작되었다는 것이다. 그 새로운 세상은 하느님의 나라이고... 하느님 나라 앞에서 마귀(루치페로, 새벽 여신의 아들 샛별)는 더 이상 나아갈 길이 없다(이사 14,12). 예수님께서 제자들에게 말씀하시는 기쁨은 악령들이 복종하기 때문이 아니라, 하느님에 의해 치유되고 구해지

는 것에 더 크고 깊은 것이어야 한다. 이것이 우리의 이름이 하늘에 기록되는 기쁨이다. 우리는 내용 보다 결과를 많이 좋아한다. 하느님 나라라는 믿음의 내용이 실천되면 마귀추방이 결과적으로 이루어질 텐데, 마귀추방에만 기쁨을 찾지는 않는지? 오늘날 하느님 나라를 방해하는 마귀는 무엇인가? 하느님의 치유, 하느님의 구원을 우리 교회가 세상 안에서 발생하게 해야 하지 않을까? 개인적으로나 공동체적으로 하느님의 치유가 지금 구체적으로 필요한 장소나 모습은 어디이고 무엇인가? 하느님의 나라는 여기서 모두 그분의 능력과 힘이 함께 서 있다. 주님은 성령 안에서 마귀를 추방하신다. 갈릴래아의 벳사이다는 겐네사렛 호수의 북동쪽에 위치한 곳으로 빵 기적이 있던 곳(루카 9,10)이고, 베드로, 안드레아, 필립보의 고향이다(요한 1,44;12,21). 코라진도 겐네사렛 호수 북서쪽에 위치한 곳이다. 이 동네는 예수님을 자주 만나고 잘 알고 있는 곳이다. 한편 티로와 시돈은 하느님의 심판에 걸려든 이방인 도시들이다(아모 1,9; 예레 25,22; 이사 23,1-11; 에제 26,2). 하느님으로부터 멀어져 있던 구약의 이 도시들도 메시아 기적의 증거가 있었다면 그들은 니느웨 사람들처럼 회개하였을 것이다. 그러나 카파르나움은 그러지 않았다. 예수님뿐 아니라 베드로, 안드레아, 필립보 등을 잘 알고 있던 고향 사람들은 구약의 이방 도시 사람들보다 예수님이 행하신 기적에 대해 훨씬 무딘 마음을 가지고 있다. 예수님은 일흔두 제자들에게 말씀하신다. 너희의 말은 나의 말이고 하느님의 말씀이라고... 안다는 사람들이 덜 감동적일까? 알기 때문에 마음이 무딜까? 오히려 반대이면 더 좋을 텐데... 우리도 예수님을 알기에 많이 무딘 듯싶다. 아시시의 프란치스코는 말씀을 행동으로 믿었다. 그러면 생각이 경직되고 마음이 무딜 순간이 사라지게 된다. 오늘날 하느님 나라를 방해하는 마귀는 무엇일까? 하느님의 치유, 하느님의 구원을 교회가 세상 안에서 발생하게 해야 하지 않을까? 개인적으로 공동체적으로 하느님의 치유가 지금 구체적으로 필요한 장소나 모습은 어디이고 무엇일까? 교회는 야전병원이다.

• **예수 이름의 힘.(루카 10,17-24) "주님, 주님의 이름 때문에 마귀들까지 저희에게 복종합니다."(루카 10,17):** 어린이에게 이름은 매우 진지한 것이다. 만일 어린이 이름이 틀리게, 잘못된 발음으로 호칭되면 화를 내든지 울음을 터드린다. 고대 셈족들과 동방의 오늘 백성들에게 이름은 인격과 함께 모든 것으로 나타난다. 인도네시아에서는 얼마 전 시대까지, 직업을 바꾸면 이름을 바꾸는 관습이 있었다. 전통적인 사회에서는 이름을 바꾸는 것은 성인의 나이에 들어갈 때이다. 한 때 수도자들도 수도원에 들어가면서 이름을 바꿨다. 그러나 호적에 문제가 생기기 때문에 관습은

사라지게 되었다. 성경에서 이름은 커다란 무게를 갖는다. 이름을 아는 것은 인격을 아는 것을 말하고 있다. 하느님은 당신 이름을 누구에게도 계시하지 않으셨다. 오직 JHWH로 존재하는 '나는 있는 나다.'(탈출 3,14)로만 말한다. 그런데 신약의 군중은 마리아의 아들 나자렛 예수의 이름을 알고 있었다. 그의 신성을 믿었던 자들에게 그는 그 이름을 계시했고 그 능력을 현시하였다.

• **주님의 이름:** 예수의 이름에 대한 신심은 호칭기도에서 나타난다. 교회 문이나 기도 책에 표시되어 있는 IHS 상징은 세 가지 그리스 알파벳으로 예수의 이름을 축약한 것이다. 프란치스코회의 유명한 설교가 시에나의 베르나르도 성인은 예수의 이름에 대한 신심을 설교하였다. 그리스도교 동방교회에서 우리는 예수 이름의 힘에 대한 많은 묵상을 볼 수 있다. 거기서 생겨난 것이 예수 기도이다. 예리고 소경이 청하는 반복의 기도를 지속한다. "하느님의 아들, 주님, 예수 그리스도님, 죄인인 저에게 자비를 베푸소서!" 러시아 예수회원 콜로그리보프(I. Kologrivov)는 이콘들 앞에서 예수 이름을 발음하는 것을 비교하였다. 발음된 이름은 마치 인격의 음성적 이콘이라고 말하였다. 예수 이름을 종종 발음하는 것은 눈앞에 성령의 현존과 힘(능력), 모상을 취하고 있는 것이다.

• **"너희 이름이 하늘에 기록된 것을 기뻐하여라."(루카 10,20):** 오늘날 장소, 광장, 길거리는 사람들의 이름으로 명명한다. 기억을 기념하길 원하기 때문이다. 이름 없이 학교나 호적에 등록되지 않는다. 고대 히브리인들은 선택된 백성이 소속된 세대와 조상들의 이름을 대대로 전한다. 세례순간 부모, 대부모는 세례성사에서 아기이름을 기록한다. 땅 위에서 천상 예루살렘의 도시에 등록하는 의미가 있다. 그러나 등록으로만 천상백성이 되는 것으로 충분한가? 분명 등록은 필요하지만 더욱 중요한 점은 성체성사의 실현, 피의 일치이다. 이를 위해 바오로 성인은 세례 받은 이방인들에게 다음과 같이 말하고 있다, "그러나 이제, 한 때 멀리 있던 여러분이 그리스도 예수님 안에서 그리스도의 피로 하느님과 가까워졌습니다."

돈보스코 성인의 예방교육 체크하기

✓ 자녀들을 알아주기:

✓ 자녀들을 믿어주기:

✓ 자녀들을 사랑하기:

13. 의식(儀式)인가? 또는 인간관계인가? (루카 10,25-11,13)

가끔씩 대중 매체에서 가수나 배우 아니면 유명인들이 그리스도교인 곧 천주교인 혹은 개신교인이라는 보도를 합니다. 하느님 안에서 '다시 태어남!' 곧 그리스도인이라는 것을 들으면 우리는 모두 기분 좋게 느낍니다. 그리고 일 년이나 얼마 지나서 매체들은 다시 그들에 대한 스캔들도 보도합니다. 어떤가요? 누가 "참된 그리스도인"인지 또는 "기회주의적인 그리스도인"인지 말하기 쉽지 않습니다. 우리는 그리스도인의 가치에 따라 사는 사람들을 알고 있으며 심지어 영적인 열매를 보여주기도 합니다. 그러나 그들은 하느님과의 개인적인 관계를 주장하지 않습니다. 반면에 어떤 사람들은 하느님과의 그런 관계를 주장하지만 영적인 열매를 맺지 못합니다.

• **그룹 나눔** 왜 어떤 사람들은 많은 의식이 있는 종교를 더 좋아한다고 생각합니까?

• **개인 성찰** 과거에 어떤 종교적 의식들이 나에게 도움이 되었다고 생각합니까? 어떤 것은 의미가 없었습니까?

예수님을 육체적으로 따랐던 많은 사람들이 참된 제자됨에 대해서 분명히 알지 못합니다, 그래서 예수님은 계속해서 무엇이 그분의 나라에 속하기 위한 자격을 주는지에 대해 많은 창의적인 방법을 보여주십니다. 루카 10,25-36을 읽습니다.

가 질문과 나눔

1. 랍비식의 토론에 예수님을 참여시킨 사람이 “일어서서”라는 표현은 다른 사람들과 함께 앉아 예수님의 말씀을 듣고 있었음을 나타냅니다. 10,25-29에서 그에 대해 어떤 다른 사실들을 발견할 수 있습니까?

2. 이 율법교사는 다른 누구보다도 구약의 제사에 대해서 더 잘 알고 있었습니다. 그러나 예수님께서는 율법교사가 아는 구약의 율법지식에 대해서 무엇을 인지하고 계셨습니까? (10,25-28)

3. 예수님께서는 사마리아인이 강도당한 사람을 "가엾게 여김"에 대해 많은 구체적인 방법으로 설명하십니다(10,33-35). 예수님께서는 율법교사가 무엇을 보기를 원하셨다고 생각합니까?

4. 10,29에서 율법교사가 한 질문을 예수님께서 10,36에서 뒤집으신 것에 주목합니다. 그 사람은 적어도 지적으로 하느님과 올바른 관계를 유지하는 것은 단순히 제사를 지내는 것이 아니라는 요점을 파악합니다. 예수님의 비유에 따르면 어떻게 하느님과의 올바른 관계를 실행할 수 있을까요?

5. 나는 어떤 구체적인 방법으로 하느님과 나의 올바른 관계를 실행했습니까?

6. 루카 10,38-42를 읽습니다. 나는 마르타에게서 어떤 긍정적이고 부정적인 특성을 봅니까?

예수님의 지적과 나의 관찰로 부터, 그녀의 근본적인 문제는 무엇으로 보입니까?

7. 내가 예수님께 "어떻게 하면 마리아처럼 더 좋은 것을 선택할 수 있습니까?"를 질문한다고 가정합니다. 그분께서는 뭐라고 답하실까요?

8. 루카 11,1-13을 읽습니다. 11,2-4 주님의 기도에서 예수님께서는 우리에게 암송할 단어들을 주시지 않습니다. 대신 그분은 기도 제목들을 주십니다. 문장별로 이 기도의 제목들은 무엇입니까?

9. 예수님은 주석이 있는 두 개의 예화장면을 통해 우리에게 담대하게 기도할 것을 강하게 촉구하십니다. 첫 번째 예화에서 예수님은 하느님의 어떤 이미지를 끌어내십니까? (11,5-10)

두 번째 예화에서는(11,11-13) 하느님의 어떤 이미지를 끌어내십니까?

10. 나의 기도를 변화시키기 위해, 예수님의 이런 예화장면 이미지가 어떤 면에서 필요합니까?

기도하기

예수님은 항상 관대하고 언제나 준비된 친구로서의 하느님을 그린 다음에, 그분을 현명하고 사려 깊은 아버지로서 그립니다. 그리고 예전에는 감히 청하지 못했던 것을 청하도록 안내합니다.

실천하기

세례성사, 첫영성체, 혼배성사, 성품성사, 장례미사, 성전 봉헌식 등의 예식에 대해서 생각해 봅니다. 모든 관습적인 미사의 순서 또한 예식입니다. 구약에서는 많은 예식을 행하였고, 예수님께서는 유대인의 예식에 참석했습니다. 이런 예식들이 우리가 하느님과 연결되도록 어떻게 돕고 있습니까?

그것들은 언제 하느님과 우리의 관계를 방해합니까?

그룹에서 이 기도를 연습 합니다. 주님의 기도를 구절마다 합니다(추가된 끝부분과 함께 마태 6,9-13의 주님의 기도를 이용합니다). 봉사자가 "하늘에 계신 우리 아버지," 하고 기도한 후 그 구절을 개별적으로 성찰하고 하느님께 응답할 시간을 줍니다. 봉사자가 적당한 시간을 감지했을 때, "아버지 이름이 거룩히 빛나시며" 등으로 넘어갑니다.

나 말씀묵상

• **루카 10,25-37:** 루카는 예수님의 거룩한 변모(루카 9,28-36) 이후 예수님께서 예루살렘으로 가시는 여정(루카 9,51-19,28)을 길게 다루고 있다. 거룩한 변모를 전후로 해서 두 번에 걸쳐 당신 수난과 부활을 예고하시고(루카 9,22;43b-45) 이제 돌아가시기 위해 예루살렘을 향하고 있다. 그것은 당신의 출애굽이다(루카 9,31:영광에 싸여 나타난 그들은 예수께서 머지않아 예루살렘에서 이루시려고 하시는 일, 곧 그의 죽음에 관하여 예수와 함께 이야기를 나누고 있었다). 오늘 복음에서 예수님은 율법교사가 영생을 얻는 길을 물었을 때, 모세 율법의 근본을 다시 묻는다. '네 마음을 다하고 네 목숨을 다하고 네 힘을 다하고 네 생각을 다하여 주님이신

네 하느님을 사랑하여라. 그리고 네 이웃을 네 몸같이 사랑하여라'(신명 6,4-9; 11,13-21; 민수 15,37-41; 민수 18,5; 19,18; 에제 18,5-9). 율법선생답게 정답을 말하며 그는 제차 누가 내 이웃이냐고 묻는다. 예수님은 그 물음에 착한 사마리아 사람 이야기를 하신다. 어느 한 사람이 예루살렘에서 예리고로 가다가 강도를 당했다. 사제와 레위인은 그냥 지나쳤다. 예리고는 사제들과 레위인들이 많이 모여 사는 곳이다. 아마도 그들은 바삐 예루살렘으로 제사를 지내러가던 모양이다. 이 얘기는 예수님께서 반 성직주의를 말하고자 하는 것이 아니다. 오히려 예수님은 사제와 율법학자 계급인 사두가이파나 바리사이가 하는 말은 다 실행하고 지키라고 하였다(마태 23,3). 여기서 반쯤 죽어 있는 이웃을 보고도 지나친 사제나 레위인의 잘못은 무엇인가? 그들은 율법을 실행하지 않고 폐기한 것이다. 사제는 거룩한 율법을 실행하는 자로서 첫째, 구하는 자, 선포자, 설명하는 자이다. 이스라엘과 원수지간이던 사마리아 사람이 강도당한 사람에게 좋은 이웃이 되어 준 것이다. 예수님은 37절에서 잘 알아들은 율법선생에게 '너도 가서 그렇게 하여라.' 하고 말씀을 맺고 계신다. 착한 사마리아 사람은 다름 아닌 예수님 당신 모습이다. 예수님은 우리 모두의 이웃이 되어 주셨다. 예루살렘에 가서 수난 죽음을 당하는 것도 그 이유이다. 착한 이웃을 찾는 것만이 아니라 내가 착한 이웃이 되는 것은 어떨까? 그리고 참 이웃은 얼마나 있을까? 하느님 백성인 이스라엘 사람은 무조건 율법에 따라 이방인들은 부정한 사람으로 여긴다. 조상들의 믿음에 충실한 그들이 사마리아 사람을 부정한 자로 보는 것이다. 그러나 오늘 사마리아 사람은 '자비'를 살아가는 하느님의 사랑을 지니고 있다. 사랑의 은총이 그를 부상당한 자를 찾아 달려가게 했다. 그리고 그는 즉시 부상당한 자를 응급 처치한다. 다음 날 여관 주인에게 선금을 주며 돌아오는 길에 모든 것을 완불한 것을 약속한다. 율법교사는 대답을 잘했지만, 예수님은 다친 사람의 이웃이 되어주는(36절) 사랑을 묻는다. 이 비유는 유명한 비유이다. 세기를 두고 끝없는 신앙적, 윤리적, 신학적 반성을 하게 도와준 비유이다. 이 비유는 모두에게 해당되는 것이며, 우리 모두가 엄하게 읽을 필요가 있다. 누구나 살다 보면 상처를 입을 수 있다. 우리는 오늘 비유에 등장하는 사람 가운데 한 사람이 될 수가 있다. 강도이거나 사제, 레위, 착한 사마리아 사람... "너도 가서 그렇게 하여라."(37절)

• 착한 사마리아 사람. "어떤 사람이 예루살렘에서 예리코로 내려가다가..."(루카 10,30): 예루살렘은 해발 760미터, 예리코는 해발 250미터에 위치해 있고 그 사이에 유대 광야의 동굴과 사막이 걸쳐져 있다. 예루살렘은 하느님의 도시고, 예리코는 사람의 도시

곧 피서지 휴양지로서 부자동네인데, 예루살렘에서 어떤 사람이 예리코로 내려간다는 것은 하느님 생각으로 가득 차있는 자가, 유혹이 있는 예리코로 내려가는 것이다. 그는 하느님의 도시에서 세상의 도시, 환락의 도시로 가는 중이었다. 그래서 강도가 빈번한 것이다.

• **"사제, 레위인도, 길 반대쪽으로 지나가 버렸다."(루카 10,31.32) "그런데... 어떤 사마리아인은"(루카 10,33):** 예수님은 국가나 민족의 감정들을 뒤집어 차별하지 않고, 히브리인들의 우선권을 사마리아인들에게 주장하려는 뜻이 없었다. 구체적인 삶에서 우리의 이웃은 정말 모든 사람이라는 것이 예수님의 생각이다. 누가 우리의 이웃인가? 벗의 선택은 가족, 경제, 나라, 재산에 의하지 않고 영적인 표시에 의해 인도되도록 두는 것이 낫다고 증거자 막시모가 해석하였다. 우리의 이웃은 모든 인간이다. 인간들이 세워진 사회에서 편견의 지속적인 벽을 허물어야 한다. 인간들 사이의 벽은 시간과 돈이 아니라 오직 사랑만이 적을 이웃이 되게 할 수 있다. 누군가 우리 가까이 있고 그를 도울 때 그가 우리의 이웃이 된다.

• **"마르타와 마리아"(루카 10,38-42):** 활동 사도직과 관상사도

직의 차이는 단지 그리스도교적 특징만은 아니다. 이미 고대 그리스도 신화세계에서도 소포클레스의 비극시 'Antogone' 등 매우 다른 스타일의 두 형제의 삶을 소개하고 있는데 어떤 점에서 '행동'과 '관상'의 복원된 모습을 담아내고 있다. 라틴문화에서도 otium et negotium 곧 침묵과 분주함과 같은 양면을 찾아볼 수 있다. 하지만 침묵은 게으름 속에서 쉼의 뜻이 아니라 어떠한 다른 종류의 행동인 것이다. 분주함 역시 다양한 모양으로 나타나는데, 지침서, 지성, 기술의 분야에서 볼 수 있다. 내적활동, 내면의 부유함이 활동의 풍요로움을 나타낸다. 내적활동은 행동지침보다 중요하고 필요한 요소이다. 우리도 살아가는데 내적인 힘이 크게 도와주는 모습을 볼 수 있다.

• **"마리아는... 듣고"(루카 10,39), "마르타는 시중드는 일로..."(루카 10,40):** 교회의 많은 수도원은 다양한 목적과 다양한 규칙으로 설립이 되었다. 큰 모양으로 수도원은 두 개 그룹에 원칙적으로 인도된다. 활동수도원, 관상수도원이 그것이다. 활동수도원은 사목적 치유를 위해 사회복지, 병원, 선교 등에서 활발히 움직인다. 관상수도원은 봉쇄된 곳에서 살면서 그들의 목표는 기도이다. 그리스도인들 사이에서도 교회를 위해 더 중요한 것이 어떤 모양인지가 토론의 여지를 남겨둔다. 그런데 확실한 것

은 둘 다 모두이다. 마치 새들이 두 개의 날개 없이 날수 없는 것과 같다. 베타니아 마을에 예수께서 두 자매에 의해 받아들여진 것처럼 그렇게 교회도 삶의 모습 두 개가 모두 다 필요하다. 그런데 예수의 가르침이 마리아에게 더 선입견을 주는 듯하다. 교회도 그렇게 관상수도회를 더 중요시 했다. 하지만 모두를 위한 성소가 아니다. 주님을 감사로 다시 받아들이고 그를 따른다. 실제로 기도는 현실의 삶에서 일하는 자들을 거룩하게 하면서 내적으로 인간들을 변화시키는 활동이다. 왜냐하면 모든 인간적인 일에 성령의 오심을 청하기 때문이다.

• **루카 10,38-42:** 예수님에 대한 마리아와 마르타의 환대는 초기 그리스도교에서 선교사들을 반갑게 환대했던 전통과 연관돼있는 것 같다.(사도 16,14 이하; 디다케 11,4-6) 마리아와 마르타의 집을 들어가는데 문제가 없는 사실은 히브리적이기 보다 그리스적 정서라고 본다. 놀랄만한 것은 하느님의 신비들이 여성들에게는 알릴 수 없었는데, 예수님은 그들에게 말씀을 하신 것이다. 왜냐하면 여성들은 율법 독서를 할 수 있도록 허락되지 않았고 회당 예배에 참여할 수도 없었다. 그러나 예수님은 여성들을 차별하시지 않으셨다. 예수님은 남자거나 여자이거나를 구별하지 않으시고 당신의 사랑과 선물들을 아끼지 않으셨다. 예

수님은 여자들이 당신을 따르는데 거부하지 않으셨다(루카 8,2). 복음에서 마르타는 예수님을 반겨 모신다. 모셔 들이는 환대(hypodechomai)는 인격과 하느님 말씀에 적용될 수 있는 매우 중요한 것이다. 루카복음은 동생 마리아를 먼저 소개한다. 마르타는 일에 열중하는 모습이며, 마리아는 주님의 발치에 앉아 말씀을 듣고 있다. 스승 말씀을 들으며 주의를 기울이며 존경의 자세로 보아 전형적인 제자들의 태도이다(요한 11,32). 마리아는 믿음이 충만한 여자제자이다. 예수님 오신 것을 알린 자가 마르타지만 예수님께 먼저 다가가 주님 말씀을 들은 자는 마리아이다(11,29). 전통적으로 이 이야기는 마르타는 활동적인 봉사 활동으로 마리아는 관상생활로 이해됐다. 마르타 역시 주님을 말씀을 들었다. 문제는 일을 하면서 주님의 말씀을 어깨 넘어 소홀히 듣고 있는 것이다. 마르타는 주님의 말씀을 들으면서 많은 것을 걱정하고 있다. 손님을 잘 대접하려면 먼저 바쁜 일과 용무에 많은 걱정을 한다. 첫째는 음식 준비에 바쁘다. 그러다 보니 일하지 않고 있는 마리아에게 마르타는 잔소리를 한다. 본래 성서에서 봉사하다(diakoneo)는 것은 다른 사람을 위해 좋은 일을 하는 것이다. 반면에 마리아는 편안하게 말씀만을 조용히 듣고 있다. 이 이야기는 루카의 걱정이 많이 배어있는 듯하다. 루카의 염려는 교회 공동체가 너무 사회적으로 과다한 일 때문에 하느님 말씀을 듣는데 손해를 볼 수 있다는 것이다. 예수님께서 초대하시는 것은 사회적 봉사가 근본적인 것임에도 불구하고, 그 봉사를 다시 평가해보라는 것이다. 주님의 발치 앞에 앉아 있는 마리아의 모습은 기도하는 제자의 모습이며 우리 교회의 모습이어야 한다. 예수님은 마리아가 좋은 몫을 택하였다고 들어 높이지만 그렇다고 마르타에게 매우 엄하게 하신 것이 아니다. 마르타가 나쁜 일을 한 것도 아니고 주님을 모시기 위한 집안일을 한 것이다. 단지 마르타는 모든 활동 즉 왜 일을 하는 지에 대한, 원인, 근본을 깨닫지 못한 것이다. 아무리 좋은 목적에도 불구하고 활동은 활동주의로 갈 수 있다. 주님의 대답이 매우 중요하다. 많은 교부들, 신학자들, 그리고 영성가들의 생각은 마르타는 너무나 많은 일에 매어 있다는 것이다. 그러나 마리아는 좋은 몫을 택한 것이다. 하느님 나라의 유산, 영원한 유산을 없애지 말아야 한다. 행동의 삶과 관상의 삶이 균형을 이루어야 한다. 그러기 위해 먼저 말씀을 듣고 그것을 행동으로 옮겨야 한다. 마리아는 이 태도로 들은 말씀을 생각하고 있다. 마르타는 이러한 상황 안에 들어서지 않고 있다. 걱정을 한다. 관상과 기도가 없는 행동은 현대의 행동주의나 운동으로 남는다. 그저 열매 없는 현실만을 모을 뿐이다. 교회 안에서 행동과 관상(기도)의 분리는 세속적인 재난만 야기 시켰다. 행동에 속한 다수는 관상(기도)에로 모두를 다시 안내될 필요가 있다. 사실 주님의 말씀을 잘 듣고, 기도하면 일은 더 잘 할 수 있는 것이다. 우리는 마르타인가, 마리아인가? 오늘날 교회는 마르타인가, 마리아인가? 기도하는 마르타, 봉사하는 마리아가 오늘날 필요하다.

• **루카 11,1-4:** 주님께서는 기도하고 계신다. 이 복음은 마태오복음(6,9-13)과 병행한다. 마태오는 유대 그리스도교 공동체, 루카는 이방(그리스)그리스도교 공동체와 연관되어 있다. 마태오가 일곱 개 요소를 주님의 기도에서 언급한다면, 루카는 다섯 개를 말한다. 처음 두 개는 아버지에 대한 기도이고, 나머지 세 개는 인간을 위한 기도이다. 세상이 아버지를 하느님으로 받들게 하시고, 아버지 나라가 오게 하소서. 날마다 필요한 양식주시고, 우리 죄를 용서하시고, 유혹에 빠지지 않게 하소서 하느님 아버지는 감독자가 아니라 우리와 자유로운 부자의 관계이다. 하느님의 나라는 이 세상에서 발견되는 서로 간의 연대감과 형제애이다. 연대와 형제애를 살아 갈 때, 하느님의 나라는 지금 이 곳에 있다. 주님은 억눌리고 가난한 자를 위한 양식을 걱정하신다. 인간 생명을 위해 그리스도교 공동체는 가난한 자를 위한 빵을 구해야한다. 용서와 유혹의 극복도 주님과 함께 있으면 불가능은 없다...우리의 기도는 어떤 기도인가? 가장 완벽한 주님의 기도를 살아가자.

• **우리 아버지(루카 11,1-4) "저희에게 기도하는 것을 가르쳐 주십시오."(루카 11,1):** 기도를 가르쳐주는 자를 자주 만나고 싶어 하는 원의를 들어 올려야 한다. "너희는 기도할 때 이렇게 하여라. '아버지'" 마태오는 우리에게 익숙한 주님의 기도이며 루카는 요약된 주님의 기도이다. 그리스도교 계시진리의 실체인 한 가지는 우리는 하느님을 믿는 것이 아니라 아버지 하느님을 믿는 것이다. "아버지의 나라가 오게 하소서" 아버지께 청하듯이 하느님과 대화하는 것이 기도이다. 영성가에 의해면 낙원에 다시 돌아온 나라이다. 이 낙원은 인간의 나라가 아니라 신적인 나라이다. 진리, 생명, 성성, 은총, 사랑, 평화의 나라이다. 청원, 용서, 서원, 희망, 사랑.... 선물의 나라이다.

• **루카 11,5-13:** 예수님은 주님의 기도를 가르쳐 주신 다음 오늘은 어떻게 기도해야 하는 지를 두 가지 비유를 들어 말씀하신다. 주님은 우리에게 항구하게, 인내심을 가지고 구하고, 찾고, 두드릴 것을 말씀하신다. 첫 번째 비유 이야기는 팔레스타인 환경을 읽어 볼 수 있다. 일터에서 한 사람이 일을 마치고 늦은 저녁노을을 바라보며 집에 돌아온다. 팔레스타인의 가옥은 한국의 시골 농촌 집과 유사하게 단일하게 되어 있다. 모두들 동물들과 함께 한 집에서 먹고 잔다. 이 사람도 일을 마치고 돌아와 보니 먹

을 양식이 부족하여 밤늦게 친구에게 빵을 빌려달라고 한다. 아마도 음식이 가축을 먹일만한 것만 있었는지도 모른다. 빵 세 개는 집에서 한 사람이 하루 먹을 양식이다. 우정만으로 빵을 구할 수가 없겠지만 졸라대면 가능하다고 하신다. 구하라, 찾아라, 두드려라! 받고, 얻고, 열린다. 긴박한 필요성에 대해 하느님은 항상 배려하신다. 이것은 하느님의 나라에 대한 말씀이다. 우리가 구하면 주님은 성령까지도 주신다. 우리는 구하지도 않고 얻으려고 하지는 않는가? 기도로서 간절히 구하는 정성이 필요하다. 나만이 아니라 우리와 어려운 사람을 위해서 또한 구해 주어야 한다...
루카복음의 스케마에서 예루살렘 상경기(9,51-19,27)는 다른 공관복음의 순서와 기본적으로 맞추고 있다. 루카복음의 스케마에서 늘 발견되듯이 기도에 대한 가르침인 주님의 기도를 서술한다. 바로 직전의 기사는 마르타와 마리아가 예수님을 만난 것으로서 소홀히 취급하지 말아야하는 좋은 몫에 대한 하느님의 말씀을 소개한다. 이제 루카복음은 즉시 신앙의 중심이 되어야하는 기도에 대한 말씀을 진술한다. 예수님께서 기도하시고 계신다. 제자들이 기도하도록 가르쳐 달라고 청한다. 영적 무능력을 인정하고 있는 제자들이다. 그러나 겸손하게 자신들의 분명한 뜻을 말하고 청한다. 그들이 부른 '주님'이란 호칭은 부활 사건을 미리 예포하고 있는 신적인 칭호이다. 부활사건에서 하느님께서는 사람의 아들을 하느님의 아들로서 현시하신다. 루카 복음에서 주님의 기도는 '아버지'로 시작한다. 그런데 그것은 '우리'가 빠진 단순한 아버지로 호칭된다. 마태오 복음에서는 '아빠'라는 의미의 아라메아어 abba로 느껴지는 '우리 아버지'라고 나온다(마태 6,9). 예수님께서 지금 가르치는 요구들은 청원(epiclesis)이다. 첫째는 아버지 이름의 거룩함이다. 이는 계약의 백성들이 행하는 선한 업적들로서 이방인들을 믿는 이들과 함께 청하러 다가오도록 안내하는 것이다. 이것이 믿음으로 살아가는 유대인의 위대한 삶의 의미이다. 두 번째 요구는 모든 사람들의 완전한 구원의 조건인 하느님 나라의 오심에 대한 것이다. 예수님께서 말씀과 기적으로 선포되고 현시하시는 것은 하느님 나라가 예수님 당신 스스로이며 성령이시라는 것이다. 사람들에게 매일 필요한 3가지 청원이 있다. ① 우리에게 필요한 매일의 양식(빵)이다. 빵은 몸의 음식, 말씀의 빵, 축성된 신비들의 빵이 있다. ② 성서적 희년이다. 즉 죄의 용서이다. 이는 성령의 선물로 이루어진다. 예수님은 공생활에서 죄인들을 용서하시고 하느님 자비에 완벽하게 동화된 가르침을 통해 결국 십자가상의 보편적 죽음으로 이미 성서적 희년을 이루고 있다. ③ 셋째는 유혹에서 벗어나기 위한 것이다(마태 6,13). 이제 아버지께서는 아들의 세례에 대해 사탄의 유혹을 허락하신다. 이어서 주님께서는 기도에 대한 두 가지 가르침을 주신다. 귀찮게 하는 친구에 대한 비유와(5-8) 성령과 함께 하는 것이 근본적이고 제일 중요한 것을 말씀하신다(9-13). 믿음의 삶은 항구하게 청하고, 찾고, 두드리는 생활이다. 왜냐하면 아버지께서 그것을 원하시기 때문이다. 총체적 신뢰로 청하지 않고 믿음으로 원하지 않는다면 선물하지 않으신다. 우리는 아버지께 모든 것을 성령 안에서 요청해야 한다. 성령 없이 기도 할 수 없다.

• **청원기도.(루카 11,5-13) "청하여라, 너희에게 주실 것이다."(루카 11,9):** 아브라함 링컨 전 미국대통령은 국회에서 중요한 결정을 하기 전에 참석자 의원들에게 하느님의 도움을 청원하자는 기도를 제안하곤 하였단다. "하느님께서는 청하는 자들을 항상 도우십니다! 그러나 우리가 원하는 것이 아니라, 하느님께서 원하시는 것을 위해 기도를 해야 합니다." 성지를 순례하는 사람들은 무엇인가를 청하기 위해 마리아께 초를 켜서 봉헌을 한다. 예수께서는 그것을 막지 않으시고 오히려 더 자주 그것을 청하라고 권고한다. 아우구스티노 성인께서도 묻는다. "우리가 청하지 않는다면, 하느님께서 주시지 않을 것인가?" 이에 대한 성인의 답은 "하느님께서 비록 우리가 그것을 청하지 않더라도 항상 은혜를 우리에게 주신다." 우리가 그것을 청한다면 그분이 우리 아버지이신 것과 은혜가 모든 이들보다 더 큰 선물임을 설명한다.

• **“너희가 악해도 자녀들에게는 좋은 것을 줄 줄 알거든, 하늘에 계신 아버지께서야 당신께 청하는 이들에게 성령을 얼마나 더 잘 주시겠느냐?”(루카 11,13):** 하느님께서 아버지라는 것을 말하기란 쉽다. 왜 그런가? 비록 하느님께서는 우리의 모든 생각의 능력을 넘어서지만, 우리는 그 분에게 아버지의 인간적 경험을 옮긴다. 부모와 자녀들 사이의 관계는 인간본질의 놀라운 최고의 현상이다. 그런데 세상에서 우리는 살아가기 위해 경쟁을 피할 길이 없음을 볼 수밖에 없다. 나무들도 서로 엉기면서 다른 것 위로 올라자라고, 동물들은 서로 먹이 사슬관계로 먹어치운다. 사람들은 그들 사이에서 서로 경쟁하면서 싸운다. 싸움의 지평에서 쟁점은 나를 위해 모든 것을 나타낸다. 나의 성공을 기쁘게 하기 위해, 벌어들인 모든 것을 유산으로 나에게 남겨두기 위한 것이다. 하지만 나의 아버지는 본질적으로 살아 숨 쉬는 사랑의 이미지로 존재하신다. 그 이미지는 완전한 모습을 나타내려한다. 하지만 지금 비가시적으로 남아있는 보다 아름다운 믿을 수 없는 현실이 있는데, 우리가 아버지 하느님께 항상 달려갈 수 있고 우리를 결코 실망케 하지 않으신다는 점이다.

중세기 때 스페인의 기사도 정신이 유행하였다. 기사는 싸움에서나 관대함에서나 최고의 리더 모습을 보였다. 다른 이들을 위해 무엇인가를 해결해주고 도와주곤 하였다. 오늘날 주님의 기도로 무장한 믿는 우리가 진정한 하느님의 기사이다. 로욜라의 이냐시오 성인도 하느님의 기사로 불렸다. 모든 경우에서 모든 이들에게 항상 은혜를 주는 하느님의 기사였다. 진정 내가 하느님께 청하고자 하는 것이 무엇일까? 곰곰이 그것을 찾고, 그리고 힘차게 두드릴 것을 주님께서 초대하신다. 그럴 때 얻고 열릴 것이다. 내가 청하고자 하는 것이 무엇일까 이것이 무엇보다 가장 중요하다.

돈보스코 성인의 예방교육 체크하기

✓ 자녀들을 알아주기:

✓ 자녀들을 믿어주기:

✓ 자녀들을 사랑하기:

14. 아니요. 그 예수님 아닙니다.
(루카 11,14-12,12)

논쟁가에 대해서 생각할 때 바오로가 떠올랐습니다. 그는 내가 아는 가장 유능한 선교사였습니다. 그는 이사회, 동료, 대사관 직원 등 주변의 거의 모든 사람들과 유쾌하게 의견 충돌을 일으켰습니다. 그의 선교회는 그를 두고, 또 그가 없이 어떻게 할지 몰랐습니다. 한 친구는 동료 선교사로서 부끄럽다고 털어놨습니다. "그는 너무 논쟁적이야!" 하고 투덜댔을 것입니다. 하지만 전국의 교회 지도자들은 그를 사랑했습니다. 그가 복음을 선포했던 사람들이 그를 좋아하고 하느님께 응답했기 때문입니다.

• **그룹 나눔** 나는 논쟁에 어떻게 대응합니까? 왜 입니까?

• **개인 성찰** 나는 언제 그리스도교 신앙에 관한 진리를 옹호하는데 실패했습니까? 예수님은 당대 가장 고도로 훈련된 성경학자들과 논쟁을 벌이는 분이셨습니다. 그분은 자아를 위해서가 아니라 진리를 사랑하고 거짓을 싫어했기 때문입니다. 예수님은 열정적인 논쟁가인가요? 아니요, 그 예수님이 아닙니다. 온유한 목자로서 예수님이 더 다루기 쉽습니다. 그러나 예수님에 대한 이 두 가지 개념은 필연적으로 상호 보완적입니다. 루카 11,14-54를 읽습니다.

가 질문과 나눔

1. 11,14-16에서 예수님을 구경하는 군중들의 일부가 된다면 어떨까요? 보고 들었을 것을 설명합니다.

   예수님을 비평하는 사람들은 어떤 수단과 방법을 썼습니까?(11,15-16)

2. 11,17-20에서 예수님께서는 첫 번째 비난에 응답하십니다. 그분은 어떻게 그들의 비논리적인 입장을 지적하십니까?

3. 예수님께서는 자신과 자신의 일에 대해 몇 가지 엄청난 주장을 하십니다(11,21-22. 23. 24-26. 27-28). 각각의 주장들은 어떻게 그분의 논지를 강하게 하거나 명확하게 합니까?

4. 11,29-36에서 예수님은 비평가들의 두 번째 공격에 대답하십니다. 청중들은 성경의 요나와 솔로몬을 잘 알고 있습니다. 예수님은 어떤 면에서 먼저 자신을 요나와 비교하십니까?

솔로몬과는 어떤 비교를 하였나요?

5. 예수님은 비평하는 사람들이 빛(예수님)을 받아들일 책임이 있다고 경고함으로써 이 논쟁을 끝맺습니다(11,33.36; 또한 8,16-18을 보라). 우리도 또한 어떤 방법으로 하느님의 빛을 보고, 그것을 거부할 수 있습니까?

6. 11,38에서 저녁식사 자리를 마련한 바리사이인은 예수님께서 부정한 사람과 접촉하신 후에 손을 씻지 않으시는 것을 보고 놀랐습니다. 그는 이것이 예수님의 "무례한" 반응이라고 믿습니다. 예수님은 어떻게 반응하셨습니까?

생각 없이 우리는 어떤 종교적인 전통을 따릅니까?

7. 루카 12,1-12을 읽습니다. 예수님께서는 당신의 제자들을 권력자들에 의한 이후의 박해에 대비해 지금 준비시키셔야

만 합니다. 첫 번째로, 그분은 힘이 센 자들에 대한 두려움을 다루십니다. 그분은 잘못된 종류의 두려움과 올바른 두려움을 어떻게 구분하십니까?(12,4-7)

8. 두 번째로, 그분은 그들에게 성령을 약속하십니다(12,11-12). 나는 12,11-12에서 설명하는 것과 비슷한 경험을 한 적이 있습니까? 무슨 일이었습니까?

9. 우리 중 예수님과 같은 공개적인 종교적 논쟁에 휩싸이는 사람은 거의 없을 것입니다. 그러나 우리는 거짓에 맞서고 진실을 말해야 할 때가 있습니다. 나에게는 어떤 기회가 있었습니까?

거짓에 맞서고 진실을 말해야 하는 것이 어떤 면에서 어렵습니까?

기도하기

분명하게 진리를 위해 서도록 예수님을 닮을 수 있는 준비와 용기를 위해 기도하십시오.

실천하기

루카 11,42-52에서 예수님을 비판하는 사람들에 관한 6가지 비애에 대해 다시 봅니다. 그리고 (1)바리사이들과 율법 전문가의 여섯 가지 일반적인 관행 (2) 각 관행의 위선 (3) 현대 그리스도교 현장에서의 가능한 유사점을 나열합니다.

사탄의 뜻은 "적"입니다. 그는 또한 악마("고발인, 중상가")라고 불립니다. 루카 11,15에서 그는 베엘제불(말 그대로 "파리의 제왕"), 가나안의 하느님으로 식별됩니다. 구약에는 사탄에 대한 언급이 거의 없습니다. 1역대 21,1; 즈카 3,1-2; 욥1-2. 신약에서는 보다 많은 참고가 있습니다. (1) 하느님의 사람에게 맞서는 그의 특별한 활동과 목적 - 마르1,13; 4,15; 루카 13,16; 22,3, 31; 사도 5,3; 1코린 7,5; 2코린 11,14; 12,7; 1테살 2,18; 1베드 5,8; 묵시 12,9 (2) 사탄을 대적하기 위한 하느님의 준비들 - 루카 4,1-13; 22,31-32; 1코린 10,12-13; 에페 6,11-18; 야고 4,7; 1베드 5,9

(3) 하느님에 의한 사탄의 패배 - 루카 10,18; 로마 16,20; 1요한 3,8; 묵시 20,1-10

나 말씀묵상

• **침묵과 묵비권(루카 11,14-23). "예수님께서 벙어리 마귀를 쫓아내셨는데,"(루카 11,14):** 사람들은 요즘 종종 분에 못 이겨서, 또는 악의에 차서 말을 던져버리곤 한다. 나쁜 생각과 그 영향 때문인지 사람들이 평화롭게 말하는 것을 보기가 여간 어렵지 않다. 악의를 품고 있던지, 악한 뜻을 가지고 있든, 이런 사람의 행동은 상식적인 것과는 반대로 공격적이 되든지, 아니면 묵비권을 행사하곤 한다. 곧 악은 공격 아니면 침묵을 유도한다. 그러다가 화해를 해야 하는 처지에서도 악의가 덜 풀렸는지 송구하다는 표현도 간단한 제스처나 한 마디 '미안'이라고 하면서 그 정도면 충분하다고 여긴다. 오늘 복음에서 벙어리 마귀가 바로 이러한 모습을 담아내고 있다. 무엇인가 원하지 않는 자는 벙어리가 된다. 마음속에 증오를 품고 있어도 벙어리가 되게 한다. 넓은 의미에서 벙어리 마귀는 다른 이들과 모든 관계를 중단시키고 있다. 체코 프라하의 어느 농아학교에 시를 쓰는 젊은 문학 소년이 있다.

그가 시집을 출간했는데 책 이름이 '영원한 침묵의 찬가'이다. 그 책에 거의 유사한 주제들이 눈에 띄는데, 고독, 무관심, 관계의 필요성, 사랑의 필요성..... 벙어리들은 대체로 말을 하지 않는다. 들리지 않기 때문이다. 목소리를 들을 수 없고, 들은 바를 재생할 수도 없으며 결정적으로 말로 다른 사람과 통교할 수 없다. 침묵은 벙어리 마귀와 초기 그리스도 수도자에게 삶의 특징이지만 둘 사이에 근본적인 차이가 존재하고 있다. 벙어리 마귀의 침묵은 묵비권으로 나타나는 관계의 단절이지만 그리스도 수도자의 침묵은 하느님과의 대화이다. 우리는 대침묵 피정에서 말을 하지 않는다. 필자도 이십여 년 전 이냐시오 영신수련을 침묵으로 한 달간 하였다. 일반적으로 사제와 수도자들의 피정은 대침묵이다. 신학교와 수도원은 끝기도 이후 대침묵, 그 외 시간은 소침묵이다. 이와 같이 악의에서 오는 침묵과 영적으로 침묵을 지킨다는 것은 외형적으로 닮은꼴로 보인다. 그러나 침묵의 목적과 방향은 근본적으로 다르다. 전자의 침묵은 단절이지만 후자의 침묵은 관계이다. 피정 중, 본의 아니게 서로 소통해야할 처지가 간혹 생긴다. 그때마다 쪽지에 대화내용을 적어서 의견을 주고받곤 하는데, 마치 벙어리 체험을 하는 것과 같다. 그런데 초기 사막의 수도자들의 침묵이란 무조건 말하지 않는 것이 아니다. 곧 내가 말을 건네지는 않지만 상대방이 건네 온 말씀에 귀를 기울이고 대화하는 것이다. 지금도 그리스의 테살로니카에서 위쪽 세 개의 반도가운데 오른쪽에 위치한 반도 끝자락에 있는 아토스성산 주변에 세계의 모든 수도원들이 함께 모여 살고 있다. 그곳은 침묵 속에서 살아가는 소위 수도원 나라이다. 이곳에서 수도자들은 스스로 상대방에게 말을 하지 않는 침묵을 살아가지만, 방문객이 걸어오는 물음에 늘 성실하게 응답을 한다. 청취하지 않겠다는 결정은 이웃과 그들의 요구를 모른 체하는 것으로 시작된다. 결국 어느 누구에게도 말하지 않고 관계를 단절한다. 그러면 끊어진 관계, 슬픈 침묵으로부터 이어주고 치유할 수 있는 것은 무엇일까? 그것은 오직 사랑이다.

• **"저자는 마귀 우두머리 베일제불의 힘을 빌려 마귀를 쫓아낸다."(루카 11,15):** 실제로 악은 다른 악을 쫓아낼 수 있다. 그러나 그 마지막 결말은 서로가 망한다는 사실이다. 취한 사람이 취한 사람을 구할 수 있는가? 인색함이 어떻게 인색함을, 게으름이 게으름을, 교만이 교만을, 자만과 허영이 자만과 허영을 어떻게 이겨낼 수 있는가? 오직 어려움과 위험 속에서 하느님께 신뢰를 두는 것이 필요하며, 그러한 신뢰의 마음은 하느님께서 우리를 보호하고 방어해주심으로 평화를 살아간다. 주님은 이같이 우리 마음을 보존해주시듯이, 우리도 역시 그것을 보호하기 위해 힘껏 노

력을 해야 한다.

• **분열된 사람(루카 11,15-26). "어느 나라든지 서로 갈라서면 망하고…"(루카 11,17):** 정치사에서 잘 볼 수 있는 말씀이다. 성경에서 솔로몬 왕의 영광시기 다음에 북 이스라엘과 중부 유다의 왕국이 분열되었음을 전하고 있다(1열왕 12장). 분열과 신앙을 배반한 배교는 세상에서 복음을 확장하는 교회를 약화시켰다. 역사는 그러나 인간의 영혼에서 발생하는 것을 반성한다. 괴테의 저술(ohime)에서 인간의 두 개의 정신 곧 영, 혼이 가슴에 거처한다고 한다. 하나를 다른 것에서 나누려고 하는 것이다. 라틴 시인 오비도(ovido) 역시 선을 설교하는 자가 악을 저지르는 기이한 행동을 표현하기도 한다. 바오로 성인은 내적 분열을 드라마 모양으로 서술묘사하고 있다. "사실 내 안에, 곧 내 육 안에 선이 자리 잡고 있지 않음을 나는 압니다. 나에게 원의가 있기는 하지만 그 좋은 것을 하지는 못합니다. 선을 바라면서도 하지 못하고, 악을 바라지 않으면서도 그것을 하고 맙니다. 그래서 내가 바라지 않는 것을 하면, 그 일을 하는 것은 더 이상 내가 아니라 내 안에 자리 잡은 죄입니다. 여기에서 나는 법칙을 발견합니다. 내가 좋은 것을 하기를 바라는데도 악이 바로 내 곁에 있다는 것입니다. 나의 내적 인간은 하느님의 법을 두고 기뻐합니다. 그러나 내 지체 안

에는 다른 법이 있어 내 이성의 법과 대결하고 있음을 나는 봅니다. 그 다른 법이 나를 내 지체 안에 있는 죄의 법에 사로잡히게 합니다."(로마 7,18-23). 이 분열을 이길 수 있을까? 파스칼이 말했듯이 반은 천사고 반은 동물이길 표시해야할까? 수덕주의운동과 수도원은 세상을 다시 결합하기 위해 인간은 내적인 자가 될 수 있고, 이 분열을 극복될 수 있는 낙관적 확신에서 출발한다.

• **"다른 사람들은 예수님을 시험하느라고, 하늘에서 내려오는 표징을 그분께 요구하기도 하였다."(루카 11,16):** 여기에서 예수의 속을 떠보려고 하늘에서 오는 기적을 보여 달라고 하는 사람들도 있었다. 그러나 예수님은 하늘로부터 가시적으로 오는 묵시록적으로 기대되는 특별한 징표를 거부하신다. 오히려 예수님은 요나의 설교를 듣고 회개한 니네베 사람을 말씀하신다. 요나의 설교가 니네베 사람들에게 구원의 도구, 징표였다. 그리고 남쪽나라 스바의 여왕(1열왕 10,1)도 솔로몬의 지혜를 배우러 왔다. 그러나 예수님은 솔로몬과 요나 보다 더 큰 사람으로서 징표, 기적 자체이다. 사람의 아들이 이 세대 사람들에게 기적의 표징인 것이다. 곧 십자가 상위에서 돌아가시고 성령 안에서 부활하시는 예수님의 삶 전체가 기적이다. 혹시 우리가 아직도 예수님의 십자가와 부활이 아니라 불꽃놀이 같은 또는 달무리나 해무리 같은 기적을

원하고 있지는 않는지...

• **"힘센 자가 완전히 무장하고 자기 저택을 지키면 그의 재산은 안전하다."(루카 11,21):** 힘센 자가 완전 무장하고 자기 집을 지키는 일은 악이 공격하지 못하도록 방어하는 것과 같다. 특히 마음을 방어하는 것은 바로 덕을 살아가는 것과 동일하다. 성 에프렘은 사랑이란 마음속에서 타오르는 불꽃이라고 하면서, 그 불꽃 사랑이 그 사람을 모든 악에서 방어하고 구할 것임을 말씀하신다. 모든 영성가들이 이구동성으로 일치하는 것은 악을 이겨내고 다른 선한 것들과 관련을 맺을 수 있는 덕이란 바로 사랑(caritas)이라고 한다. 잔칫날이 되어 야외에서 음식을 만들 때, 적지 않은 파리들을 끌어 들이 것은 음식 냄새들이다. 그런데 파리들이 음식 위에 자유롭게 날라 갈 수 있는 것은 그 음식이 식어서 차가울 때이다. 음식을 불 위에서 볶거나, 끓일 때 파리들은 그 위로 날라 갈 수 없다. 왜냐하면 뜨거운 열이 그 음식과 주위를 달구고 있기 때문이다. 이 같은 모습이 마음에서도 일어난다. 불꽃 사랑이 마음 안에서 활활 피어나는 동안 어떤 악, 나쁜 생각도 우리에게 접근할 수 없다. 다이모니온(Daimonion 마귀)은 감추어진 힘이라는 뜻이다. 당시에는 벙어리와 장님을 인간에게 감추어져서 힘을 발휘하는 마귀로 인한 고질병이었다고 믿었다. 어처구니없는 믿음

이다. 더욱이 예수님이 그리도 불쌍한 벙어리를 치유하자 군중들은 마귀들의 두목인 베엘제불의 힘을 빌려 예수님이 마귀들을 쫓아낸다고 한다. 마귀 눈에는 마귀만 보이는 듯싶다. 오늘도 비슷하다. 세상 돌아가는 모양새가... 하지만 예수님은 논리적으로 그들에게 반박하신다. 마귀가 마귀를 어떻게 몰아 내냐고... 나도 사목현장에서 인간을 귀하게 여기지 않는 모습에 대해 누구든 예수님처럼 논리적으로 반박을 하면 사람들은 빡빡하다(엄격하다)고 한다. 제대로 본 것이다. 나는 생명과 정의 그리고 예수님의 가치에 대해 도전 받을 때 그가 누구든 예수님의 생각과 정신을 표현하곤 한다. 주님도 그렇게 오해를 받으셨는데, 나 정도가 뭐라고... 예수님은 하느님의 능력으로 마귀를 쫓아내고 있다. 그래서 하느님의 나라는 이미 우리에게 와 있는 것이다. 인간을 구속하고 있는 악의 힘, 숨겨진 힘, 마귀의 힘은 반드시 하느님의 능력이 드러나는 하느님의 나라에서 승리하지 못한다. 그러면 오늘날 세상에서 악을 위해 자신의 힘을 숨겨 사용하고 있는 마귀의 정체는 무엇일까? 하느님 나라로서 이 땅의 이곳에서 마귀가 승리하지 못하도록 우리는 무엇을 해야 할까? 나는 종교의 진리를 믿지만 만일 그리스도께서 그 진리를 따르지 않는다면, 나도 그 진리를 따르지 않고 예수 그리스도를 따를 것이다.

• **"내 편에 서지 않는 자는 나를 반대하는 자고,"(루카 11,23):** 유용한 것에 분주해지는 것이 필요하다. 그러나 무엇이 유용한가? 무엇을 참으로 원하고 있나? 돈을 벌도록 돕는 것은 부자가 되길 원하는 자에게 유일한 것으로 생각된다. 위대한 합리적 과학적 존재로 살아가기 원하는 자는 낭비되는 시간 없이 공부할 것을 찾는다. 그리스도인은 그의 성소, 흥미를 위해 많은 것을 원한다. 그러나 그의 마지막 끝을 잊지 말아야 한다. 그리스도와 일치이다. 이 방향으로부터 가는 길에서 반대하는 모든 것을 자신 스스로 반대해야한다. 많은 군중들은 죽음에 앞서서 필요하지 않은 것에 삶의 무게를 허비했다고 고백한다. 이 손해의 뿌리를 밝히기 위해 우리는 존재목적을 잃지 말아야한다. 마치 우리가 산 정상에 서기위해 올라야 하는 것처럼 말이다.

• **"말끔히 치워지고 정돈되어 있는 것을 보게 된다."(루카 11,25):** 인간의 내적 분열은 하느님으로부터 올 수 없다. 하느님은 마음의 낙원을 만드셨다. 그러나 그것은 악에서 파괴될 수 있다. 악은 뱀이 낙원에 침입하였듯이, 나쁜 생각의 형태아래 나타난다. 에프렘성인은 작은 그릇에 인간 마음을 비교한다. 만일 그릇이 비었다면 뭔가를 채울 수 있다. 이중적 은유인 빈집, 빈 그릇의 의미는 동일하다. 유용한 뭔가에 집중하지 않는 빈 정신은 나쁜 생각

의 시기에 드러난다. 격언은 말하고 있다. 태만은 악습(결핍)의 아버지이다. 돈보스코 성인은 실제로 일과 놀이와 함께 청소년들을 바쁘게 하는 교육원리를 믿어왔다. 왜냐면 죄 지을 시간이 없기 때문이다. 같은 원리로 우리는 자신들을 통제해야 한다. 나쁜 생각 할 시간을 갖지 않기 위해 선에 집중하는 것이다.

• **말씀의 아들(루카 11,27-28). "젖을 먹인 가슴은 행복합니다."(루카 11,27):** 아들이 성공했을 때, 어머니에게도 영광이다. 공훈의 대부분이 그들 모두에게 있기 때문이다. 착한 아들들은 가족에게 받은 모든 은혜를 알고 효도한다. 그러나 부모-아들로 엮은 끈으로만 늘 반성하고 있음을 바라볼 필요가 있다. 이는 구약성서적인 전망이다. 이스라엘 백성은 모두가 아브라함의 아들들이다. 다음에 오는 자들과 비교해서 책임이 있고, 조상들과 함께 일치를 느낀다. 그러나 죄인들과 공로자들도 함께 공통적인 관계에 있다. 오늘날 우리는 더 이상 원죄를 이해하지 못하고 있다. 내 이전에 살아온 누구 때문에 내가 왜 고통을 받아야 하는지를 묻고 있다. 그러나 구약성서 정신에서 죄는 개인적인 것이 아니다. 누가 죄를 지으면 백성이 죄를 지은 것이다. 선을 위해서도 그 가치의 영향을 주는 것처럼 악도 영향을 준다는 것이다. 선한 일들도 역사적 결과를 나타내지만 악도 역시 그렇다. 선 안에 산

다면 우리는 세상 안에서 보이는 아름답고 선한 모든 것에 그 탓을 돌릴 수 있다. 오리게네스는 모든 선의 마음은 세상 안에 오시는 그리스도의 복된 어머니라고 말했다.

- **루카 11,29-32:** "하느님의 말씀을 듣고 지키는 이들이 오히려 행복하다."(루카 11,28): 하느님 당신 말씀으로 세상을 창조하시고(창세 1,1), 우주에서 우리가 보는 모든 것은 말씀이 살덩어리가 된 구체화된 하느님 말씀이다. 살아있는 생명의 힘을 보존하고 그것은 세상 시작에 선포된 말씀이다. 성 바실리오께서 말씀하셨듯이 바다의 고기들이 풍성하고, 말씀하신 신적 말씀의 역동성이 풍요의 축복으로 그 안에 있기 때문이다(창세 1,22). 인간은 양심, 인식, 자유라는 특별한 선물을 받았다. 인간의 양심, 복음, 교회 안에서 하느님의 말씀을 소리 나게 한다.

- **"지키는":** 인간은 참으로 자유로운가? 그렇다고 믿는다. 그러나 그 한계가 무엇인가? 누군가 그 한계를 찾고 있다. 문화, 환경, 심리의 조건들 속에서 한계를 찾지만 인간은 자유 없이는 살지 못한다. 우주법칙들의 의무와 함께 인간의 자유의 본질이 화해하게 된다. 알렉산드리아 히브리사상가 필론은 인간 자유는 마치 기적과 같은데, 하느님은 기적 같은 당신 말씀을 끌어안도록 인

간에게 촉구하신다고 했다. 그러나 그것은 노예가 아니라 친구, 가족의 아들로서 봉사를 위한 것이라고 말했다.

• **요나의 표징(루카 11,29-32). 징표로서 요나:** 요나라는 인물이 실제로 존재했었을까? 구약성경을 읽는 사람들은 이런 물음을 던질 것이다. 열왕기(2열왕 14,25)에 따르면 기원전 8세기 중반에 살았던 이 이름의 예언자에 대해 말하고 있다. 아마도 요나서 저자는 옛 예언자의 이름을 빌려온 것이 아닌가하는 생각이 든다. 현대 성서주석가는 매우 단순한 모양으로 요나의 성격과 존재에 대해 답하고 있는데, 그는 포도원 주인의 아들을 죽인 나쁜 종들(마태 21, 33-41), 대식가 부자와 가난한 라자로(루카 16,19-31) 또는 돌아온 아들(루카 15,11-32)로 존재한다고 해석을 한다. 요나 안에서 요나의 생각에 따르면 모든 히브리 종교인들이 다시 인식해야 하는 것은 유배이후 히브리인들은 예루살렘 성전을 중심으로 모이게 되고, 그들은 같은 나라 민족성을 키우며, 이방민족들을 흩어지게 하였다는 것이다. 결국 요나서는 비유적으로 이해되는 이야기로서, 일어났던 실제 이야기라기보다 우리 안에 존재하고, 우리가 깨달아야 하는 것을 말하고자 한다.

• **요나는 니네베에 설교하기를 거절한다.:** 요나의 거절은 다른 자

들이 봉쇄당하고 제지당하기를 원하는 내면을 그리고 있다. 곧 요나는 "하느님의 축복이란 동족 곧 히브리 사람들에게 내리는 것인데 어찌하여 이방인들에게도 그 축복이 가능한가? 히브리 사람만이 참 하느님의 계시를 소유한 자들서 일치된 민족이 아닌가?" 하고 생각한다. 구약의 예언자들, 이사야, 예레미야, 에제키엘 모두는 이방인을 향해 예언자 요나와 같이 하느님의 징벌을 청원하고 있다. 그들은 자기들이 하느님의 선택된 민족임을 말하면서도 성전을 더럽히고 있다. 하느님께서는 이방인들의 악의를 벌하시기 원하시지 그들이 멸망하기를 원하시지 않으신다. 하느님께서 원하시는 바는 그들의 회개이지, 징벌이 아니시다. 이 때문에 하느님께서는 니네베 사람들에게 회개할 것을 선포하도록 요나를 부르신 것이다. 교회의 역사에서 5세기 초 유럽 북쪽의 강력한 힘을 가지고 있던 바르바리 민족이 로마제국을 징벌하기 위해 총동원령을 내렸다. 그리스도인들은 무력으로 그들과 대항하지 않았다. 힘과 무기와 공격 앞에서 교회는 아무런 힘이 없었던 것이다. 바르바리인들에게 유일한 구원의 길은 바로 무기와 전쟁이 아니라 그들이 회개하는 것이었다. 유럽 그리스도교의 온전한 탄생은 바로 무기와 전쟁으로 인한 징벌이 아니라 바로 복음이었다. 로마제국 역시 바르바리의 무기와 힘 앞에서 무너지고 말았지만, 바르바리인들에게 오히려 선교사를 파견함으로써 복음을 전할 수 있었다. 승리는 무기가 아니라 복음으로 그들을 회개의 길로 인도한 것이다.

• **바다에서 살아난 요나:** 고래 배속에 들어간 요나가 바닷물 속에 잠겨 들어간 것은 바로 죽음의 나라이다. 깊고 깊은 바다의 심연은 바로 그리스도께서 부활하셔서 죽음의 장소요 상태인 고성소 곧 저승으로 내려가신 것을 의미한다. 그러나 요나는 죽음의 나라에 가두어 있지 않고, 바닷물 속에서 살아났는데, 이것이 바로 요나의 징표 곧 부활하신 그리스도의 승리를 말하고 있다. 요나는 우리의 살아가는 모습이다. 하느님으로부터 도망을 계속 시도하지만 결국 앞으로 가는 우리 신앙인을 대표하고 있다. 하느님 원의가 나를 통해 모든 이에게 나가는 길 그 길이 요나의 길이다. 비록 힘들고, 질투 나고, 우월감에 빠진다 해도 주님이 나를 이끌어주시리라. 요나의 기적이 일어나리라.

• **요나의 표징. "이 세대는 악한 세대다. 이세대가 표징을 요구하지만"(루카 11,29) 하고 말씀하신다.:** 우리는 매일의 삶에서 많은 징표에 직면해 있다. 도로에서 신호등은 소통의 표징이고, 어린이가 있는 표지판은 학교가 가까이 있다는 것을 말하며, 또한 손짓으로도 많은 표징들을 말하고 있다. 성경에서도 하느님께서 표징

을 통해서 인간에게 계시하시고 말씀하신다. 구약에는 큰 징표들로 가득 차 있다. 곧 표징의 이야기가 아브라함에서 시작해서 하느님께서 당신 백성을 지켜주시고, 보살펴주시며, 징표로 그들을 인도하신다. 그런데 복음에서 유다인들이 예수님께 징표를 요구한다면 무슨 의도를 가지고 그런 것일까? 하고 물을 수 있다. 이는 다음과 같은 비유로 말할 수 있다. 학교에서 교수가 설명하는 것을 학생이 듣지 않았고, 수업이 끝난 다음 그 학생은 그에게 간단하게 다시 반복해서 설명할 것을 요구하는 것과 같을 것이다. 우리 역시 전 생애를 살면서 하느님의 학교에서 말씀을 듣고 있다. 하느님께서 히브리인들을 인도했듯이 하느님의 섭리는 하루하루 우리를 인도하신다. 예수께서는 유다인들에게 새로운 징표가 도착했다고 설교하였다. 하느님에 의해 인도 된 자는 죽음, 파멸에서 해방된다는 설교이다. 하지만 주님 앞에서 계속 도망가는 자들도 구원에로 인도될 것이라는 희망의 표징을 말한다. 그것이 바로 요나의 표징이다. 요나의 설교를 듣고 회개하였듯이 유다인들도 그리스도의 죽음과 부활로 구원의 징표를 볼 수 있다.

• **내적 외적 정화(루카 11,37-41). 오늘 복음에서 바리사이는 예수님께서 식사 전에 먼저 손을 씻지 않으시는 것을 보고 놀랐다.**: 개인위생은 모든 종교의 예식이다. 종교인들은 하느님께 다가가기

전에 정화의 자세를 취한다. 그런데 바리사이들은 율법이 요구하지도 않는데 하루 종일 많은 경우에서 씻는다. 잦은 세정은 위생적으로 좋은 습관이다. 하지만 예수께서는 내적 측면보다 외적인 깨끗함을 더 취하는 바리사이들을 책망하곤 했다. 예수님의 정화에 대한 생각은 카나의 혼인잔치(요한 2,6)에서 드러나는데, 바로 씻는 물이 포도주로 변형된 것처럼 몸의 정화는 영적인 정화가 되어야 한다는 것을 가르친다. 우리는 먹기 전에 손도 씻고 과일도 씻는다. 유기체에 유독할 수 있는 세균을 소독하기 위해서 씻는다. 그러나 우리는 생각들을 통해서, 정신으로 들어가는 것에 주의를 더욱 기울여야 한다는 것이 예수님의 생각이다. 곧 우리는 많은 생각이 우리 정신에 들어가게 놔두지만 그 생각들을 씻지는 않는다. 우리에게 오는 것을 잘 바라보고, 그것을 생각하는 데서 자유롭고 의로워야 한다. 이점에서 영적인 정화는 생각을 조절하는 능력을 의미한다. 그러면 무엇을 어떻게 구체적으로 정화할까? 예를 들어 부재중인 사람에게 의롭지 못한 판단이나 또는 혼란스럽게 하는 소식 등 소위 뒷담화를 듣고 말할 수 있다. 이처럼 무슨 행동을 하기 전에 우리의 생각과 정신이 선을 향하고 있는가를 질문하는 것이 좋다. 마음과 정신은 창문 밖에서 움직이는 행동들이 잘 보이는 창문의 유리와 같기 때문이다.

• **"구약의 큰 징표들"(루카 11,37-41):** 하느님의 많은 징표들은 이집트에서 백성의 해방, 홍해와 시나이 광야, 약속의 땅에서 요르단 강을 통해서 나타난다. 이 EXODUS 해방사건의 특별한 징표는 구원의 상징과 약속이 된다. 하느님은 분명하게 지향하게 했다. 모든 역사는 많은 위험을 안고 있다. 하지만 그분은 백성을 구하였다. 그리스도인들은 Exodus에서 교회의 삶과 모든 그 구성원들의 상징을 읽고 있다. 홍해를 통해 파스카는 죄의 종으로부터의 해방의 상징이다. 사막을 통해 여정이 시작된 후에, 이 광야의 최고의 큰 위험은 무엇인가? 그것은 잔인한 맹수가 아니라 길을 잃어버리고 배고파 죽을 것 같은 유혹이다. 아무도 광야의 길이 현실화되도록 인도되는 길을 알지 못한다. 만일 그것을 뒤에서 발견하면 크게 놀랄 것이다. 사실은 우리는 모든 살아 숨 쉬는 삶의 움직임에서 늘 누군가 나를 손으로 인도하고 계신다. 그것을 바라보면서 우리는 우리 삶의 큰 징표를 관상해 볼 수 있다.

• **바리사이들과 율법 교사들을 꾸짖으시다.(루카 11,37-54):** 예수님은 애식가(愛食家)이시다. 먹는 데는 바리사이든 자캐오든 따지지 않으시는 듯하다. 오늘도 바리사이의 초대를 받아 식탁에 앉으셨다. 식사초대는 점심과 저녁이 보통이다(루카 7,36-50). 그런데 예수님이 손을 씻지 않았다고 바리사이는 놀란다. 사실 예

수님이 사시던 그 당시는 집에서 손을 씻는 것이 일반적이지 않았다. 그런데 바리사이들은 그것을 지켜왔다. 참 청결함을 좋아하는 자들이다. 그러나 주님께서는 첫 번째로 바리사이파 사람들 너희들은 겉만 청결하게 한다고 질책하시며 속은 착취(부정)와 사악(강도)이 가득 차 있다고 한다(루카 11,39). 둘째로 "어리석은 자들아"(루카 11,40) 하고 말하는데 이러한 표현은 대개 유대인들이 하느님을 철저하게 떠나 있는 자라고 보는 이방인들에게 사용하는 폭언이다. 예수님은 말씀하신다. "속에 담긴 것으로 자선을 베풀어라."(루카 11,41). 이는 그릇 속에 있는 것을 가난한 사람들에게 주어라. "그러면 모든 것이 다 깨끗해질 것이다."(루카 11,41). 마음의 그릇을 비워라.. 나누어라... 우리는 어떤가, 가정, 교회는 겉만 깨끗하지는 않은지? 옷만, 화장만. 샤워만, 아파트와 차만, 교회 건물만...

• **"너희의 속은 탐욕과 사악으로 가득하다."(루카 11,39):** 씻는 것은 인간 육체에서처럼 움직이지 않는 외적인 먼지와 흙을 제거하는 것이다. 같은 모양으로 윤리적 의미에서, 죄 또는 나쁜 생각은 마음에서 외적인 것인데 그것들을 씻어낼 수 있나? 종교인들은 예라고 말하면서 이런 신앙을 표현하고 있다. 그러나 모든 잘못들이 물로 씻어질 수 있는 것은 아니다. 셰익스피어의 멕베드

소설에서 살인자는 손을 계속 씻는다. 피의 더러운 흔적들이 항상 보이기 때문이다. 힌두교인들은 겐지즈 강물에서 씻는다. 그들에게 그 강은 거룩한 강이다. 그리스도인들의 세례와 같은 상징일 수 있을까? 그리스도교 세례의 물은 거룩한 것이 아니라 교회의 말씀으로 정화의 힘에 의해 축성된 보통 물이다. "나는 성부와 성자와 성령의 이름으로 세례를 줍니다." 씻기 위해 마음(정신)은 신적 중재, 세례자의 신앙고백, 선행하려는 그의 원의를 원하고 있다. 신적인 말씀과 인간적인 말씀은 서로 만남인데 이들이 마음을 씻고 물에서 새 창조를 한다.

• **"불행하여라! 회당에서 윗자리를 좋아하고..."(루카 11,43):** 일반적으로 사람들은 반대의 길을 가곤 한다. 성당에서도 교우들은 윗자리 또는 앞자리보다는 잘 보이지 않고 숨겨진 구석이나 마지막 자리에 앉는 태도를 보인다. 혹시 윗자리를 좋아 하는 바리사이의 태도와 다르게 취하려는 것일까? 분명한 것은 그리스도인은 각자의 신앙을 부끄러워하지 말아야한다. 하지만 공적으로 기도할 때, 종종 길게 말을 하며 과장하듯 오버한다면 어떨까? 그리스도께서는 우리가 숨어계신 아버지에게 기도할 것을 초대하고 있다. "네가 단식한다는 것을 사람들에게 드러내 보이지 말고, 숨어계신 일도 보시는 네 아버지께서 너에게 갚아주

실 것이다."(마태 6,18) 우리가 기도할 때 빠트리지 말고, 받아들여야하는 두 개의 조화로운 요소들이 있다. 개인기도와 공적 전례기도의 조화이다. 이는 개인 신앙생활과 교회의 공동체 신앙생활의 일치를 고백하는 것이기도 하다. 기도는 하느님과 함께하는 대담이고 의사소통이다. 우선 사적인 것과 같은 친밀한 관계에서 성장하고 익숙할 때, 더욱 공동 기도에서도 본질적 대화가 가능하다. 개인과 공동체의 신앙 안에서 두 가지의 기도생활을 어떻게 조화롭게 할 수 있을까? 2차 바티칸 공의회는 이성적인 화해를 이루어 갈 것을 권고하고 있다. 우리는 개인기도생활에 익숙하지만 종종 교회의 전례와 공동 기도에 참여한다. 그러나 개별적인 기도와 함께 개인 신심도 공동체가 요청하는 뜻을 함께 성취하는 것이다. 우리는 공적인 기도의 태도를 돌아볼 좋은 모습이 바리사이의 행동을 통해 깨달을 수 있다. 개인기도의 바른 태도를 잃어버리지 않는 한, 그 기도는 또한 공동체 생활에서 기도하는데 역시 진실 되고 성실한 내용이 될 것이다.

• **회칠한 무덤. "박하와 운향과 모든 채소의 십일조를 내면서"(루카 11,42):** 이스라엘에서 성전운영과 사제들의 생활을 위해 십일조를 내야하는 의무가 있었다(아모 4,4; 창세 28,22). 율법은 우선적으로 십일조에 대한 봉헌을 말하고 있다. 왜냐하면 땅에서 소출

한 첫 열매들은 대체로 좋은 것이기 때문이다. 바빌론사람과 이집트 사람처럼 히브리인들은 신성 하느님께 첫 수확 농산물을 봉헌하곤 했다. 율법은 두 가지의 큰 봉헌을 근본원리에 따라 하도록 한다. 파스카주간에 첫 기름(레위 23,10 이하)과 오순절에 첫 곡물이다(탈출 34,22; 레위 23,17). 계절과 시기와 함께 다른 십일조도 첨부된다. 예를 들어 각각의 십일조 부분을 봉헌하는 사용지침을 볼 때 성직자의 생활 유지를 위해 수입처가 된 것이다. 바리사이들은 재정적 관점에서 그렇게 용의주도하였다. 납세와 돈이 그들에게 목적 자체이기 때문에 예수께서는 그들을 책망하셨다. 그 대신에 하느님께는 봉헌이 사랑과 성실한 신심의 상징이어야 한다.

• **"장터에서 인사받기"(루카 11,43):** 가끔 길거리에서 걸어가는 사제에게 사람들은 그의 성직자 복장에서 풍기는 힘 때문에 모르는 자들도 인사를 하곤 한다. 바리사이적인 기쁨일까? 아니다. 군중이 그에게 인사하지 않는다고 생각하는 것이 익숙하다면 말이다. 하지만 사제는 그리스도를 대표한다. 인사는 그 단순한 사람의 인품을 넘어간다. 같은 느낌으로 그리스도인들은 그들의 신앙적 삶의 실행을 통해 다가는 오는 모든 이들로부터의 찬양을 받아들일 수 있다. 무엇인가를 받은 것 때문에 하느님께 감사하

면서 다른 이들이 그 무엇인가를 감탄하고 찬미한다. 같은 시기에 이런 공경은 선물의 주인인 하느님께만 속한다는 것을 보여준다. 인간은 하느님의 모상이다. 거룩한 모상의 특징은 그것으로 사실이 되고 또는 형식과 색깔에서 물질 안에 있지 않다. 하지만 그 안에서 다시 생산되는 사람 안에서 나타나고 그렇지 않다면 우상들이 될 수 있는 것이다. 그러므로 스스로 마음 안에서 우상행위를 하지 않도록 노력해야한다. 하지만 우리를 만나는 자는 하느님을 기억할 수 있기 때문에 투명하게 된다.

• **예수께서는 바리사이파 사람만이 아니라 오늘은 율법 교사들에게도 화를 선언하신다.(루카 11,47-54) "내가 예언자들과 사도들을 그들에게 보낼 터인데, 그들은 이들 가운데에서 더러는 죽이고 더러는 박해할 것이다."(루카 11,49):** 율법학자들 너희는 너희 조상들의 소행에 대한 증인이다. 너희는 너희 조상들이 예언자와 사도들을 더러는 죽이고 더러는 박해한 것에 책임을 져야 한다. "너희 율법 교사들은 화를 입을 것이다. 너희는 지식의 열쇠를 치워 버렸고 자기도 들어가지 않으면서 들어가려는 사람마저 들어가지 못하게 하였다."(루카 11,52). 예수께서 그 집을 나오셨을 때 율법 학자들과 바리사이파 사람들은 '독한 앙심'을 품고 여러 가지 질문을 던져 예수의 대답에서 트집을 잡으려고 노리고 있었다.

주님은 강력히 말씀하신다. 너희는 지식의 열쇠를 치워 버렸고 자기도 들어가지 않으면서 들어가려는 사람마저 들어가지 못하게 하였다. 그들은 위선자들이다. 오늘날 위선적 율법학자는 어디서 발견되는가?

• **루카 11,15-26:** 다이모니온(Daimonion.마귀)은 감추어진 힘이라는 뜻이다. 벙어리와 장님은 인간에게 감추어져서 힘을 발휘하는 마귀로 인한 고질병이었다고 믿었다. 예수님이 벙어리를 치유하자 군중들은 마귀들의 두목인 베엘제불의 힘을 빌려 예수님이 마귀들을 쫓아낸다고 한다. 예수님은 논리적으로 그들에게 반박하신다. 마귀가 마귀를 어떻게 몰아 내냐고... 예수님은 하느님의 능력으로 마귀를 쫓아내고 있다. 그래서 하느님의 나라는 이미 우리에게 와 있는 것이다. 인간을 구속하고 있는 악의 힘, 숨겨진 힘, 마귀의 힘은 반드시 하느님의 능력이 드러나는 하느님의 나라에서 승리하지 못한다. 오늘 세상에서 악을 위해 자신의 힘을 숨겨 사용하고 있는 마귀의 정체는 무엇인가? 마귀가 하느님 나라로서 이 곳에서 승리하지 못하도록 우리는 무엇을 해야 하는가?

• **루카 11,27-28:** 한 여자가 예수님 당신을 낳아 기르신 어머

니 마리아가 얼마나 행복하냐고 외친다. 예수님은 하느님의 말씀을 듣고 지키는 사람이 오히려 행복하다고 말씀하신다. 교회의 전통은 혈육적 모성을 넘는 영성적 모성을 찬미하고 있다. 예수님은 당신을 낳아 기른 어머니 마리아의 행복을 목격했던 초기 그리스도교 공동체에게 마리아 공경에 대한 새로운 모습을 제시하고 있다. 예수님이 강조하는 어머니는 메시아적 어머니성이다. 메시아 어머니 마리아는 참으로 하느님의 말씀을 듣고 살아가신 분이시다. 오늘의 나와 우리 가정 그리고 교회가 메시아적 모성으로서 마리아의 모습인지 성찰한다.

• 두려움 없이 개방적으로 말하는 것.(루카 12,1-7) "숨겨진 것은 드러나기 마련이고 감추어진 것은 알려지기 마련이다."(루카 12,2) "너희가 어두운 데에서 한 말을 사람들이 모두 밝은 데에서 들을 것이다."(루카 12,3): 이냐시오 성인은 사탄을 순진한 젊은이를 속이려는 유혹하는 자로 비유한다. 그에게 많은 것을 말하지만 모두 비밀로 남기 바란다. 왜냐하면 그것을 알려고 접근하면 실패한 속임수가 되기 때문이다. 비유는 젊은이들에게 필요한 요청으로서, 그들의 계획, 생각, 신뢰, 경험을 듣고 성숙한 대안을 제시하여 그들이 그것을 배울 수 있다. 종교생활에서 이러한 인간의 모습은 영적 사부, 영성지도사제라고 불린다. 영적사부의 충고를 받

지 않는 자는 도움 없이 홀로 선(善)을 보는 단계에 있는 것으로 추정한다. 그러나 이런 확신은 보다 큰 기만일 수 있다. 지평선이 줄면 보이지 않는다. 반대로 산 정상에서 경치를 보는 자는 그 차원에서 모든 것을 본다. 각자의 문제들을 제시하는 영적 사부는 하느님의 빛이 없는 지평선에서 추가되어 보도록 도와야 한다. 모든 인간은 홀로 어둠 속에 있는데, 그 삶의 의미는 하느님의 섭리에서 오직 빛 안에서 다가갈 수 있다. 이는 큰 모자이크에서 작은 돌들로 조화를 이루는 것을 발견하는 길이다. 그곳에서 모두 위치에 있고 성소를 발견하는 것이다.

• **루카 12,1-7:** 주님은 자유롭고도 용기 있게 그러나 두려움(공포) 없이 열린 모습으로 진리를 말씀하신다. 주님은 제자들에게 바리사이의 누룩을 조심하라고 하신다. 그들의 위선, 즉 거품을 조심하라는 말씀이다. 숨기지 말라는 뜻이다. 요즘 많이 얘기하는 투명하라는 것이다. 다가온 하느님의 나라는 투명한 나라이다. 하느님의 지혜가 여기 지금 있다. 낮말은 새가 듣고 밤 말은 쥐가 듣는다. 투명한 나라가 하느님의 나라이다. 주님은 제자들에게 내 친구들아 하고 부르신다. 주님은 우리의 친구다. 벗이다. 주님이라는 뜻의 주종관계가 아니라 주님이 친구다. 얼마나 투명한가. 주님은 제자들에게 인격적 사랑으로 확신을 주신다. 주님은

폭력으로 육체 생명을 죽이는 자를 두려워할 것이 아니라 하느님을 두려워하라고 말씀하신다. 하느님은 어떤 폭력 앞에서도 그들을 구하신다. 하느님은 폭력 앞에서도 동체를 세울 수 있는 지혜이시다. 오늘 복음은 루카 복음의 공동체가 겪고 있는 박해의 모습을 반영하고 있고, 배교 내지는 그리스도교 공동체를 이탈하는 상황으로 엿볼 수 있다. 결국 오늘 권고는 하느님께서 늘 우리 모두를 기억하고 계시다는 위로와 강조이다. 오늘 복음에서 지옥이라는 말의 성서번역은 희랍어 게힌놈(gē'hinnōm)인데 그 뜻은 '힌놈의 골짜기'이다. 이곳은 예루살렘 남쪽에 위치해 있고, 쓰레기를 버리는 골짜기이다. 과연 나는, 우리는, 교회는, 우리 사회는 투명한지, 거품이 없는지... 복음과 먼 경우가 많은지...우리는 어려운 현대 생활 안에서 얼마나 하느님의 소중한 존재인지를 기억하는지...

• **루카 12,8-12:** 주님의 공생활 전 생애는 끝임 없이 거절당하신 삶이다. 많은 자들이 주님을 모른다고 하였다. 제자들도(요한 6,60-64), 부모로부터도, 유다스도, 베드로도... 슬픈 일이다. 특히 박해 때 그렇게 됐다. 교회 역사를 통해볼 때도 이단들과 분열 등이 또한 그런 경우다. 오늘날은 안 그런가? 가정에서, 교회에서 그분을 거절하는 경우도 많다...(정말 진지하게 생각해 볼 필요

가 있다) 허나 예수님이 이 것 때문에 그 누구를 단죄한 적이 있었나? 아니다. 없었다. 주님은 무한한 자비로 그것 단죄하는 것을 거부하셨다. 하느님께서 항상 용서한 것처럼... 그러나 성령을 모독하는 사람은 용서받지 못한다고 하신다. 이해하기가 어렵다. 무슨 말인가? 먼저 사람의 아들 즉 예수님을 거절하는 것은 아버지에 의한 신적 파견 과정에서 그 분을 알면서도 그 분을 거절하는 것이다. 이것은 아버지의 분명한 뜻에 달려 있다. 왜냐하면 아무도 아버지께서 이끌어 주시지 않으면 나에게 올 수 없기 때문이다(요한 6,44). 그러나 아버지께서는 그리스도를 계시하는 성령을 사람들에게 주시면서 아들에게 이끄신다. 성령 안에서 그리스도는 일하신다. 성령은 전능한 신적 사랑, 전능한 신적 지혜이기 때문이다. 분명한 것은 아들 예수 그리스도께서 성령 안에서 전하시고 실현하시는 말씀과 업적들이 신적 사랑으로 부여되지 않고, 오히려 마귀적인 힘일 때, 또는 성령에 의해 주님 예수님 안에서 빛나는 신적 거룩함과 선함을 명백하게 진리를 반대해서 거스를 때, 성령을 모독하는 것으로 보아야 한다. 우리도 말씀을 전하고 봉사할 때 그리스도, 성령 아버지의 뜻이 아니라 내 뜻, 욕심 또는 그 밖의 어떤 명예나 경직된 힘일 때, 성령을 모독하는 것일 수도 있다.

• **"너희가 골방에서 귀에 대고 속삭인 말은 지붕 위에서 선포될 것이다."(루카 12,3):** 비밀을 말하는 것을 듣는 것이 정당한가? 누군가 우리가 말하는 것을 듣기 위해 방에 녹음기를 놓아두었다면, 개인적 프라이버시, 개인 자유에 대한 폭력으로 생각한다. 누가 우리의 말을 일간 신문에 낸다면, 우리는 법정에서 그것을 해결하도록 할 것이다. 하지만 종말의 마지막 심판 때 모든 것이 공개될 것이다. 우리가 말하는 것만이 아니라 생각했던 것도 나타날 것이다. 그날 그렇게 나타날 자의 얼굴이, 곧 주님께서 나의 부끄러운 것을 볼 것이다. 하지만 너무 걱정하지 마시라. 이런 이미지는 단지 진리의 한 부분을 보여준다. 이 밖에 얼마나 아름다운 일, 좋은 생각, 거룩한 행동들이 비밀로 남아 있을까? 평가 되지 않고 잊혀진 것이 남아있을까? 이 모든 것이 우주 앞에서 하느님의 빛 안에서 나타날 것이다. 우리가 행한 모든 선의 작은 제스처가 알게 되고 존중받게 될 것이다.

• **그리스도를 고백하고, 그리스도를 부정하며.(루카 12,8-12)**
"누구든지 사람들 앞에서 나를 안다고 증언하면"(루카 12,8): 생명의 위험과 박해시기에 그리스도인, 사제임을 고백하기란 쉽지 않다. 위험에 노출된 자가 자기 정체성을 고백하기란 어려움이 있지만 신앙을 속일 수는 없는 것이 순교자의 삶인 듯싶다. 일상생활과 보통의 삶에서 자신의 신앙을 공개적으로 개별적 소신을 따져보는 일이란 그리 좋은 방법이 아니다. 또 인내하지 않는 사람들에게 그 위치에서 종교적인 주제에 가치를 말하라는 것도 옳은 방법은 아니다. 다만 사람들 앞에서 그리스도를 고백하기 위해 보다 나은 방법이 있다면, 이는 좋은 모범을 보여주는 것인데, 바로 덕에서 우러나오는 삶이자 행동으로서, 덕을 실천하는 삶이 참다운 고백을 드러낸다.

• **"나를 모른다고 하는 자는,"(루카 12,9):** 사도들의 첫째, 베드로는 예수님을 모른다고 고백했다. 대사제 안나스의 집 문 앞에서 여종이 "당신도 그들과 한 패요"(루카 22,58)라고 물어보았을 때 베드로는 나는 아니라고 군인들에게 말하였다. 그리스도를 거부하는 것은 대죄이지만 또한 역으로 모든 큰 죄는 그리스도를 거부하는 것이다. 그런 지향이 없다하더라도 그리스도를 거부하는 모든 것은 역시 자기 자신을 거부하는 것이다. 왜냐하면 마음속에 있는 하느님의 모상을 손상하고 파괴하는 것이기 때문이다. 우리가 아닌 나의 정체성을 거부하고 우리의 것을 얼마나 깊게 거부할 수 있을까? 교부들은 죄의 원리와 그 효과는 각자 인격성을 파괴하는 것이라고 말했다. 도스토예프스키가 쓴 소설 '악령'에서 이런 모습이 심리적 관점에서 나타난다. 오늘날 우리나라가

자살 국가가 된듯한데, 이런 거부는 자살에까지 전염되어 인간을 괴롭힌다. 오직 그리스도만이 전도되고 혼탁한 존재를 평화스럽게 할 수 있다.

• **"하느님의 천사들 앞에서"(루카 12,9):** 화가들은 사람의 아들이 천사들 사이에서 하늘에서 나타나리라는(마태 24,30) 마지막 심판의 이미지를 그리고 있다. 유명한 복자 안젤리코의 작품은 종말심판 때 분리된 자와 일치된 자로 그려진다. 곧 그리스도의 오른편에 뽑힌 자들을 통한 모습을 그리고 있다. 달콤한 멜로디와 높은 곳을 향해 소리가 오른다. 왼쪽 죄인들은 심연을 향해 미끄러져 간다. 오른 쪽 사람은 오늘 주님과 같이 낙원에 들어간다. 그리스도를 부인하는 사람은 자기 자신뿐 아니라 다른 사람과의 일치를 거부한다. 도스토예프스키의 죄와 벌에서 라스콜리니코프는 살인 다음에 오히려 분리되는 자신을 발견한다. 하느님의 자비 때문에 지상에서 받는 벌은 악이 이끄는 곳을 알아차리고, 하늘과 땅을 하나가 되게 하는 자와 일치를 새롭게 발견하는 데 필요한 약일 수 있다.

돈보스코 성인의 예방교육 체크하기

- ✓ 자녀들을 알아주기:
- ✓ 자녀들을 믿어주기:
- ✓ 자녀들을 사랑하기:

15. 이봐요, 난 지금 인생을 즐기고 싶어요 (루카 12,13-13,21)

월가의 한 성공적인 주식 중개인은 "탐욕이 세상을 미치게 만듭니다."라고 잡지 기사를 쓰기 시작합니다. 그는 수백만 달러를 벌어들인 주식 시장에서 공격적이고 위험을 감수한 투기 경험의 삽화를 사용했습니다. 그는 현 경제는 "정직한 탐욕"이 사람들을 열심히 일하도록 일으키기 때문에 매우 위대하다고 말합니다. "우리가 수백만 달러를 벌면 모두에게 이익이 됩니다. 그것은 구식 낙수효과(대기업이 성장하면 대기업과 연관된 중소기업도 성장하는 것) 경제입니다."

• **그룹 나눔** 탐욕과 안전에 대한 갈망의 차이점은 무엇입니까?

• **개인 성찰** 인생에서 물질적 안정이 하늘에 계신 아버지를 신뢰하는 것보다 중요한 것을 어떻게 알 수 있습니까?

이 공부는 "건강한 탐욕"을 가진 사람과 함께 시작합니다. 그리고 예수님은 끝까지 자신의 생활 방식을 고수하는 사람을 위한 하느님의 심판에 대해 강하게 경고합니다. 그리고 아직 시간이 있을 때 회개하라고 강하게 호소합니다. 루카 12,13-34를 읽습니다.

가 질문과 나눔

1. 군중 속에서 문제를 제기한 남자는 분명히 동생이었습니다. 법에 따라 그의 형은 가족 유산의 가장 큰 몫을 차지할 것입니다. 그러나 경제적 정의가 그 남자의 목적이 아닙니다. 예수님의 응답은 (군중들에게 선포한) 그 남자의 진짜 문제점에 대한 그분의 인식을 보여줍니다. 만약 예수님이 우리 사회에 오셨다면, 그분은 "모든 탐욕"에 무엇을 포함시키셨을까요? (12,14-15)

2. 이 이야기는 탐욕으로 인해 생기는 장단기 영향들에 대한 예수님의 경고입니다. 부자는 어떤 생활방식과 성격을 형성해 왔습니까?

3. 이 남자는 "어리석은 부자"라고 불립니다. 그러나 당신과 나는 어리석은 가난한자, 어리석은 중산층 사람을 알고 있습니다. 예수님의 이야기에 따르면, 무엇이 사람을 어리석게 만듭니까?

4. 12,22-34에서 우리는 탐욕에 대한 대답을 발견합니다. 이는 하느님을 신뢰하지 못하고 세상 걱정을 하는 우리에게 무엇을 알려줍니까?

5. 루카 12,35-59를 읽습니다. 첫 번째 비유 '깨어있어라'에서 예수님은 그 관계를 주인이 물리적으로 현존하는지 여부에 관계없이, 스승에 대한 종들의 완전한 충성으로 묘사합니다(12,35-40). 만약에 예수님이 물리적으로 다음 주에 돌아오신다고 믿는다면, 그것이 앞으로 며칠 동안의 나의 일정에 어떤 영향을 미칠까요?

6. 두 번째 우화에서 지도자들은 어떻게 예수님께 대한 충성을 증명합니까?(12,41-48)

7. 12,49-53에서 예수님께서는 다가오는 하느님 심판의 위기에 대해 한 가지 징조를 지적하십니다. 여기서 무슨 일이 일어나고 있는지 설명해봅시다.

8. 예수님께서는 청중들에게 그분이 곧 돌아오심(그분의 현존)과, 또한 그분의 가르침과 그분 일에 관한 현재의 징조를 올바르게 해석하라고 촉구하십니다(12,54-56). 그리고 예수님께서는 빚 때문에 법정으로 가는 "나"를 묘사하십니다(12,57-59). 처음 두 장면을 적용한 마지막 장면은 어떻겠습니까?

9. 루카 13,1-9에서 예수님은 험하게 죽은 사람들이 심각한 죄인일 것이라고 추측하는 것에 대해 말씀하십니다. 왜 우리 자신의 영혼 상태를 점검하는 것보다 다른 사람들의 죄를 판단하는 것이 더 쉽습니까?

10. 열매 맺지 못하는 무화과나무의 비유에서, 예수님은 이스라엘과 그 나라의 국가적인 회개의 필요를 그리십니다. 이 비유는 어느 정도까지 우리나라에 적용할 수 있습니까?

11. 지난주에 한 나의 활동과 개인적인 염려를 나열하십시오. 어떤 것이 하느님 나라 또는 세상의 가치에 영향을 받았습니까?

12. 루카 13,10-17을 읽습니다. 지난 시간에 우리는 예수님께서 회당에서 가르치시는 것을 보았습니다. 이 안식일 다툼은 이스라엘 종교와 하느님 나라 사이의 차이를 요약합니다. 이 차이에서 우리는 통치자와 예수님이 어떻게 다르게 그 여성을 보는지 알 수 있습니다(14-16절). 무엇이 차이점입니까?

13. 루카 13,18-21을 읽습니다. 이 짧은 비유 이야기는 하느님 나라의 이해를 어떻게 돕습니까?

기도하기

물질주의의 영역에서 교회에 필요한 변화를 가져오는 방법을 알기 위해 기도하십시오.

실천하기

아마 예수님은 이 옛 유대인의 속담을 아실 것입니다. "만약 우리가 필요한 것 보다 더 많이 소유하면, 우리는 가난한 사람으로부터 훔치는 것입니다." 재정을 재정비합니다. 그래서 나는 더 많은 돈을 믿을만하고 전에는 돕지 않았던 자선단체에 기부할 수 있습니다. 내가 이를 재정 상담사로서의 예수님과 함께 한다면 내 인생은 변화할 것입니다! 나는 내 인생을 긍정적으로 즐길 것입니다.

나 말씀묵상

• **지상에서의 부자, 땅에서 부유함. 욕심은 금물(루카 12,13-21):** 어리석은 부자의 비유이다. 이 비유는 루카복음에서만 발견된다. 개인적 차원의 종말론적인 비유이다. 두 형제의 유산 상속 싸움에 도와 달라는 부탁을 예수님은 단호히 거절하신다. 형이 아버지 재산을 독식하려는 모양이다. 지금도 유산 때문에 문제가 많다. 그래서 고유의 명절 때 가족이 모여 제사도 지내지만 돈 싸움도 한다. 비유에서 늘 돈을 버는 부자의 독백은 모든 것이 오케이다. 무엇을 할 것인가? 그러나 "이 어리석은 자야, 바로 오늘 밤

네 영혼이 너에게서 떠나가리라. 그러니 네가 쌓아 둔 것은 누구의 차지가 되겠느냐? 자기를 위해서는 재산을 모으면서도 하느님께 인색한 사람은 바로 이와 같이 될 것이다." 참 부유함은 물질적 부가 아니라 하느님 안에 있는 것이다. 우리와 교회는 어떤가? 이 복음은 어리석은 욕심, 이기주의, 냉담함을 지적하고 있다. 주님의 응답은 마치 정의로운 판결을 회피하고자하는 느낌이다. 주님의 거절은 동기유발이다. 주님은 법적인 체계로 판결을 내리는 심판자가 아니다(14절). 조언하고 충고하는 심판자 내지는 상담자들은 우리사회에 많이 존재한다. 모든 형태의 인색함이나 재물에 대한 끝없는 욕심을 극복해야 한다. 신약성서에서 다른 자들을 추락하게 하는 소유욕 내지는 욕심은 우상숭배로 불리 운다. 그것은 돈이나 삶의 성공에 대해 애착을 갖게 하는 것으로서 사탄을 예배하는 것이다(마르 7,22; 로마 1,29; 에페 4,19; 5,3; 콜로 3,5). 주님께서는 그것을 잘 설명하고 계신다. 사람의 생명은 지상 위의 소유 재물 안에 있지 않다는 것이다(15b). "사람이 제 아무리 부유하더라도 그의 재산이 생명을 보장해 주지는 못한다(15b)." 주님은 한 가지 비유이야기를 하신다. 비유 속의 부자는 우리들 각자 일 수 있다. 그러나 모든 계획(17-18절)은 궁극적 목적이나 이기적이고 무절제한 소비를 위해서만 효과적으로 이루려고 할 때 문제가 된다. 그래서 부자는 기뻐서 혼자 중얼거린다

(18-19절). 이제 축제를 벌이고 실컷 쉬고 먹고 마실 거라고 하는 것이 마치 오늘날 텔레비전에서 선전하고 있는 모든 것과 많이 닮았다. 달콤하게 설득하고 계속 먹고 마시고 담배를 피운다. 부자는 마치 텔레비전 선전의 주인공 내지는 책임자 같다. 이제 하느님께서 말씀하신다. 예고 없이 나타난 처음이자 마지막 심판이다. "이 어리석은 자야" 그리스말로 áphrôn(어리석은 자)은 전체적으로 부족한 지성을 말한다. 전체를 바라보지 못하고 한 가지만 미련하게 보는 것이다. 하느님의 눈에는 부자들이 모두 어리석은 자들이다. 하여간 어리석은 부자는 바로 오늘 밤 영원히 영혼이 불려서 떠나갈 것이다. 모든 것이 끝장이다. 부자의 재물은 누구의 차지인가? "이렇게 자기를 위해서는 재산을 모으면서도 하느님께 인색한 사람은 바로 이와 같이 될 것이다"(21절). 우리는 소유하는 물적 부자인가? 나누는 영적인 부자인가?

• **"더 큰 것들을 지어, 거기에다 내 모든 곡식들과 재물을 모아 두어야겠다."(루카 12,18):** 동물은 음식을 먹고 겨우살이를 위해 양식을 모은다. 사람은 보통 어려운 날에 있을 고통을 대비하고 좀 더 안전한 삶을 위해 노동을 한다. 하지만 인간의 태도는 퇴보하는 듯하다. 그리고 수전노는 필요한 것이 아닌 갈망을 위해 모은다. 그에게 필요한 것은 더 이상 돈이 아니라, 돈이 필요한 자신이

다. 행운은 마치 불과 같다. 착한 종과 무자비한 주인이다. 돈은 인간에게 시간과 꿈 그리고 건강을 훔친다. 그리고 어떤 의미에서 생명도 훔친다. 왜냐하면 모으는 갈망이 소유 보다 더 기쁠 수 없기 때문이다. 인색의 덕은 모으는 것으로 균형을 이룬다고 착각한다.

• **"많은 재산을 쌓아 두었으니, 쉬면서 먹고 마시며 즐겨라"(루카 12,19):** 사람들은 미래를 위해 늘 확실함을 찾고 있지만, 그 한계가 역시 있는 법이다. 다리를 건설할 때 옮길 수 있는 무게가 얼마나 될까하는 것을 사람들은 이미 알고 있다. 제한된 중량에 관해서 사람들은 모두 그 이유를 확실하게 느끼기 때문일 것이다. 곧 은행 안의 돈, 농장 안의 수확물, 연금 등... 이 모든 것은 정치 또는 경제적 위기로부터 그 자연스러운 진행 과정이 붕괴되거나 휩쓸어 갈 수 있다는 것을 사람들은 직감적으로 파악한다. 그래서 인지 우리에게 유일한 확실함은 하느님의 섭리인 듯싶다. 교회의 교부들은 금전들을 우상들과 비유하여 말하곤 한다. 이것들은 신성의 이미지들이고 또한 예술가들의 최고작품들일 수도 있다. 하지만 반대로 순간적이고 아주 작은 부분에서, 그 금과 정교한 예술로 표현된 엄청난 가치의 돌들이 세상을 구원할 수 있다고 사람들이 믿고 있다는 것을 예수님은 지적하고 있다. 바로 하느님

의 섭리이고 신성의 이미지인 대단한 돈과 금이 바로 우리를 파멸시킬 이방인들의 우상으로 넘어질 수 있다는 것이 예수님의 말씀이다. 현명한 사람은 필요한 순간을 위해 은행에 돈을 맡긴다. 하지만 충분하지 않은 돈들 때문에 생각지도 못하게 그리고 갑자기 필요한 것이 내 인생에 도달할 수 있다는 것, 사람들은 그것을 안다. 그래서 사람들은 "곳간을 헐어 더 큰 것들을 지어, 거기다가 ...내 모든 곡식과 재물을 모아 두어야겠다."(루카 12,18) 하느님께서 그에게 말씀하셨다. "어리석은 자야, 오늘밤에 네 목숨을 되찾아가 갈 것이다. 그러면 네가 마련해 둔 것은 누구 차지가 되겠느냐?"(루카 12,20) "하느님은 우리에게 가장 유일한 확실함이다." 곡식과 재화를 나누어 쓰라고 초대하신다. 교부들은 우상들과 선행들을 비교한다. 이것들이 신성의 이미지들이고 최고 예술작품들이 될 수 있다.

• **"네가 마련해 둔 것은 누구 차지가 되겠느냐?"(루카 12,20):** 사람들은 외국을 여행할 때 사용할 돈(달러)이 필요하다. 하지만 세상 끝 넘어 죽음 이후 모두 가야하는 긴 여행에서 우리는 어떤 화폐가치가 필요할까? 고대 그리스사람들은 배 삯으로 화폐 하나를 죽은 자의 입에 넣는다. 그 통행료로 죽은 자들이 지상에서 떨어져 나가는 강을 건넜다. 한편 고대 사람들은 무덤에 음식을 넣

곤 하였다. 왜냐하면 배고픔으로 고통을 느끼지 않기 위해서란다. 어리석은 풍습들 같이 보이지만 공동의 생활경험에서 태어난 지혜인 듯싶다. 분명한 것은 누구도 저 건너편에 그들의 이익들을 옮겨 나를 수는 없다. 성 요한금구는 말씀하시곤 했다. 영원성에로 가는 여정에서 오직 한 가지 화폐만이 가치가 있다고… 바로 사랑(caritas)다. 그래서 우리는 이 가치로 우리의 이익들을 가장 빨리 사랑의 화폐로 환전하도록 그 길을 찾아야 한다. 우리의 현세의 돈은 가난한 자들에게 나누어서 하늘에 보화를 발견한다고 금구성인은 결론을 맺는다. 결국 인간은 이웃에게 오직 자신의 보물을 얼마나 선물 했느냐는 사랑의 화폐를 저쪽으로 옮길 수 있다.

• **켜진 등불들(루카 12,35-38):** 어리석은 부자이야기에 이어서 주님께서는 제자들에게 "어린 양떼들아, 조금도 무서워하지 말라."하신다. 하늘나라를 기꺼이 주신다며 그 나라를 찾으라고 말씀하신다. 고통과 어려운 길을 저지하는 만큼 근본적으로 결단을 내릴 필요가 있고, 모든 것을 보고 베풀 필요가 있는 것이다(33절). "너희는 있는 것을 팔아 가난한 사람들에게 주어라…축나지 않는 재물 창고를 하늘에 마련하여라."(33절). 우리는 어느 것에 보물을 쌓아 두며 마음을 두는가? 보물은 좋을 수도 나쁠 수도 있

다. 그러나 마음은 결정적으로 재물 앞에서나 어려움 속에서 변한다(34절). 주님은 이어서 세상 종말의 말씀을 엄하게 하신다. 참 보물을 지금 구하기 위해 준비되어 있어야 하며, 하늘나라의 참 보물을 발견하기 위해 여행을 준비해야 한다. 여기서 여행은 빛이 없는 밤에 이루어진다. 불 밝힌 등불을 준비해야 한다(35절). 그러나 이 여행은 어느 곳을 향해 떠나는 것이 아니라 밤에 돌아오시는 주님을 만나러 출입구에 있는 것이다. 참 보물, 하느님 나라는 멀리 있지 않다. 참 보물이고 하느님 나라이신 주님이 우리에게 다가오신다. 이 어찌 기쁘지 않겠는가? 주님께서는 다가오셔서 두드리면 즉시 문이 열리기를 바라신다(36절; 마태 24,1-25,46). 오시는 주님이 깨어 있는 종들을 만나신다. 그 종들은 행복하다고 말씀하신다. 그들은 즉시 잔치에 들어간다. 그곳에서 이제 주님이 그들을 위해 시중들며 봉사하신다(37절). 깨어 있다는 뜻은 평상시 삶에서 오는 결과로 준비되는 것이다.

• **"너희는 허리에 띠를 매고 등불을 켜 놓고 있어라"(루카 12,35):** 허리에 띠를 두르고 등불을 켜고 혼인 잔치에서 돌아오는 주인을 기다리는 종은 정말 행복하다. 왜냐하면 그 주인이 종들을 식탁에 앉히고 종들을 위해 시중을 들기 때문이다. 꼴찌가 첫 째가 되는 느낌이 든다. 주인을 준비하고 깨어 기다리면 종이 주인이 될

수도 있는 것 같다. 이것이 복음인데 우리 사회에서도 그럴까? 주인이 종을 섬기는 사회, 목자가 양들을 보살피는 교회, 정치인들이 국민을 섬기는 나라... 대통령이 백성을 위하는 나라... 그런 나라는 오기도 하고, 안 오기도 한다. 소방관들이 긴급 출동도 없고 응급한 일이 없을 때, 낮잠을 잘 수 있을까? 물론 잘 수 있다. 하지만 긴급출동 할 수 있도록 준비가 되어 있어야 한다. 오늘 복음이 말하는 "준비"란 무엇일까? 제 시간에 허리에 띠를 매고 등불을 켜 놓는 것이다. 운동에서 필수요소는 스피드이다. 골든아워의 이국종 교수가 말하듯 응급사건도 속도가 관건이다. 정글에서도 가장 위험한 곳이 있다면 어디일까? 나무의 뒤쪽이다. 그 뒤에 위험이 도사리고 있을 수 있다. 도시도 정글처럼 위험을 만난다. 하지만 예고가 먼저 있다. 그런데 한 가지 누구도 예측할 수 없는 것이 있다. 바로 죽음의 때(시간)다. 많은 종교의 설교자들은 죽음과 죄와 벌을 반성하도록 사람들을 설득하며 무서운 일화를 예로 들곤 했다. 이런 배경에서 복음의 등불은 어떤 의미일까. 두려움이 아닌 거룩한 은총의 상징이다. 그리스도께서는 무서운 경고를 하지 않으신다. 주님은 그것을 원치 않기 때문이다. 켜진 등불은 긍정적인 의미를 준다. 주님을 믿는 이들은 지금 이미 영원한 생명을 살아간다는 의미다. 활활 타오르는 불꽃이 그것을 말한다. 이처럼 죽음도 꺼지는 등불이 아니라 켜지는 등불이다.

• "그 주인은 띠를 매고 그들을 식탁에 앉게 한 다음, 그들 곁으로 가서 시중을 들 것이다.(루카 12,37)": 생명 곧 삶은 만남이라는 풍요를 준다. 그런데 죽음은 외로움과 모든 관계의 단절을 준다. 그러나 복음은 그것을 말하지 않는다. 여기 주님과의 만남은 늘 잔치이다. 그것도 혼인잔치다. 그리스도인에게 죽음은 주님으로부터 새 삶을 준비하도록 받은 초대이다. 우리는 알지 못하고 보지 못한 사람을 만나는 것처럼 보이지만, 실은 이미 오래전부터 우리는 주님의 초대로 그들과 함께 구체적으로 접촉을 하면서 살아 왔다. 물론 예상치 않을 만남일 수 있다. 그런데 그가 우리를 사랑하는 누군가라면, 예상치 않는 것이라도 기쁨이 될 수 있다. 복음이 우리에게 말하는 것은 주님께서 우리의 봉사자가 된다는 것이다. 이는 이미 주님의 수난 죽음 전에 약속한 것처럼 "우리를 더 이상 종들이 아니라 친구"라고 말씀하신 것과 같다.

• "주인이 밤중에 오든 새벽에 오든 종들의 그러한 모습을 보게 되면, 그 종들은 행복하다!"(루카 12,38): 우리는 잔치에 가서 식사를 한다. 그런데 하늘나라 잔치는 몸을 위한 음식 곧 영양소가 필요치 않다. 영원성이 우리의 영적 음식(빵)이 되어 영양을 취하기 때문이다. 진리를 만나면 그것이 우리에게 행복을 준다. 사람들은 단지 먹기 위해 잔치에 가지 않는다. 집에도 먹을 것이 있기 때

문이다. 그렇다면 왜 사람들은 잔치에 갈까. 그것은 사람들을 만나기 위해서다. 특히 한국 고유의 설 명절은 부모, 친지, 친구를 만나러 간다. 그래서인지 동양에서 혼인잔치는 며칠 동안 계속한다. 신랑 신부 가족들이 서로를 알려고 하기 때문이다. 그리스도교 죽음은 더 이상 그리스도와의 만남만이 아니다. 그 가족에 속한 이들과의 만남이기도 하다. 이는 바로 성인들의 통공 commuio sanctorum이라는 우리의 신앙고백이다.

• **세상의 집사.(루카 12,39-48) "충실하고 슬기로운 집사"(루카 12,42):** 주님이 오시는 시간을 요행수로 맞추는 것은 꾸준한 영성적 삶의 결과이다. 가정의 좋은 아버지는 집을 보호하기 위해 도둑이 닥쳐오는 시간에 깨어 있다(39절). "사람의 아들도 너희가 생각지도 않은 때에 올 것이니 항상 준비하고 있어라"(40절). 베드로가 이 비유 이야기가 누구한테 해당되는지 궁금하여 예수께 묻자, 주님은 또 다른 이야기를 말씀하신다. 어떤 주인이 모든 종들에게 양식을 제때에 공급하도록 하는 책임을 믿음이 가는 종에게 맡겼다. 어떻게 하는 사람이 과연 충성스럽고 슬기로운 관리 분배자인가?(42절) 주인이 돌아 올 때 자기 책임을 다하고 있다가 주인을 맞이하는 종이다(43절). 그 종은 행복하다(42-43). 진실로 주인은 그에게 모든 재산을 맡길 것이다(44절). 만일 그렇지

않은 종은 동강내어지고, 불충한 자들이 벌 받는 곳으로 쳐 박힐 것이다(47-48절). 매우 진지하고 엄격한 결론이다. 특히 제자들에게 엄청난 훈계이다. 하느님으로부터 많이 받은 자는 엄청나게 그것을 되돌려 환원해야 할 것이다. 책임이 많이 부여된 자는 하느님으로부터 그 값을 엄청나게 드려야 한다. 제자들은 미리 주님의 말씀을 알아들었다. 이제 제자들은 그들의 책임에 따라 일을 더 잘 할 수 있을 것이다. 주님을 모르는 자보다 주님을 알고 믿는 우리 신앙인들, 그리고 교회에서 봉사직에 불리움을 받은 자들에 대한 책임은 더 막중하며 하느님으로부터 오는 책임, 사랑이 더 크다. “많이 받은 사람은 많은 것을 돌려주어야 하며 많이 맡은 사람은 더 많은 것을 내어 놓아야 한다.”(48절). 우리 신앙인은 모두 책임과 사랑을 많이 받은 제자이다.

종말이라는 뜻의 그리스말은 파루시아(parousia)인데 의미는 par(옆에)+ousia(eimi동사-to be, 있다, 현존하다)이다. 합하여 보면 “옆에 있다”이다. 즉 주님께서 우리 옆에 계시다는 말의 의미가 재림이다. 주님이 종말에 우리와 함께 옆에 계시도록 우리는 항상 준비하고 있으라는 것이다. 베드로의 질문은 교회론적인 책임을 말한다. 이 비유는 베드로와 제자들에게만 말씀하시는 것이 아니라 우리 모두 즉 교회가 들으라고 하신 것이다. 교회는 하느님의 계획을 알아듣고 있어야 한다. 그리고 그 계획을 준비하고

백성을 위해 책임을 다하고 있어야 한다. 하느님께서 한 관리인(교회 목자)에게 다른 종들을(신도들) 다스리며 제때에 양식을 공급할 책임을 맡기도 떠났다. 어떻게 하는 사람(목자)이 과연 충성스럽고 슬기로운 관리인이겠느냐? 주님 재림하실 때 자기 책임을 다하고 있다가 주님을 맞이하는 목자가 아니겠느냐? 그는 행복하다. 틀림없이 주님은 그에게 모든 재산을 맡길 것이다. 그렇지 않으면 종말에 있을 일은 불 보듯 뻔하다. "자유와 사유재산의 제한과 한계 문제를 그리스도 윤리는 법적인 것만 아니라 그 의미를 깊이 생각해봐야 한다. 일반적으로 자유로운 사람은 각자의 재산인 돈과 행운을 소유하는 규정을 가지고 있다고 말한다. 하지만 나라와 같이 가정에서도 아버지, 어머니, 자녀들은 함께 책임과 역할을 분산하여 살아간다. 하느님과 지속적으로 관계를 맺고 살아가는 그리스도인들도 하느님 앞에 역시 그들의 재산, 능력, 직무들의 책임을 가지고 있다. 왜냐하면 소유한 모든 것이 주님으로부터 받은 것이기에 어느 날 그분께 환원되어야 할 것이기 때문이다. 하느님 앞에서는 인간은 주인이 아니라 모두 집사들이다. 하지만 큰 힘을 가진 집사이다. 이 모든 것은 그 힘을 맡긴 분의 뜻과 지향에 따라 배치하고 운용해야 한다.

• **"많이 맡기신 사람에게는 그만큼 더 청구하신다."(루카 12,48):** 집사들의 덕은 책임감이다. 무엇에 대한 책임감일까? 은행원들은 계산에 책임을, 경찰들은 공공질서에 대한 책임을, 기차역장들은 정시에 출발과 도착 시간을 지키는 것들이다. 본당사제는 교우들의 신앙과 영신사정에 대한 성장에 책임을 맡기셨다. 교회에서 봉사하는 사람들, 특히 봉사자 대표를 맡은 사람들은 자신이 하는 일보다 더욱 영향을 주는 부분이 관계를 맺는 것이다. 그 가운데에서 절대적인 것이 바로 표현하는 말이다. 말로 사람을 죽일 수도 살릴 수도 있기 때문이다. 특히 인격존중이 되는 말, 안아주고 격려하는 말이 요청된다. 우리 사회에서 책임감은 다시 분할된다. 모두는 각자 임무와 역할을 지니고 있다. 일과 책임의 분리 뒤에는 참으로 결정하는 자가 있는 것이다. 보다 높이 올라가는 힘이 있는데, 누가 힘을 가진 자들에 대해 책임을 지는가? 이미 4세기 바실리오 성인은 수도공동체에서 장상들의 의무에 대해 말하면서 이 문제를 반성한다. 그들은 공동체와 하느님 계명의 지킴에서 질서와 책임을 가지고 있다. 그러나 바실리오 성인이 추가하고 있는 사항을 살펴보면 "당신들은 사람들에 대해 책임이 있으며, 그들도 역시 하느님에 의해 신뢰되었으며 맡겨졌다. 이러한 책임을 당신에게 더 많이 요청하는 것은 당신들이 많이 받았기 때문이다." 많이 맡기신 사람에게는 그만큼 더 청구하

신다. 이 모든 것은 이웃 사랑의 마음인데, 우리는 가끔 모두를 향해 커다란 책임이 있음을 잊곤 한다. 하느님께서는 우리에게 맡긴 자들의 결산 보고를 우리에게 요구하실 것이다.

• **땅위의 불(루카 12,49-53):** 예수님께서는 이 세상에 불을 지르러오셨다. 또 그분이 받아야 할 세례가 있다. 여기서 불과 세례는 같은 의미의 말이다. 즉 49절의 불과 50절의 세례는 동의어이다. 그러니 예수님의 불은 십자가 희생의 세례적 의미의 물과 통한다. 그러니 예수님은 물 불 안 가리신다. 불, 예수님 당신 수난과 죽음을 통한 정화의 그 불은 이미 타올랐다. 그리고 예수님의 괴로움은 아직 이루지 못한 세례, 십자가상의 죽음의 세례에 대한 괴로움이다. 또 다른 면에서 불과 세례는 종말론적인 색채를 띠고 있다. 예언서에서 불은 정화하고 완결할 하느님의 마지막 심판에 대한 징표이다. 또 세례는 죽음으로부터 살아나는 것이고 생명이 충만하게 다시 나타나는 것이다. 루카 복음사가는 세례를 하느님 백성의 탄생으로 말하고자 한다. 맑게 정화되어 탄생하는 하느님 백성 말이다. 오늘 복음에서 예수님은 모든 믿는 이들의 응답과 긴장 사이에서 시간 안에는 있는 교회가 처하게 된 종말론적인 징표를 말씀하신다. 그 종말론적인 징표 가운데 하나가 바로 가족 사이의 분열이다. 이 분열은 종말 때 예수님의 다시

오심과 역사 안에서 예수님의 현존을 예고하는 징표이다. 종말의 징표와 예수님 현존의 징표인 분열... 사실 예수님 때문에 그런 경우가 있다. 예수님 때문에 마음의 갈등, 욕심과 성실의 갈등... 평화는 메시아적인 선물이다. 그 평화는 복음의 요구를 실천할 때 비로소 온다. 분명한 것은 분열이 일어나면 끝이 온다. 우리는, 교회는 예수님 때문에 악한 것들을 멀리하는 분열을 살아가는가? 아니면 그저 종말의 징표로서 그야말로 세상과 사람들로부터 멀어지는 분열을 살아가는가? 참으로 예수님의 물과 불로서 이룬 평화가 필요하다. 가정에서 교회에서 나라에서... 인간의 평가인 노벨 평화상만이 아니라 하느님의 선물인 평화 말이다.

• **"나는 세상에 불을 지르러 왔다"(루카 12,49):** 물처럼, 불도 우리생활을 조건 짓는 중요한 요소 가운데 하나이다. 물은 땅에서 나고, 불은 하늘에서 훔친 것이라고 신화는 말한다. 다른 동방의 종교들은 불을 신성의 정체성으로 말한다. 그리스도교 문헌에서 불은 성령의 비유로 말하고 있다. 성령강림절에 사도들 위에 내린 불혀에 대해 기록하고 있다(사도 2,3). 계시와 신화 사이의 근본적인 차이는 신화는 하늘에서 불을 훔쳤고, 이 때문에 심한 벌을 내려 받았는데, 성서의 하느님께서는 스스로 땅에 불을 내려 보내신다. 그 불은 바로 사랑의 불로써 우리를 거룩하게 하기 위해

내려 보내셨다.

• **"불":** 신성은 불로 정의되어왔다. 왜냐하면 위험 없이 불에 가까이 갈 수 없기 때문이다. 불은 접근할 수 없는 하느님의 비접근성의 상징이다. 성서에서도 "하느님은 태워 버리는 불이시며 질투하시는 하느님이시기 때문이다."(신명 4,24) "너희 가운데에 계시는 주 너희 하느님은 질투하시는 하느님이시다. 주 너희 하느님의 진노가 너희를 거슬러 타올라, 너희를 저 땅에서 멸망시키는 일이 없게 하리라."(신명 6,15)고 진술하고 있다. 그의 비전에서 이사야 예언자는 하느님을 거룩하시다.라고 외치는 세라핌 천사들 사이에서 알아본다(이사 6,3-4). 그의 행동은 본능적이었다(이사 6,5; 6,6-7). 하느님과 접촉은 우리를 매일 정화한다. 왜냐하면 그의 불은 사랑의 선물이기 때문이다.

• **"내면의 불":** 성령이 불이라면 내적인 불이다. 불은 빛나고 다시 데운다. 성령이 우리정신을 비추고 그분 위로로 마음을 따뜻하게 데운다. 신비가들의 빛나는 마음과 정신만이 내면의 불로 바라보는 것이 아니다. 우리 모두는 신앙생활이 이 빛을 힘 있게 발하게 하는데, 분명히 가르치고 행동하듯이 요구하는 양심의 빛을 가지고 있는 것이다. 종교교육과 수련을 받지 못한 사람들 역

시 이 빛을 소유할 수 있다. 오스트리아 출신 남아프리카 선교사는 신학생들에게 윤리를 가르치는 학교에서 피그미족의 노인 할머니를 안내했던 이야기를 하곤 했다. 학생들 앞에서 윤리적 질문을 하였다. 그녀는 모두에게 잘 대답하였다. 왜냐하면 마음이 암시한 것을 말하기 때문이다. 영의 내적 불이 스스로 자발적으로 움직이는 느낌을 던진 것이다. 이러한 영의 흐름이 사회의 조건 요소들에게 불을 지피게 한다. 그러나 하느님은 늘 우리의 새 마음과 정신을 비추기 위해 불을 켜도록 준비하신다.

• **시대의 징표.(루카 12,54-59):** 팔레스타인 사람들은 하늘과 땅의 현상들, 즉 징조를 판독하는 능력을 가지고 있다. 우리도 날이 좋지 않고 몸이 뻐근하면 비가 오겠구나하고 예측한다. 우리는 그러한 새로운 것에 대해 즉시 안다. 그러나 예수님은 이 시대의 뜻과 징표를 왜 알지 못하느냐, 그리고 무엇이 옳은지 스스로 판단하지 못하느냐고 말씀하신다. 루카는 법정에 고소하는 또 하나의 비유를 통해서 교회 공동체가 나아갈 새로운 길을 제시한다. 곧 교회 구성원은 예수님 부활의 현존을 체험하는 공동체가 되고, 다가오는 주님의 재림 안에서 모두가 복음적 삶을 살아야 한다고 초대한다. 그 초대는 회개와 화해의 길이다. "너를 고소하는 사람이 있거든 그와 함께 법정으로 가는 길에서 화해하도

록 힘써라."(루카 12,58) 그렇지 않으면 우리는 하느님 나라를 위한 회심과 화해가 일어나지 않는 곳에서 마지막 한 푼까지도 다 갚아야하는 위험을 당할 것이다. 기상의 변화, 세상의 징표는 잘 알면서, 마음 상한 형제의 심경은 왜 알지 못하고, 헤아리지 못할까? 우리도, 교회도 어려움에 있는 형제의 마음을 알아야 하며, 고소하는 사람과 화해하는 교회가 되어야 하는데... 그래서인지 화해는 기상 변화의 징표를 금방 알아보듯이 마음 상한 형제자매의 마음을 즉시 알아주는 것인데... 참 그게 어렵다. 그렇기 때문에 주님께서 교회를 움직여주시도록 기도해야 할 것이다.

• **"이 시대는 어찌하여 풀이할 줄 모르느냐?":** 어제의 현실이었던 것이 혹시 더 이상 오늘의 것이 아닌 것일까? 교회의 역사는 성서의 역사의 반복이다. 바리사이들은 이미 예언서를 읽어온 자들이다. 선포된 것이 이미 온 것으로 이해하지 못하였다. 그들은 새 시대의 표징을 이해하지 못한 것이다. 교회는 과거를 공부하며 그 전통을 존경하지만 현재 그 문제들의 관계를 허물지 않고 있다. 하느님께서도 역시 인간에게 말씀하시고, 오늘도 선과 구원에로 우리를 인도하신다. 하지만 우리는 여전히 세상의 시끄러움 속에서 그분의 목소리를 느끼기가 쉽지 않다. 우리가 처한 일상생활이 바로 이러한 상황 위에 늘 있어왔다. 하느님의 뜻을 알기 위해 지

속적인 힘이 필요하다. 시인, 사상가, 성인들은 특별히 시대의 징표를 취하기 위해 예민한 자들이었다. 하느님의 영이 구세사를 인도하고 교회에 첫 장소로 계시하신다. 2차 바티칸 공의회는 시대의 징표를 표현하고 취한 공의회이다.

• **회개의 보편성(루카 13,1-9):** 이 복음은 두 가지 역사적 사실을 말하고 있다. 첫 째는 로마의 총독 빌라도가 갈릴래아를 순례하던 사람들을 죽인 것이다. 아마도 그들은 파스카 축제 때 희생제사를 봉헌하려고 갈릴래아에 왔을 때인 것으로 보인다. 둘째는 실로암의 탑이 무너져서 열여덟 명의 목숨을 잃은 사건이다. 예수님께서는 이 두 가지 사실을 듣고 해석하도록 요청 받았다. 마치 예언자와 같은 예수님이다. 예수님께서는 역사적으로 발생한 두 가지 사건을 해석하는데 있어서 먼저 바리사이들이 해석하는 것을 결정적으로 거부하신다. 바리사이들의 해석은 죄와 벌 사이의 인과율을 정확하게 적용한다. 갈릴래아에서 죽은 사람들이나 실로암 탑의 붕괴로 죽은 사람들은 죄인들이기 때문에 하느님에 의해 벌을 받은 것으로 해석한다. 우리 한국인들도 억울한 피해를 입으면 하늘로부터 벌을 받았다고 한다. 무슨 죄를 지었기에 하느님께서 벌을 주시냐고 말한다. 또 고통 중에 있는 사람들에게 신자들이 위로를 한다는 말이 하느님은 착한 사람에게 시련을 주

신다고 말씀하신다. 그러나 이 사실을 곰곰이 헤아려 보면 고통이 나 시련은 인간의 부주의나 인간이 만들어 놓고 그것들을 하느님이 주신 것이라고 말하는데 습관이 되었다. 성서에서 하느님은 고통과 시련을 주시는 분이 아니라 오히려 고통과 시련을 해결해주시는 분이심이 명백히 드러나신다. 자유와 해방을 주시는 분이시며, 고통과 죽음이 아니라 생명과 기쁨을 주시는 분이 바로 하느님이시다. 어떤 집에 남편이 자동차 사고로 돌아가셨다.. 시댁 식구들은 입을 모아 며느리가 잘못 들어와 남편을 죽였다고 한다. 정확히 말해 인간의 부주의나 인간의 방심이 남편을 돌아가시게 한 것이다. 부인도 피해자이다.

바리사이들은 자신들이 의인이라고 믿고 행동한다. 그래서 어떤 형태로든 벌을 받는 사람들은 자기 죄로 인해 하느님이 벌을 내리신 것이라고 사람들을 판단한다. 그러나 예수님은 인간에 대한 새로운 가치를 소개하면서 바리사이의 가치를 전복시키신다. 그 가치는 바로 인간은 죄인이 아니라 하느님의 모습을 지녔다는 것이다. 역사적 사건의 피해자들이 너희들 보다 더 죄가 많아서 죽은 것이 아니라고 말씀하신다. 너희들이 회개하지 않으면 같은 모양으로 목숨을 잃을 것이라고 긴박하게 말씀하신다. 죄가 많아서 죽은 것이 아니라 회개하지 않으면 죽는다는 말씀이다. 결국 예수님이 말씀하시는 회개는 무엇인가? 그것은 하느님 나라를 활짝 열어 놓으시고 우리 모두를 초대하시는 것을 말씀하신다. 긴박한 초대이다. 그 하느님 나라에 우리 모두가 열려 있어야 하는 초대이다. 발생할 사건의 긴박함을 생각하도록 하신다, 사람의 아들이 갑자기 올 것이라는 그 심판을 폐지할 수 없다는 긴박한 회개이다. 무화과나무는 유다와 이스라엘을 상징한다(호세 9,10; 예레 8,13; 24,1-10; 미가 7,1). 무화과나무 비유는 피할 수 없는 하느님의 징벌(포도원 주인)과 하느님의 인내(포도원 지기의 중개 요청)에 대해 두 가지를 말씀하신다. 하나는 시간이 이젠 너무 늦었다는 점이다. 하느님은 더 이상 기다리시지 못하신다. "내가 이 무화과나무에서 열매를 따 볼까 하고 벌써 삼 년째나 여기 왔으나 열매가 달린 것을 한 번도 본 적이 없으니 아예 잘라 버려라. 쓸데없이 땅만 썩힐 필요가 어디 있겠느냐?"(7절) 둘째는 그러나 하느님의 인내심은 무제한이라는 점이다. 항상 하느님 나라를 받아들일 시간은 있다는 것이다. "주인님, 이 나무를 금년 한 해만 더 그냥 두십시오. 그 동안에 제가 그 둘레를 파고 거름을 주겠습니다. 그렇게 하면 다음 철에 열매를 맺을지도 모릅니다. 만일 그때 가서도 열매를 맺지 못하면 베어 버리십시오."(8-9절) 예수님은 다시 하느님의 자비를 요청하고 이스라엘 백성들이 회개할 것을 반복하여 말씀하신다. 하느님께 신뢰를 드리지 못한 이스라엘 백성들은 다시 변화될 수 있다는 것을 촉구하신다. 그것이 새 이스라엘의 회개이다. 새 이스라엘 루카의 교회 공동체는 하느님 나라에서 회개의 긴박성을 매일 살아가도록 촉구하신다. 우리는 하느님 나라의 회개로 오늘을 긴박하게 살아가는가? 아니면 바리사이들처럼, 사람(이웃)이 지은 죄를 밝혀내며 하느님의 이름으로 그들을 징벌을 하고 있는가? 우리는 희망을 가져야 한다. 포도원 지기 예수님의 중개와 보살핌으로 하느님의 인내는 지금도 계속 되고 있다. 지금 시작해야 늦지 않다. 시작도 하지 않으면 얼마 못 가서 베어져 버릴 것이다.

• **"너희는 그 갈릴래아 사람들이 그러한 변을 당하였다고 해서 다른 모든 갈릴래아 사람보다 더 큰 죄인이라고 생각하느냐?"(루카 13,2):** 구약에서 죽음은 죄로부터 왔다는 것이 정설이다. 그런데 바리사이들이나 율법학자들은 죽음을 죽은 자의 잘못과 죄로 원인을 돌리고 있다. 곧 죄인, 병자, 창녀, 세리들은 바로 자신들의 잘못과 죄로 인해 하느님께 심판과 징벌을 받은 자들로 여겼고, 오늘 복음에서 예수님은 그러한 적용을 비판하셨다. 그래서인지 주님은 그들에게 오히려 징벌의 원인을 밝히면서 그 징벌의 제공자들이 회개하지 않으면 그들도 그러한 죽음을 맞을 거라는 엄청난 반전을 그들에게 선언하고 있다. 오늘 복음은 모든 불행한 일들이 죄로부터 기인된 것일까? 이를 밝히면서 죽음을 가져온 죄

의 원인을 정확하게 파악한다. 그리고 하느님의 의로운 심판은 모든 악을 징벌하시지만 그럼에도 불구하고 하느님 자비의 물레방아는 계속해서 돌아가고 있다는 하느님의 인내심과 자비심을 전하고 있다.

• **"또 실로암에 있던 탑이 무너지면서 깔려 죽은 그 열여덟 사람, 너희는 그들이 예루살렘에 사는 다른 모든 사람보다 더 큰 잘못을 하였다고 생각하느냐? 아니다."(루카 13,4):** 삼풍백화점, 성수대교사고로 돌아가신 분들이 다른 사람보다 더 큰 잘못을 하였다고 생각하지 말라는 뜻이다. 이 세상에는 매일 불행한 일들이 참으로 수없이 일어난다. 건물이 잘못되어 붕괴되고, 비행기가 땅에 떨어지며, 기차가 탈선 내지 충돌하고 고속도로에서는 사고가 다발성하게 일어나고 있다. 과연 그 원인은 무엇일까? 건축업자가 비양심적으로 유효기간이 지난 재료를 썼고, 기술자가 계산착오를 일으켰으며, 감독자가 졸거나 소홀하였고, 그리고 운전자가 음주상태로 차를 몰았던 것이다. 영성가들은 보다 깊은 원인을 찾고 있다. 하느님께서는 질서 있는 세상, 조화롭고 아름다운 세상을 만드셨는데, 홍수, 지진, 화재, 불행한 자연재해 등 이 모든 것은 바로 죄로부터 기인된다고 바실리오 성인은 기록하고 있다. 바실리오성인의 생각과 히브리사람들의 정신 사이에서 어떤 공

통점과 다른 점이 있는가? 히브리인들은 인간의 어떤 잘못으로 그 원인을 찾고 있으며, 바실리오 성인은 그리스도께서 하신 말씀으로 반복한다. 곧 불행의 원인이 자신의 소홀함, 잘못, 부주의, 마음 바르고 부지런하게 살지 못한 것이라며, 자신의 죄에서 그 불행의 씨를 찾아야 한다고 말씀하신다. 사람들이 슬퍼하는 것은 무엇일까? 억울하고 어처구니없는 이해할 수 없는 일이 발생했을 때이다. 그럴 때 사고 당한 자의 죄는 아니더라도 그 누군가의 잘못, 죄로 죽음과 불행한 일이 온 것이다. 악은 사람들에게 악한 짓을 하려고 항상 기회를 엿보고 있다. 이러한 악을 거슬러 싸우면서도, 나의 죄 때문에 세상이 벌 받지 않기를 바라는 자들이 과연 얼마나 될까? 악은 스스로 집합하고 힘을 모은다. 이른바 악의 연대다. 그렇다면 우리는 무엇으로 악에 대항해 연대를 해야 할까. 바로 사랑의 연대다. 믿는 이들의 사랑의 연대... 이제 그 사랑을 더욱 진실히 깨끗하게 더 잘 배우도록 초대받았다. 이것이 회개다.

• **"너희도 회개하지 않으면 모두 그렇게 멸망할 것이다."(루카 13,5):** 죽음이 인간의 죄로부터 왔다는 구약의 고백은 분명 올바른 판단이다. 그럼에도 불구하고 오늘 복음은 하느님께서는 당신 징벌을 유보하시면서 그 인내심과 자비심을 지니고 계신다. 그러

나 “너희도 회개하지 않으면 모두 그렇게 멸망할 것이다.”라고 하신 말씀을 깊이 마음에 새겨야 한다. 악은 인간 세상 어느 곳에서든 침투하고 있다. 그러나 하느님은 모든 악을 또한 징벌하신다. 그러므로 잘못을 지은 죄인들도 결국 하느님의 사랑받는 자로 태어날 수 있다. 모든 악을 끊어버리고 보속과 회개로 인간은 회복될 수 있다. 완전히 하느님 안에서 다시 살아날 수 있다. 바로 죄인도 성인이 될 수 있는 기적, 이것이 가능한 것은 하느님의 자비 때문이다. 이는 바로 회개하면 모두 구원되리라는 희망을 제시하는 것이다. 1980년 광주민주화 사태에서 돌아가신 사람들이 그러한 변을 당하였다고 해서 다른 모든 광주 사람보다 더 큰 죄인이라고 생각해서는 안 된다는 뜻이고, 그 학살의 주범자들이 회개하지 않으면 그들도 모두 그렇게 멸망할 것이라는 뜻이다.

• **일과 사람(루카 13,10-17):** 18년 동안 병마에 사로잡혀 허리가 굽은 여자... 예수님은 즉시 그리고 먼저 여인을 가까이 불러 고쳐주신다. 손을 얹어서... 남녀 칠세 부동석과 같은 엄격한 유대 풍습에서 예수님은 그 장벽을 깨고 여인 고쳐주신다. 그러자 그 여인은 즉시 허리를 펴고 하느님을 찬양한다. 예수님 안에서 치유된 그 여인은 하느님을 발견하여 찬미의 기도를 드린다. 그러나 회당장은 안식일에 해서는 안 되는 일을 했다고 거기에 모인 사람들

과 분개한다. 안식일은 무엇인가? 이스라엘 백성이 이집트 종살이에서 해방된 날이다. 죽음에서 생명으로 해방된 날이다. 18년 동안 사탄에 매어 죽음 안에 있던 여인을 사탄의 사슬에서 풀어 주어서는 안 되는가? 해방은 안식일과 반대되는가? 군중들은 예수님의 온갖 훌륭한 일을 보고 모두 기뻐하였다. 우리는 주일날 무엇을 하는가?

• **하느님의 나라(루카 13,18-21). "하느님의 나라는 겨자씨와 같다"(루카 13,19):** 하느님 나라는 겨자씨 한 알이 싹이 트고 자라서 큰 나무가 되어 공중의 새들이 그 가지에 깃드는 것이다. 풍요로움이 하느님의 나라인데 그 풍요로움은 나무가 아닌 것들과도 나눌 줄 아는 것이다. 공중의 새들은 그리스도인만이 아니라 그리스도를 모르거나 믿지 않는 자들로 볼 수 있다. 성당이 하느님 나라로써의 교회라면 우리 신자들뿐만 아니라 그 지역 사회에서 쉼이 필요한 어려운 자들을 위한 풍요로운 쉼터가 될 것이다. 누룩이나 겨자씨 같이. 루카 복음사가가 생각하는 것은 하느님의 나라는 공동체라는 것이다. 그 공동체가 기다리고 준비하는 나라가 바로 하느님의 나라이어야 한다는 것이다. 하느님 나라의 풍요롭고 큰 결과물들은 이미 작은 것들, 즉 겨자씨나 누룩과 함께 시작된 것임을 발견할 줄 알아야 한다. 우리는 누룩인가 겨자씨

인가? 오늘의 교회는 어떠한가? 씨앗은 시시하고 볼품이 없는 모습을 가지고 있다. 하지만 내면에는 놀랄만한 생명을 가지고 있어서 꽃을 피우고 열매를 맺는 힘을 지니고 있다. 그리스도께서 하느님의 나라를 씨앗에 비유한다. 교회역사도 겨자씨의 비유를 선언하고 있다. 로마를 순례하는 사람들은 사도 베드로와 바오로의 무덤을 찾아가 참배한다. 두 사도들은 교회의 겨자씨와 같고 누룩이 된 분들이다.

• **"하늘의 새들이 그 가지에 깃들였다."(루카 13,19):** 하늘의 새들이란 누구일까? 그리스도인들일까? 교회는 외적으로 강하고 많은 군중에게 영향을 준다. 나무는 강하지 못한다. 왜냐하면 새들이 가지들 사이 많은 둥지를 틀기 때문이다. 강해져야 한다. 많은 사회학자들의 유혹은 오늘날 정치, 문화적 원인에서 교회 성공의 이유를 찾고 있다. 참 힘은 신적 성소의 씨앗이다.

• **"누룩과 같다"(루카 13,21):** 누룩은 살아있는 효소이고 여전히 신선하고 현저하게 풍요롭게 한다. 밀가루 속에서 뒤섞이면 부풀어 오른다. 씨는 교회의 내적인 힘과 그 성장을 표현한다. 누룩은 세상을 변화시키고 교회의 능력을 보여줌으로 그 가치들을 바로 보이게 한다. 겨자씨와 누룩은 무엇일까? 복음이다. 복음은

다른 것과 대체하면서 백성의 문화를 바꾸지 않는다. 하지만 현존하는 전승, 가치의 충만함으로 움직인다. 마지막 세기에 교회는 유력하게 유럽적인 모습이었지만 오늘날 그리스도인은 유럽적인 것만을 원하지 않는다. 슬라브 복음화의 씨앗 치릴로와 메토디오, 아시아의 복음의 겨자씨, 동아시아의 교회.... 하느님은 모든 백성들과 모든 언어와 민족 안에서 영광되시길 원하신다.

돈보스코 성인의 예방교육 체크하기

✓ 자녀들을 알아주기:

✓ 자녀들을 믿어주기:

✓ 자녀들을 사랑하기:

16. 천국의 세 가지 놀라움 (루카 13,22-14,35)

요즘 퍼지고 있는 예측은 아주 교훈적입니다. 내가 천국에 갔을 때 세 가지로 놀랄 것입니다. 첫 번째, 누가 거기 없는 지를 보고 놀랄 것입니다. 둘째로, 누가 거기 있는 지를 보고 놀랄 것입니다. 세 번째, 내가 거기 있는 것에 놀랄 것입니다! 누가 천국 문을 통과 할지 안할지를 마지막까지 모르는 것은, 우리가 확신하지 않고 겸손을 유지하도록 하는 얼마나 부드러운 방식입니까? 이는 우리로 하여금 하느님의 은총을 다시 생각하게 합니다.

• **그룹 나눔** 내가 그리스도인이 되기 전에 구원에 대해 무엇이 가장 큰 궁금증이었습니까?

• **개인 성찰** 예수님의 구원이 어떻게 나를 변화시켰는지 생각해 봅니다. 특별한 변화들에 대해 그분께 감사하고 찬양합니다.

구원의 확신에 대한 질문은 중요합니다. 사람들은 이에 대해 다양하게 예수님께 질문합니다. "영생을 상속받기 위해 무엇을 해야 합니까?" "늙은 후에 어떻게 다시 태어납니까?" "그러면 누가 구원받습니까?" 오늘 본문에서는 "주님, 오직 적은 수의 사람만이 구원됩니까?"하고 묻습니다. 루카 13,22-35를 읽습니다.

가 질문과 나눔

1. 일반적으로 이스라엘은 구원받고 하느님은 구원자의 잔치를 준비하시고 계실 거라고 믿고 있었습니다. 예수님의 비유와 해설에서 어떤 사실이 민족주의를 추구하는 청중들에게 충격이었겠습니까?

13,24-27의 비유에서 사람들은 정서적으로 그리고 지성적으로 어떻게 반응합니까?

2. 이 예화를 바탕으로, 구원을 위한 하느님의 조건이 너무 좁다고 생각하는 회의론자에게 당신은 어떻게 대답하겠습니까?(13,24)

3. 성서학자 크래그 키너(Craig Keener)는 13,31-35를 "거절당한 연인의 비애"라고 칭합니다. 이 제목이 어떤 면에서 유효하다고 생각합니까?

4. 루카 14,1-24를 읽습니다. 예수님의 질문에 대한 바리사이들의 반복된 침묵에 어떤 이유들을 제시하겠습니까? (14,4.6)

5. 예수님께서는 손님들에게는 무엇이 참된 영광(14,7-11)이고 주최자에게는 무엇이 참된 환대(14,12-14)인지 가르치십니다. 각각 경우에, 그분이 지적한 인간의 나약함은 무엇입니까?

6. 구하는 자가 내게 "어떤 종류의 사람이 하늘나라에 들어갈 수 있습니까?" 하고 물어본다고 가정합니다. 14,15-24의 예수님의 예화를 사용할 수 있습니다. 두세 단락으로 어떻게 요약하겠습니까?

7. 루카 14,25-35를 읽습니다. 예수님께서는 제자의 조건 곧 그분께 대한 온전한 충성을 자세히 말씀하시는 기회를 가지십니다. 그분은 가족들과 자기 자신에 대한 두 가지 강력한 충성에 대해 말씀하십니다. 그리스도인이 가족들을 "미워함(버림)"의 예는 무엇입니까?

자신을 “미워함(버림)”의 예는 무엇입니까?

8. 그리스도인이 죽음의 십자가를 진다는 것은 무엇을 의미합니까?(14,27)

9. 예수님은 한 번도 그분을 따라오라고 달콤하게 말씀하시지 않습니다. 그분을 따르는 것이 치루어야 할 큰 대가를 가지고 있음을 분명히 하십니다. 짧은 두 예화도 이에 대해 같은 요점을 이야기 하는 것으로 보입니다(14,28-33). 그러나 그분은 두 번째 예화에서 같은 도전이지만 어떤 반전을 주십니까?

10. 내게 예수님의 말씀을 따르지 않는 대가는 무엇입니까?

기도하기

주님께 예수님께서 보여주신 나의 부족함에 대해서 고백합니다. 그분의 용서와 새 출발을 위한 은총을 받습니다.

실천하기

예수님께서 우리는 부모님을 미워해야 한다고 말씀하실 때 그분은 과장(문자 그대로가 아닌 의도된 과장)을 사용하십니다. 그분의 유대인 문화(많은 비서구 문화에서와 같이)에서 부모님께 순종하는 것은 절대적입니다. 그래서 그분이 추종자들에게 요구하는 총체적인 헌신은 문화적 규범을 가로막는 것입니다. 그러나 주님으로서 예수님에 대한 우리의 사랑과 충성은 타협 불가입니다.

우리 부모님께서 예수님에 대한 충성과 부딪히는 것을 요구하실 때 우리는 이를 거절해야 할까요? 어떻게 그렇게 해야 할까요? 만일 그렇다면 이는 우리가 그분들을 미워하는 것으로 보입니다(루카 12,49-53을 봅니다). 예수님 자신도 그분의 삶에서 누가 첫 번째인지 선택해야만 했습니다. 루카 2,48-50; 요한 2,3-5, 마르 3,31-35를 봅니다(시간 순으로). 또 루카 2,51과 요한 19,25-27에서 부모님을 영광스럽게 하라는 다섯 번째 계명에 대한 그분의 순종의 증거를 봅니다.

나 말씀묵상

• **좁은 문(루카 13,22-30):** 오늘 복음에서 어떤 사람이 예수님께 "구원받을 사람은 얼마 안 되겠지요?"라고 묻는다. 성서에서 구원은 eiréné, 즉 하느님의 평화(shalóm)이다. 하느님만이 구원, 샬롬을 주실 수 있다. 단 창조와 역사의 업적에서 계시된 하느님 뜻(Bontà)을 받아들여야 한다. 이 사람은 구원의 현실을 부정적으로 보고 있다. 예수님은 즉시 하느님 구원을 향한 유일한 여정인 좁고 어려운 문에 들어갈 것을 명령하신다. "좁은 문으로 들어가도록 있는 힘을 다하여라."(24절). 마태오 복음의 열 처녀의 비유와 유사하다(마태 25,1-13; 루카13,25). 문을 열어주시는 주님께 청하면서 준비할 필요가 있다(25절). 늦게 와서 밖에서 문을 두드리고 준비되지 않은 사람에게 주님은 "'너희가 어디서 온 사람들인지 나는 모른다.'고 할 것이다. 그러면 너희가 '저희가 먹고 마실 때, 동네에서 가르치실 때, 우리와 함께 계시지 않았습니까?'"해도 똑같이 첫 번째 대답과 같이 주인은 '너희가 어디서 온 사람들인지 모른다.'고 하시며, 시편 6,9를 인용하면서 마지막 단죄의 날인을 찍으신다. 그들은 하늘나라에서 밖으로 쫓겨날 것이고, 거기서 희망 없이 가슴 치며 통곡할 것이다(루카 16,19-31). 예언자와 성조들과 함께 하느님 나라는 시작되어 잔치에 들어가는데, 그

것은 영원한 잔치이다(29절). 동쪽, 서쪽, 남쪽, 북쪽 할 것 없이 사방에서 사람들이 올 것이다(29절). 이는 온 세상 땅의 하느님 백성 전체를 가리킨다. 그들이 하느님 나라에 들어온다. 잔치는 부활에 의해 시작된 하느님 나라이며, 하느님의 기쁨을 나누는 상징적인 것으로 나타난다. 그곳에서 부활하신 주님 스스로도 항상 제자들과 함께 먹고 마실 것이다(루카 22,14-20). 마지막 성서 말씀은 씁쓸하다. 불린 사람들 사이에서 마지막 사람들이 순명하여 마치 첫째 사람들처럼 있을 것이고, 순명치 않은 첫째 사람들은 닫힌 문 앞에서 마지막 사람으로 있을 것인데, 그들은 하늘나라 밖에 있어야 한다(마태 19,30). 그러나 하느님은 늘 자비로우시지만 또한 분명한 것은 누구에게나 똑같이 경고하신다.

• **"좁은 문으로 들어가도록 힘써라."(루카 13,24):** 서점에는 외국 여행을 위해 짧은 시간에 외국어를 배울 수 있도록 안내하는 소책자들이 많이 진열되어 있다. 그런데 새로운 언어를 배우는 것은 그리 쉽지도 또 그렇게 빨리 되지도 않는 것이 현실이다. 왜냐하면 언어는 단순히 말이 아니라 사고방식과 문화 그리고 생활이기 때문이다. 이와 같이 언어의 문제는 삶의 영역과 깊은 관련을 맺고 있다. 자신의 삶을 바꾸려는 사람은 언어를 새롭게 배워야 한다. 새로운 언어만 배워야하는 것이 아니라 생각하는 방식

도 바뀌어야 한다. 좁은 문으로 들어가도록 힘쓰는 것은 바로 좁은 문에 들어가 이미 살아가시는 주님을 따라 살아가는 것이다. 그리스도 안에서 사는 삶은 마치 오르는 길처럼 힘이 든다. 그런데 그 반대의 내려가는 길은 쉬울 수 있으나 그것은 악습의 길이 될 수 있다. 오르는 길이 힘이 들어도 그 어려움은 영성적 성숙에 반드시 필요한 것이다.

• **"힘써라"(루카 13,24):** '힘쓰다' 동사는 '싸우다' 의미에 매우 가깝다. 상대방과 싸워서는 곤란하지만, 좁은 문으로 들어가기 위해서는 자신과 '힘써' '싸워야' 한다. 19세기 교육의 본질에 들어가 보면, 매우 권위적이고, 질서와 강요위에서 이루어졌음을 안다. 그러나 참 교육은 자발성과 자유 안에서 아이를 잘 교육할 수 있다. 자유와 자발성은 인간 기원에서 하느님으로부터 받은 선물이다. 그 인간의 기원, 하느님 모습을 닮은 맑고 순수함의 시작으로 우리는 돌아가는 것이 필요하다. 이를 위해 우리는 아담이 놓친 청정성의 근본으로 돌아가도록 해야 한다.

• **"좁은 문으로 들어가도록"(루카 13,24):** 교육학에서는 교육과 훈련을 말하고 있다. 교육과 훈련의 결과도 우리를 기다리고 있는 중요한 것이다. 아름답고 선하며 견고한 성격을 형성해가는 교육

이야말로 좁은 문으로 들어가는 노력이다. 그리스도인이 좁은 문으로 들어가는 것은 무엇인가? 바로 구원의 길에 있는 문을 열고 들어가는 것인데 그 구원의 길 마지막에 있는 문이 바로 좁은 문이다. 그리스도인의 목적은 개인적인 완덕만이 아니라 이웃사랑이다. 인격적 완덕은 카리타스 없이 불가능하다. 완덕은 이웃에게 접근하여 접촉해서 열리는 문이다. 이 문은 자기희생과 봉사를 통해 동반하는 좁은 길이다. 좁은 문이란 바로 십자가이다. 십자가 없는 교회, 가족, 사도직은 존재하지 않는다. 십자가 없는 그리스도의 사랑 역시 존재하지 않는다. 그러므로 십자가는 하늘나라의 문을 여는 열쇠이다.

• **루카 14,1.7-14:** 유다인들에게 안식일은 일하지 않고, 걷지도 않는 날이다. 주님께 기도드리는 날이기 때문이다. 그러나 또한 형제들에게 우정, 사랑으로 대하는 날이기도 하다. 회당에서 예배를 마치신 다음 예수님께서는 바리사이 지도자한테서 식사 초대를 받으셨다. 예수님의 모습이 매우 흥미롭다(1절). 주님은 음식을 잡수시면서 윗자리를 차지하려는 자들을 보시고 한 가지 비유를 이야기하신다(7절). 혼인잔치에 초대된 자는 스스로 영광의 자리, 높은 자리를 찾지 않는 것이 좋은 표양이다(잠언 25,6-7; 집회 31,16.21). 더 중요한 사람이 초대될 경우도 생각해야 한다

(8절). 그럴 경우 자리를 내어 주어야 한다(9절). 그 대신 현명하게 제일 끝자리에 앉으면 현실적으로 집주인이 모든 이가 부러워 할 자리에 그를 모실 것이다(10-11). 이 비유는 대립이나 불목 없이 지위관계들을 상세히 따지는 예절교육, 사회규범, 단순한 에티켓을 말하는 것이 아니다. 비유의 핵심은 사랑이다. 사랑의 행동은 형제들을 위해 훌륭한 태도로 머무는 방식으로 행동하고 배려하는 것이다. 예수님은 이익이 생기거나 다시 초대받을 가능성이 있는 자들, 즉 친구들, 부유한 형제, 친척들을 초대하지 말라고 훈계하신다(12절). 우리 사회에서는 좋은 기회의 전후 순간을 잘 포착하는 것이 얼마나 가치가 있는 일이며, 이로 인하여 좋은 일이 얼마나 발생할까? 사랑(caritas)은 오히려 가난한자, 불구자, 절름발이, 소경 같은 사람을 초대하여 그들을 기쁘게 하는 것을 원한다(13절). 그들은 보답을 위해 할 수 있는 것이 아무 것도 없다. 그러면 하느님께서 우리에게 무언가 얻게 해줄 것이다. 부활 날에 영원한 갚음을 베푸실 것이다. 그래서 우리는 행복하다(14절). 여하간 가난한 자들은 구원의 중개자들이다. 지상의 잔치에서 얻는 재물에 대한 일치된 일반적 기쁨이, 넓은 의미에서 구원을 얻게 되는 커다란 수단, 장소, 순간(기회)이다.

• **끝자리(루카 14,1.7-11), "윗자리에 앉지 마라"(루카 14,8):** 아빌라의 대 데레사 성녀는 겸손이란 진리라고 말씀하셨다. 아우구스티노 성인께서는 이방인들은 겸손에 대해 알지 못한다고 말씀하시면서 겸손은 전형적인 그리스도교의 덕행이라 하셨다. 그런데 그리스 철학에서 겸손을 본질적으로 바라보는 관점은 '올바로 계산된 인식', '바로 측정된 인식'이다. 첫 자리를 차지하려는 경쟁은 모든 분야에서 나타난다. 정치, 경제, 문화, 스포츠 심지어 종교에서도 그 모습이 보인다. 현실적으로 그리스도인으로서 정치를 하는 자는 어떻게 선택해야 할까? 모든 것이 경선에 경선을 거치고, 당의 요직이나 대통령 선거, 국회의원 공천 등 정치적으로 정당의 첫 자리를 어떻게 선택해야 하는가? 주님께서 윗자리에 앉지 말라고 하시니 경쟁하는 윗자리로서의 정치생활을 포기해야 하는가? 고대 철학자들은 다음과 같이 충고를 하였다. 힘이 있는 자리는 많은 걱정거리를 만든다. 그러므로 그 자리를 멀리하는 게 낫다. 실수와 걱정이 없는 좋은 인간적인 동기를 말하고 있는 듯하지만 우리는 이것을 그리스도교적으로 생각한다고 말할 수 없다. 하느님께서는 우리를 당신의 봉사에 부르신다. 봉사란 이웃사랑을 실천하는 것인데 그 사랑은 우리의 평화를 희생하도록 독려하는 것이다.

• **"끝자리에 앉아라."(루카 14,10):** 그리스도인들은 마지막 자리만을 선택한다. 왜냐하면 각자의 명성과 힘의 주도권을 찾지 않기 때문이다. 그런데 성당에 가보면 앞자리가 텅 비어있는 모습을 종종 본다. 다른 자리에서는 선착순으로 빼곡히 채워지는데, 유난히 성당 안에는 대부분 자신의 자리가 있고, 늘 앞자리는 비어있다. 과연 '끝자리에 앉아라.'는 말씀을 실행하고 있는 것일까? 그렇지 않다. 우리가 식별을 해야 하는 것은 하느님께서 부르셨을 때는 즉시 지체함이 없이 앞으로 나가야 한다. 주님이 부르시는 성소에 대해 책임감과 그 과제를 받아들여야 한다. 이사야 예언자가 주님의 부르심에 "예, 여기 있습니다." 하듯이 앞으로 가야한다.

• **"자신을 높이는 이는 낮아지고 자신을 낮추는 이는 높아질 것이다."(루카 14,11):** 고대인들은 삶의 수레바퀴, 순환적 생활에 대해 말하곤 하였다. 높이 올라간 사람은 내려가기 시작하는 것이고, 내려간 자들은 오르는 희망을 갖고 있다. 그런데 복음은 단순환 순환이 아니라 보다 심오함을 말하고 있다. 그리스도교 진리에 따르면 인간은 삶의 순환, 운명, 우주적 힘에 맹목적으로 처해 있는 것이 결코 아니라, 오히려 하느님께 온전히 맡겨져 있다 하느님 앞에서 오직 겸손하게 된다. 그러면 하느님께서는 우리를

높이신다. 최고의 겸손을 예수 그리스도 안에서 발견한다. 삶의 순환보다는 늘 새로운 내려놓음이 복음의 핵심이다. 하느님께 순명함으로서 결정적인 찬양을 통해 영광에 참여한다. 하느님께 봉사하는 것이 바로 진정 모두를 지배하는 것이라는 의미를 나타낸다.

• **사심 없는 그리스도인(루카 14,12-14). "네가 점심이나 저녁 식사를 베풀 때, 네 친구나 형제나 친척이나 부유한 이웃을 부르지 마라"(루카 14,12):** 그리스도께서 사용하시는 표현에는 윤리적 충고나 개념설명으로 나타나지 않는다. 주로 가족과 사회생활에서 친구들과 사람들이 만나는 습관과 축제 관습 등에 관한 것이다. 예수 스스로도 친구들 집에 식사하러 종종 가셨다. 그분의 말씀은 사람들에게 향한 일반적인 태도에 대해서 언급을 하고 있다. 상업적인 '기브엔 테이크'는 비즈니스에서 기본이지만, 하느님은 그렇게 하시지 않는다. 세상 창조 때 그분 홀로 기쁘도록 창조하지 않으셨다. 인간에게 풍요를 주기 위해 창조하셨다. 하느님께서 너와 함께 그렇게 움직이고 행동하신다면, 너 역시 네 이웃에게 그렇게 하라는 뜻이다. 우리는 상업적인 정신으로 세상에 산다. 그러나 인간적인 관계들은 은혜로운 사랑의 관계로 영감되어야 할 것이다.

• **"네가 보답을 받게 된다."(루카 14,12):** 계산된 비즈니스 관계에서는 이득이 발생한다. 따라서 우리가 구별해야하는 점은 사심이 있느냐 없느냐는 것이다. 목적을 가지고 사람을 만나거나 식사하느냐 아니면 진실로 그 사람을 만나고 식사하는가에 있다. Know how라기 보다 Know who가 얼마나 중요한 가를 말한다. 불란서 사상사 Rochefoucauld는 모든 인간의 덕은 사심 없이 지상에서 발전하고 성장하는 것이고, 각자의 이득을 생각하지 않는 자만이 참으로 정직한 모양으로 움직인다고 말한다. 사랑을 하는 모든 그리스도인들은 그리스도의 충만 안에서 가장 큰 보상과 사랑의 보상을 받으면서 각자 '나'로 더 확장된다.

• **"의인들이 부활할 때"(루카 14,14):** 주는 것은 그리스도 사랑의 본질이다. 이것을 위해 사랑의 보상은 죽은 이들의 부활에서 함께 나온다. 죽은 다음의 삶, 선한 일을 위한 보상은 다른 종교에서도 역시 알려져 있다. 의인들을 위한 죽음은 보다 나은 세계로 들어가는 것을 의미한다. 죽은 이들의 부활은 우리가 땅위로 인도된 생명의 돌아옴이고 구원 곧 신화(神化), 영혼성화이다. 우리가 준 것을 모두 다시 주는 날이다. 보이지 않는 눈으로 보고, 들리지 않는 귀로 듣게 된, 눈과 귀의 신비이다(1코린 2,9). 이것은 그리스도교의 희망의 언급이다.

• **보다 나은 삶을 위한 계획(루카 14,25-33):** 루카의 신학적 스케마로 생명의 말씀이 나타난다. 많은 군중들이 주님을 늘 따른다. 그들은 주님의 말씀과 어렵고 위급한 일에 즉시 몸을 던져 해결해 주시는 주님께 매료되었다. 군중들은 예수님 뒤에서 따라온다. 그러나 조건이 있다. "누구든지…"(26절). 26절은 인간본질과 평범한 인간 존재에게는 역설적이며 비현실적이고 절대적으로 실현 불가능한 조건이다. 그러나 이는 영원한 생명을 위해서는 절대로 필요한 조건이다. 단순히 생각하자면 아버지, 어머니, 부인, 아들, 형제, 자매들을 미워하라는 것이다. 아니 각자의 영혼, 즉 자기 자신마저 미워하라고 한술 더 뜬다. 그렇게 하는 자만이 주님 제자의 길을 걷기 시작할 수 있다고 한다(26절). '미워하다'라는 그리스어 동사는 히브리말과 같은 아라메아어의 번역인데 '...을 더 좋아하다' 표현의 동사가 없다. 따라서 할 수 없이 부정적 형식으로 표현되었다. 사실상 구체적으로 주님을 따르려면 부모와 구별되고 자신과도 달리 스승을 더 좋아할 필요가 있다는 뜻이다. 두 번째 조건은 아직 더욱 괴롭다. 믿음으로 기나긴 주님의 십자가의 길을 따르려면 십자가를 내팽개치지 않고 받아들일 필요가 있다(27절).

• **버림과 따름(루카 14,25-27):** 완전한 제자상의 신원을 말한다. 이 두 가지의 의미 깊은 조건들은 오직 삶(생명)의 잣대를 말한다. 이 곳에서 찬성(pro)과 반대(contro)가 정확하게 탐구되고, 최종 결단들이 취해진다. 예수님은 설명하신다. 탑을 건설 할 경우, 필요한 모든 것이 있는지 계산해야 한다(28절). 그러나 기초가 준비되지 않는다면 이웃들의 조롱거리가 될 수밖에 없다(28-30절). 두 번째 비유도 전쟁의 모든 상황을 정확히 계산해야 한다고 말씀하신다. 적들이 우수하고 강하면 사신을 보내 화평을 청할 것이라고 한다. 오늘 복음의 주제는 랍비 방법론에 따라 마이너로 출발하여 메이저로 결론을 맺어야 하는 것이다. 결국 영원한 생명에 대해 갈망하면서 제자들은 무익하고 무거운 짐을 지고 계신 주님을 따르기 위해 모든 것을 포기하려고 하지 않는다. 그래서 그는 주님의 제자가 될 수 없다(33절). 분명하다. 모든 것을 버리는 것이지만 지금 모든 것, 즉 하느님 나라와 함께 주님을 갖게 된다. 다른 것은 원할 수 없다. 오직 평생 한번 칼로 자르는 고통의 용기를 가져야만 한다.

• **"자기 목숨까지 미워하지 않으면, 내 제자가 될 수 없다. 누구든지 제 십자가를 짊어지고 내 뒤를 따라오지 않는 사람은 내 제자가 될 수 없다."(루카 14,27):** 자기 목숨을 미워하라는 말씀이란 무엇일까? 우리가 사는 인생의 길에서 "자신만 존재하지 않기"를 말씀하신다. 다시 말해 주님은 자신을 팽개치라는 것이 아니라, 타자 특히 가난한 이웃을 초대하기를 바라신다. 또 제 십자가를 짊어지고 주님 뒤를 따르는 것이란 과연 무엇일까? 그 길을 가기 위해 어떤 근본적인 것을 스스로 자신에게 진지하게 묻고 관상해 봐야 한다. 우리는 종종 주님을 따르고자하면서도 소유한 물질을 어떻게 포기할까를 생각한다. 하지만 우리가 소유한 물질을 가지고도 주님의 부르심을 실행할 수 있는 길을 발견하면 된다. 곧 내가 소유한 물질을 가지고도 어떻게 모든 것을 버리고, 주님을 따를까를 스스로 계속 질문할 때, 주님은 우리를 부르심과 깊은 관련을 가지도록 안내하신다. 그래서인지 우리가 더욱 집착하는 것은 혹시 물질보다는 소유하고자 하는 욕망은 아닐까? 우리는 더 큰 성공, 더 많은 돈 그리고 큰 힘과 많은 명성을 가져다주는 이 시대의 가치 문화 안에서 살고 있다. 우리가 이것을 추구하기 때문에 과연 하느님을 포기해야 하는가를 스스로 물어봐야 한다. 우리가 지속적으로 이런 이미지들과 가치관 그리고 사고방식을 가지는 것은 우리가 성공한 사람들, 정치인들, 유명인들 또는 영

화배우들 그리고 운동선수들을 바라보기 때문이다.

- **"우리가 가족과 목숨까지 스스로 미워해야 예수님의 제자가 될 수 있다"(루카 14,26):** 이 말씀은 표현이 무척 강해보이지만, 우리가 생명 자체를 만들 수 없듯이, 예수님께서 가족은 삶의 가장 중요한 지점이라는 것을 이해하도록 강조한 말씀이다. 주님은 섬김을 받으러 오지 않고 섬기러 왔다는 말씀처럼, 우리도 봉사하도록 부르심을 받았다. 하지만 우리가 주님을 첫째로 섬기지 않으면서, 우리 가정, 교회, 부모, 모든 좋은 것을 섬길 수 없다. 그분 앞에서 우리 삶을 조절하는 것을 포기하는 것, 그분의 손에 모든 것을 드리고, 제사에서 그분에게 맏배를 드린 이스라엘 사람처럼, 우리도 첫째 재산들을 주님께 드리는 것이다. 다시 말해서 우리는 모든 것 안에서 하느님이 중심이라는 믿음을 드러내야 한다. 곧 주님이 모든 것을 내려놓으신 그 가치를 우리가 받아들이는 것이다. 이를 두려워하지 말라. 그분이 먼저 우리를 위해 버림과 따름을 사셨기 때문이다. 주님의 시대와 이 시대의 문화가 매우 다른 점은 오늘날 사람들은 어떤 것도 내려놓지 않으려는 것 같다. 이것을 오늘 주님께서 우리에게 묻고 계신다. 키워드는 "의식적으로 내가 선택하는 것을 내려놓으라는 것"이다. 하지만 이것도 너무 극단적 방식을 지양하라는 주님이시다. 이처럼 주님을 따

른다는 것은 항상 선택이다. 주일을 지킬 것인가, 나의 일을 할 것인가, 주님을 만날까, 친구를 만날까, 주님 안에 휴식을 할까, 나의 취미로 휴식을 할까, 자비롭게 용서해야할까, 정의롭게 시시비비를 가려야 할까, 이처럼 우리는 종종 무엇을 선택해야 할지 많이 느끼고 곰곰이 생각한다. 결론은 둘 다 해야 한다는 것이다! 우리는 우리가 쥐고 있는 것들, 나쁜 생각들, 뒤끝, 개인적인 유감, 적대감, 분노, 야망 등 강한 이 모든 것을 내려놓으려는 준비를 하지 못한다. 또는 내가 어떤 길 위에서 방향을 바꿔야 하면서도, 내가 원하는 것을 그대로 실현하고자 한다. 오늘 세례를 받고 우리가 생각할 수 있는 것은 다음과 같다. 주님을 진심으로 따르고자 결심을 봉헌하면서도, 세상일과 친구들을 잃어버리지는 않을까를 염려한다. 하지만 주님은 그런 것들이 요구하고 있는 그 값의 무게를 계산하고 재야한다고 우리에게 말씀하신다. 결론은 둘 다 하면서 그 방법을 찾는 것이다. 주님의 선택은 극단적 흑백 논리가 아니다.

• **"누구든지 제 십자가를 짊어지고 내 뒤를 따라오지 않는 사람은 내 제자가 될 수 없다."(루카 14,27):** 주님은 버림과 따름의 영성을 제시하신다. 이 버림의 영성은 자기를 버림으로서 자신을 찾고, 가족을 미워하면서 참으로 가족을 사랑할 수 있으며, 나의 것

을 버림으로서 나의 것을 얻을 수 있게 한다. 버림과 따름의 영성은 욕망과 야망과 교만을 버리고, 주님의 가난과 겸손과 사랑을 따르는 삶이다. 주님은 버림과 따름이 바로 당신의 삶이고, 또 우리의 생활이 되도록 초대하신다. 온전히 버리는 것은 주님을 따름에서 시작하는 것이지, 나의 강한 힘으로 불가능하다는 말씀인 듯싶다.

• **보다 나은 삶의 계획, 식별(루카 14,25-33). "너희 가운데 누가 탑을 세우려고 하면, 공사를 마칠 만한 경비가 있는지 먼저 앉아서 계산해 보지 않느냐?":** 경제가 불안하면 제작자, 투자자는 파산하거나 도산하는 일이 발생한다. 인생에 있어서 도산하는 분야는 여러 곳이 있다. 공부, 영성생활... 졸업을 할 수 없어 전공학과를 계속 바꾸는 영원한 학생들에는 대학이 아마도 그들의 주차장이 될 수 있다. 영성생활에서도 도산을 할 수 있다. 규칙적인 생활에서 벗어나면서 질서와는 다른 쪽을 향해 사람들은 걸어간다. 큰 계획을 생각하는 자를 돕기란 쉽지 않다. 그가 작은 어려움에 직면해있는 것을 알고 있기 때문이다. 무엇인가를 끝까지 진정으로 이행하기를 원하는 사람은 지혜로운 자와 함께 충고를 하는 현명한 자이다. 영성생활에서 영적 지도자와 함께 대담하면서 그 길을 선택할 수 있다.

• **"저 사람은 세우는 일을 시작만 해 놓고 마치지는 못하였군"(루카 14,30):** 아빌라의 대 데레사에게 속하는 말씀이 있는데, 고통스러운 길은 좋은 지향의 포장이다. 예정된 것을 실현하지 않는 사람은 누구에게나 좋지 않게 보이며 실패로 느껴진다. 급하게 모든 것을 교정할 수는 없다. 사냥꾼들은 눈먼 맹수를 쏘지 않지만 정확하게 전리품을 바라본다. 우리도 교정하고 중단하지 않는 작은 것을 목표로 세워야 한다. 이는 무엇을 할 수 있는 성취감을 주는 커다란 심리적 가치를 쌓는 훈련이다. 하느님의 도움으로 우리가 더 할 수 있는 희망을 갖는다.

• **"맞설 수 없겠으면,"(루카 14,32):** 보다 나은 원의는 선보다 더 위대한 친구라는 말을 한다. 제시된 많은 가능성 가운데 어떤 한 가지 가능성을 선택해야 하는 원칙은 하느님께 보다 큰 영광을 위해서이다. 로욜라의 이냐시오 성인은 이상적인 열정과 일상의 현실 여정이라는 어려움 사이를 식별하였다. 그 현실은 모든 가능성과 힘에 적용되어 균형을 이루어야 한다. 카시아노는 이집트 수도자들의 가르침을 요약하면서, 모든 덕은 식별과 함께 경작하지 않으면 결점과 악습으로 바뀐다고 말하였다.

돈보스코 성인의 예방교육 체크하기

✓ 자녀들을 알아주기:

✓ 자녀들을 믿어주기:

✓ 자녀들을 사랑하기:

17. 잃어버린 두 아들의 비유
(루카 15장)

렘브란트 그림 '돌아온 탕자' 제목은 예수님의 잘 알려진 비유에서 작은 아들에게 초점이 맞추어져 있습니다. 그러나 예술가는 구도와 명암에 의해, 적절하게 고생으로 주름진 얼굴을 하고, 몸은 무릎 꿇은 아들을 향해 굽어 있으며, 손은 부드럽게 너덜하게 된 아들을 감싸는 아버지에게 집중하도록 합니다.
어떤 복음 전파자들은 작은 아들의 죄와 회개를 너무 강조해서 아버지의 자비와 잔치는 희미해집니다. 그의 회개는 중요합니다. 그러나 예수님의 비유에서 그림을 지배하는 것은 고통과 그리고 기뻐하는 아버지입니다.

• **그룹 나눔** 나는 언제 처음 하느님 모습 중 기쁨의 측면을 보았습니까?

• **개인 성찰** 종교 지도자들은 잔치에 가서 사회적 약자와 즐기시는 예수님을 강하게 비난합니다. 예수님께서 나와 친구들과 즐기시는 상상을 해봅니다.

루카복음의 이 부분에서 예수님은 하나의 비유를 세 가지 이야기로 설명하십니다. 루카 15장을 읽습니다.

가 질문과 나눔

1. 1-2절에서 이 비유의 문맥을 설명하십시오.

2. 세 가지 비유들은 모두 주인이 소중한 것을 잃어버리고 되찾았을 때 잔치를 벌이는 주제입니다. 예수님께서는 세 번째 이야기를 절정으로 이끌기 위해 두개의 짧은 이야기를 사용하십니다. 넓게 보았을 때 세 번째 이야기는 어떻게 다릅니까?

3. 11-13절에 집중합니다. 작은 아들의 처음 말과 이어지는 행동은 아버지를 향한 그의 태도를 드러냅니다. 무엇을 인식할 수 있습니까?

4. 13-16에서 예수님은 작은 아들의 경험을 "먼 고장에서"로 요약하십니다. 이 절들을 읽을 때 작은 아들을 향한 나의 태도는 어떠하고 왜 그렇습니까?

5. 17-19절의 작은 아들의 계획에서 그가 회개한다고 말할 수 있습니까? 왜 입니까? 혹은 왜 아닙니까?

나의 회개는 어떻게 시작되었으며, 거기서부터 어떻게 진행되었습니까?

6. 아들이 마을 어귀에서 서성거리고 있을 때(아마도), 아버지의 행동을 상상합니다(20-24절). 2절에 비추어 볼 때, 예수님은 비판자들이 이 아버지(예수님 자신)의 무엇을 보기를 원하셨습니까?

7. 큰 아들과의 대화에서 아버지의 어떤 성격과 동기가 드러났습니까?(28-32)

8. 예수님께서는 작은 아들이 세리들이나 "죄인들"(1절)을 반영하기를 의도하셨습니다. 그리고 바리사이와 율법 교사들을 대표하는 큰아들의 부정적인 초상화를 그리십니다(2절). 예수님의 비유에서 비판자들에게 희망을 주시는 모습을 어디에서 볼 수 있습니까?(28-32절)

9. 기뻐하시는 하느님의 모습은 예수님의 비판가들에게 아주 불쾌하지는 않더라도 낯설게 보입니다. 현대의 "바리사이"도 마찬가지입니다. 잔치를 베푸시는 하느님께 불편했던 이유는 무엇이었을까요?

10. 작은아들이 얼마나 방탕했었는지 와는 상관없이 그는 그의 정체성(아버지의 아들)을 알았습니다(15,17-21). 반면에 큰아들은 한 번도 아버지와 동생과의 관계를 표현하지 않았습니다. 그는 단지 노인 아버지를 불공평한 노예부리는 사람으로 봅니다(29절). 하느님에 대한 이 두 가지 견해 사이에서 어떤 긴장감을 느끼고 있습니까?

기도하기

이 공부에서 아버지로서의 하느님을 볼 수 있는 눈을 뜨게 해달라고 기도합니다.

실천하기

구약을 믿는 사람들에게는 시편에서 작가가 가끔 하느님을 아버지 같다고 하지만(시편 103,13), 하느님을 결코 아버지로 언급하지 않습니다. 추종자들에게 처음으로 하느님을 아버지로 언급하게 하시고 다가가게 가르치신 분은 예수님입니다. 루카 11,2-13을 기억합니다. 루카복음을 읽고 예수님이 하느님을 아버지로 언급한 모든 절을 밑줄 칩니다. 이 아버지 같은 초상화는 하느님과 나의 관계에 어떤 영향을 미쳐야 합니까?

탕자가 교회에 오기를 기다리지 말고(그들은 안 올 것입니다), 그들이 있는 그 "먼 고장"으로 가십시오. 적당한 크기의 마을에는 노숙자와 가정에서 학대를 받는 사람들과 약물 남용자들의 재활을 위한 쉼터와 전 교도소 수감자들을 위한 보호 감호소가 점점 더 많아지고 있습니다. 매춘부나 가출 청소년을 위한 사목을 찾을 수도 있습니다. 이들 외로운 개개인들과 친구가 되기 위해 교회가 무엇을 할 수 있는지 전화를 걸어 알아봅니다.

나 말씀묵상

• **루카 15,1-32(1-10):** 예수님은 세리들과 죄인들을 받아들이신다. 그들은 모두 예수님의 말씀을 듣기를 원한다(1절). 그러나 바리사이들과 율법학자들은 죄인들과 세리를 받아들이고 함께 음식을 나누는 예수님에 대해 험담을 한다. 주님께서는 그들에게 그 유명한 비유, 한 마리 잃은 양 이야기를 전하신다. 목자가 양 백 마리 중에서 한 마리를 잃었다면 아흔아홉 마리는 들판에 그대로 둔 채 잃은 양을 찾아 나선다. 그러다가 찾게 되면 기뻐서 양을 어깨에 메고 집에 돌아와 모든 친구들을 불러 함께 축하한다(6절). 결론은 늘 랍비적 형태의 스케마, 작은 것을 발견하는 것이 큰 기쁨을 얻는 것으로 진행되고 있다. 땅에서 그렇게 작은 것이 큰 가치로 변화된다. 즉 작은 하나가 회개하는 것이 하늘에서는 큰 기쁨이다(7절). 두 번째 비유는 잃었던 은전에 대한 이야기이다. 어떤 부인이 은전 열 닢 중에 한 닢을 잃었다. 그녀는 등불을 켜고 온 집안을 쓸며 찾는다. 그 돈을 찾으면 친구들과 이웃을 불러 기뻐한다. 역시 작은 것에서 큰 가치, 기쁨을 발견하는 것을 말한다(8-9절). 작은 것에서 큰 기쁨과 가치를 두는 것은 잃었던 사람이 다시 발견되고 일어선다는 현실에 적용된다.

• **루카 15,1-3; 11-32:** 오늘 복음 전반부에서 세리와 죄인들이 모두 예수님의 말씀을 들으려고 모여든다. 그러나 바리사이파 사람들과 율법학자들의 시선들은 곱지 않다. 예수님이 죄인들을 환영하고 음식을 함께 나누는 것을 못 마땅해 한다. 왜냐하면 그들은 죄인들과 세리들에게 한 번도 그렇게 대하지 않았기 때문이다. 예수님은 바리사이파 사람들과 율법학자들에게 한 가지 비유를 들어 말씀하신다(10절). 그 비유는 돌아온 아들, 다시 모인 가족이라고 말할 수 있다. 작은 아들은 아버지에게 제 몫으로 돌아올 재산을 달라고 청한다. 자비로운 아버지는 재산을 갈라 두 아들에게 나누어준다. 그런데 작은아들은 자신의 생각을 가지고 실행에 옮깁니다. 그의 행동이 경솔했다기보다는 자기 자신만의 계획을 결정하고 실현시킨 점, 즉 혼자 생각하고 혼자 결정하여 실행했다. 아버지 집에는 모든 것이 제대로 별 문제 없이 돌아가고 있었는데도 말이다. 재산을 달라 하여 즉시 주실 아버지시라면 자신의 생각과 계획을 한 번쯤은 아버지께 말씀드리면 어떠했을까하는 생각이 든다. 작은아들은 근면했고, 종들로부터도 존경을 받아왔을 것이다. 다만 그에게 근본적으로 부족한 점이란 돈을 낭비하는 것이라고 본다(11-13절). 작은아들은 아버지 집을 떠났다. 그러자 즉시 그가 처하게 된 외적인 환경은 부정적이 된다. 어려운 삶의 체험을 하고 그 고통의 체험이 그를 어떤 모습이든 성

숙하게 한다. 돼지들과 더불어 지내며 겸허함을 배운다. 손상된 체면, 혐오스러운 히브리사람이 되었다(14-16절). 그것은 작은아들의 느낌과 생각을 구석으로 몰아가게 했다. 그는 깨달았다. 본연의 자신으로 돌아가야 함을 그리고 자기 자신에게 말한다. 아버지 집으로 돌아가리라고, 내 경험들을 아버지에게 알리리라고, 지금 까지 내게 벌어진 모든 일을 보여 드릴 것이라고, 사람과 사는 관계를 배우고, 또 그만큼 성숙했음을 말씀드릴 것이라고... 그의 결심은 분명하다. 아버지께 신뢰를 드리며 말씀드리겠다는 확신과 영감을 받았다(20절). 아버지는 동구 밖 멀리서 이제 오려나 하고 기다려 본다. 늘 그 곳에 계신다. 그런데 아들이 나타났다. 아들을 보고 내려와 만나러 달려가 목을 끌어안고 어깨를 감싸고 입을 맞춘다. 아버지는 느낀다. 아들이 뭔가 바뀌었음을... 아버지는 멀어졌던 아들과의 관계를 다시 생각한다. 그전에 뭔가 부자연스러웠다는 것을... 이제 아버지와 아들 둘 안에 서로가 함께 있다. 각자 다시 서로를 생각하는 새로운 관계가 탄생한다(20절). 드디어 작은아들은 위대한 고백을 한다. "아버지, 저는 하늘과 아버지께 죄를 지었다. 이제 저는 감히 아버지의 아들이라고 할 자격이 없다."(21절) 아들은 사랑을 다시 발견하였다. 아버지 대답은 기쁨의 축제로 나타난다. 이는 부성적(父性的) 사랑의 선언이며 작은아들을 향한 존경과 사랑이다. 아버지는 큰아들에게도 '너는 항상 나와 함께 있다"는 기쁨을 주신다. 아버지와 형제들 사이의 기쁨이 있는 형태, 항상 함께 있는 잔치이다. 새로운 형태로 한 가족이 다시 발견되고 다시 탄생한다(21절). 이 축제와 기쁨은 동양적 잔치에서 잘 나타난다. 가무를 즐기고, 송아지, 음료, 신발을 신고...(22-23절) 밭에서 큰아들이 돌아온다. 큰아들은 아버지를 두려워하고, 어떤 점에서 의무감으로 살았다. 아버지 말씀을 어기지도 않았고 친구들과 잔치를 하도록 염소새끼 한 마리를 청할 용기도 없었다. 그는 아버지 집에서 모든 것이 아버지의 것이며 동시에 자신의 것이라는 것을 이해하지 못했다. 아버지 역시 이런 아들의 생각을 미처 알지 못한 것 같다. 그는 아들도 아니고, 고용인도 아이다. 즉 큰아들은 이것도 저것도 아니었다. 큰아들은 동생에 대해 아버지께 말할 때도 "당신의 아들"이라고 했다. 큰아들에게 근본적으로 부족한 것은 새로운 관계이다. 이 비유는 부성적 사랑, 자녀의 사랑, 형제적 사랑의 역동성을 소개한다. "새로운 관계를 위한"사랑의 역동이다. 아버지는 말씀하신다. 동생은 죽었었다. 그런데 지금 살아왔다. 동생은 삶의 방향을 잃었었다. 멈춰졌다. 그러나 지금은 풍요롭게 성숙했고, 균형 잡혔으며 조화로운 상태가 됐다. 멀어졌던 동생이 지금 여기 있다. 새 생활은 벌써 출발했다. 아버지의 집으로 하느님 나라로 걸어간다. 하느님 나라 안에 계신 아버지는 이미 작은아들을 용서했고 풍요로운 선물을 주셨다. 오직 필요한 것은 사랑하는 것이다. 후기 부활 교회 공동체에게 아버지는 하느님이며, 그의 집은 교회이고 두 형제는 문제의 인간들이다. 우리는 돌아온 아들인가?, 질투하는 아들인가?

• **양들의 목자, 그리스도. "한 마리를 잃으면"(루카 15,4):** 가출을 하려고 마음을 먹고 있는 아이들이 집을 나가려는 결심을 언제 하는가? 청소년 상담을 하는 분들이 이구동성으로 하는 말이 늦은 밤에 집에 도착했을 때 부모님의 방에 불이 꺼져있을 때라고 한다. 부모의 방에 불이 켜있으면 집에 들어가고, 만약 불이 꺼져있으면 고개를 숙이고 들어가지 않는단다. 구약에서 하느님과 백성의 관계는 유목민의 환경에서 영향을 받은지라, 양들과 목자의 관계로 나타난다. 이스라엘백성은 긴 시간동안 목동들의 백성으로 살아왔기 때문이다. 양들은 목자를 잘 만나야 한다. 목자의 권위가 그래서 양들에게서 드러나야 하는데 그 권위란, 양들을 위해 많은 정보를 가지고 있어서 양들이 원하는 곳에서 양 떼를 먹이고, 누워 쉬게 하며, 부러진 양은 싸매 주고 아픈 것은 원기를 북돋아 주어야 한다. 또한 양들이 예쁘지만 그 양을 잃을 때는 고통을 당하기도 한다. 구약에서 하느님은 유일한 백성의 인도자로 히브리인들에게 길을 잃지 않게 여러 번 반복해야 했다. 신약에서 예수 그리스도는 더욱 양과 목자의 관계를 심화하였다. 비록

잃어버린 양일지라도 새로운 당신 백성으로 인도하기를 원하신다. 곧 양들은 착한 목자이신 그리스도께 돌아가는 것을 두려워하지 말아야 한다. 오늘의 세상에서도 이 복음이 가르치는 메시지는 어떤 일이 있었더라도 목자인 주님께 돌아오는 것을 두려워하지 말라는 것이다. 어느 누구도 돌이킬 수 없는 일을 저질렀더라도 결코 그를 잃어버리지 않겠다는 목자의 마음이다.

• **착한목자(루카 15,1-10):** 요한복음에서 예수님은 아버지께 양떼를 인도하는 목자, 백성의 유일한 참 목자로 소개된다(요한 10장). 에제키엘 34장은 이스라엘의 목자, 좋은 목자, 목자(심판자), 미래의 왕국에 대해 말하고 있다. 4복음서들과 모든 것의 영안에서 선언된다. 그리스도께서 목동들의 마굿간에서 태어나시고, 목동들이 세상에 오신 첫 증인들이다. 예수께서 백성을 향해 자비의 설교자로서 활동을 시작하셨다. 왜냐하면 그들은 목자 없는 양들이기 때문이다(마태 9,36). 제자들은 어린 양들로서 교회의 이미지인데 늑대로부터 그의 양들을 보호해야 하는 것을 알고 계신다(마태 10,16). 세기말 종말에 양과 염소로 갈라질 것이다(마태 25,3). 한편 예수 그리스도는 양과 목자의 이중적 모습이 드러나고 있다. 요한 복음사가는 세례자 요한의 고백을 통해 예수님은 세상의 죄를 없애시는 어린양이지만 그 어린양이 바로 목자가 될

것이다(묵시 7,17)라고 말하고 있다.

• **교회의 목자기능:** 예수님 안에서 착한 목자로서 교회의 기능은 잃은 양을 찾는 것이다. 예수님께서 부활하신 다음 베드로에게 맡기신 사명도 당신의 양들을 돌보는 성소였다(요한 21,15). "여러분 자신과 모든 양 떼를 잘 보살피십시오. 성령께서 여러분을 양떼의 감독으로 세우시어, 하느님의 교회 곧 하느님께서 당신 아드님의 피로 얻으신 교회를 돌보게 하셨습니다."(사도 20,28) "으뜸 목자께서 나타나실 때 여러분은 시들지 않는 영광의 화관을 받을 것입니다."(1베드 5,4)

• **돌아온 아들, 돌아온 탕자(루카 15,1-32), "아버지. 재산 가운데에서 저에게 돌아올 몫을 주십시오."(루카 15,12):** 윤리신학자들은 다양하기 그지없는 죄의 종류, 죄에 빠지는 단계들을 찾아내고 그것을 죄 목록에 차곡차곡 채운다. 한편 영성신학자들은 지속적으로 그 죄의 뿌리를 탐구하는바 과연 모든 악습의 공통분모는 무엇인가를 찾고 있다. 만장일치로 두 신학자들이 대답하는 것은 바로 이기심, 이기주의(egoism)이다. 다른 이들에게 문을 닫아걸고, 이웃에게 무관심하며 자신에게만 집중하는 삶이라는 것이다. 오늘 그 유명한 복음은 둘째 아들이 모든 것을 소유하고 아

버지와 형제와 함께 일치하면서 살아가지만, 그는 모든 관계를 청산하기를 원한다. '아버지, 재산 가운데에서 저에게 돌아올 몫을 주십시오.' 자신만 위해 사용할 것을 요구한다. 재산을 나누어 받은 아들은 자기 것을 모두 챙겨서 먼 고장으로 떠났다. 먼 고장을 향해 떠나는 것은 바로 모든 관계를 끊고 혼자 살겠다는 이기심이다. 이 같은 사건은 오늘날 이상한 일이 아니다. 매일 우리 삶에서 체험하고 잘 알고 있는 아주 친근한 이야기이다. 러시아의 대학자 솔로비요프는 이 이야기를 들어서 '삶과 죽음'의 비유라고 하였다. 곧 삶, 살아있는 생명은 대화이며 지속적인 관계이지만, 관계의 종말인 죽음으로 인도하는 것은 죄라고 말하고 있다.

• **"모든 것을 탕진하였을 즈음… 그가 곤궁에 허덕이기 시작하였다."(루카 15,14):** 배고픔과 슬픔 그리고 그로인한 불만족은 육적인 것만이 아니라 영성생활에서도 큰 영향을 준다. 특히 실수한 자신의 삶이 그 배고픔과 슬픔 그리고 고통과 불만족을 선택할 수밖에 없을 때 더욱 그러하다. 불만족의 종류는 매우 다양하게 나타난다. 식당에서 음식을 먹을 때 자신에게 만족스럽지 못한 요리라면 다른 식당으로 가서 만족한 음식을 먹을 수 있다. 각자 자신이 하고 있는 직업에 불만족할 때도 역시 그것을 바꾸기 위해 다른 일을 찾을 수 있다. 그렇다고 모든 것이 다 이렇게 자신

의 불만족을 해결할 수 는 없다. 날씨가 만족스럽지 못하다고 해서 흐린 날씨를 맑게 자신이 원하는 데로 할 수 있나? 아무것도 할 수 없다. 오늘날 우리 사회는 불황, 불경기, 경제, 정치의 양극화 등 여기저기에서 불만과 갈등과 슬픔 그리고 고통이 밀물처럼 다가온다. 이 같은 슬픔과 갈등은 사람의 관계를 망가뜨리는데, 친구와 가족 그리고 누구와의 관계도 단절시키면서 결국 자기 자신의 내면까지 쓰러뜨린다. 그러나 슬픔과 불만족이 긍정적인 가치를 지니기도 한다. 곧 만족스럽지 못한 자신의 삶을 다시 돌아볼 수 있도록 인도한다. 복음은 이것을 소위 회개, 보속이라고 부르고 있고, 이것에서 진정한 기적의 힘이 나온다.

• **"그는 일어나 아버지에게로 갔다."(루카 15,20):** 사람들은 과거 어느 때 보다 인터넷, SNS, 인스타그램 등 간편하게 소통할 수 있지만, 많은 사람들은 더욱 고립되어 간다. 사회문제에 대한 정보는 흘러넘치고 있지만, 사회 문제의 본질을 이해하기는 더욱 더 어려워졌다(Brackley, 2004). 통교는 신뢰에서 시작되지만 단절과 분리는 이기심에서 시작한다. 사람들 사의 헤어짐을 보면 대부분 믿음과 신뢰가 사라지고 각자의 어려움 내지 불만족 때문에 사귐이 지속될 수 없다. 이같이 서로간의 단절 곧 폐쇄 및 봉쇄는 사람을 극단과 도피로 몰아간다. 장애를 허문다면 도망가지 않을 것

이고, 범죄를 일으켜 단죄 받기를 원치 않는다면 도망가지 않고 남아 있을 것이다. 회개한 죄인은 용서를 통해 다시 관계를 형성할 수 있다. 그 때 죄인은 보다 의롭고 아름다운 방법으로 하느님에 대한 믿음을 고백한다. 죄의 습관을 가지고 있지 않는 사람들은 하느님은 악을 이기고 선으로 갚아주시는 생명이고 제1원인이라고 쉽게 생각한다. 그러나 '주님! 죄인인 저를 용서하소서.'라고 기도하는 사람은 믿음으로 살아가고 하느님은 자비로우신 아버지, 선으로 악을 갚아주실 수 있는 분으로 믿는다. 영원한 생명을 주시는 신앙을 고백하면서 하느님과 하나가 되는 삶은 우리를 더 강하고 성숙하게 한다. 죄로 죽은 아들이었다 해도 자비를 구하는 사람은 새로운 생명의 아들로 태어날 수 있다는 것이 오늘 주님께서 주시는 메시지이다. 이 길만이 영원한 생명과 행복의 길에 참여하는 것이다

돈보스코 성인의 예방교육 체크하기

√ 자녀들을 알아주기:

√ 자녀들을 믿어주기:

√ 자녀들을 사랑하기:

18. 현명한 돈에 대한 비유
(루카 16장)

한 저녁식사에서 누군가가 1%의 미국인이 40%의 나라 자원을 소유하고 있다는 기사에 대한 이야기를 했습니다. 한편 전 세계 8명의 부자가 37억 명의 부를 소유하고 있다는 보도를 접했습니다. 그런 다음 그들은 일부 사람들이 얼마나 과도하게 부자인지에 대해 이야기 했습니다. 한낱 죽음을 면할 수 없게 보이는 우리 같은 인간들! 내 조카 소년 하나가 단호하게 말했습니다. "상속 받는 돈은 존중되지 않습니다." 그리고는 속삭이듯 "하지만 나도 좀 받았으면 좋겠어요."라고 말했습니다.

• **그룹 나눔** 나는 돈의 어떤 점이 좋습니까?

• **개인 성찰** 최근 어떤 경험이 나의 돈에 대한 태도를 바꿔야 하는 단서가 됩니까?

우리는 돈에 대해 엇갈린 감정과 의견을 가지고 있지만, 예수님은 그렇지 않습니다. 우리는 루카 12장에서 이를 보았습니다. 그분은 결코 부자들을 비난하지 않으시고 그들이 돈을 잘 못 사용하는 것을 나무라십니다. 여기서 예수님의 두 가지 돈에 대한 비유는 우리에게 어디에 현명한 돈이 있는지에 대한 이야기를 합니다. 루카 16장을 읽습니다.

가 질문과 나눔

1. 나는 이 이야기에서 집사의 행동에 대해 어떻게 반응합니까?(1-7절)

2. 예수님의 비유는 아주 분명합니다. 그러나 예수님이 적용하시는 것은 분명해 보이지 않습니다(8-9절). 그분은 이 비유를 어떻게 제자들에게 적용하는 것으로 보입니까?

3. 탐욕과 불의는 종종 같이 갑니다, 10-15절에서 예수님께서는 이 두 가지 특성을 분명히 비난하십니다. 예수님은 불의를 어떻게 정의하십니까?

4. 8-12절을 다시 봅니다. 이 단락에서 돈을 다루는데 있어 어떤 원칙을 끌어낼 수 있습니까?

5. 예수님께서 바리사이에게 하신 날카로운 말씀을 생각해 봅니다(13-18절). 돈의 사용에 대한 그분의 가르침에 무엇을 보탤 수 있습니까?

6. 19-22절에서 예수님은 부자와 라자로의 현세에서의 상황을 대조하십니다. 이 차이점들 중에 무엇이 내게 가장 인상 깊게 와 닿았습니까?

7. 그러고 나서 예수님은 그들의 저승에서의 상태를 대조하면서 나머지 비유를 하십니다. 부자는 하느님의 소유물을 잘못 사용했을 때 어떻게 되는지의 극적인 예입니다. 그는 현세의 삶에서 하느님의 자원을 어떻게 불의하게 사용하였습니까?(19-21절)

8. 23-26절에서는 천국과 지옥에 대한 가장 생생한 그림을 제공합니다. 존재의 이러한 차원에 대해 어떤 사실들 -보이는 것과 숨겨진 것-을 관찰합니까?

9. 아브라함과의 대화 마지막 부분에서 우리는 영원의 반대편 에 있는 삶에 대해 더 많이 배울 수 있습니다. 성서에서의 인용("모세와 예언자들")과 영원한 구원의 관계에 대해 특별히 무엇을 더 배웠습니까?(27-31절)

10. 우리들의 친척들과 친구들은 그 부자 남자의 형제들처럼 모두 의심이 많지 않을 것입니다. 죽음 이후의 삶에 대한 예수님의 계시로 우리가 사랑하는 사람들에게 증거 하도록 박차를 가하십시오. 나는 그들에게 너무 늦기 전에 예수님의 삶의 방식에 대해 무엇을 더 이야기할 수 있습니까?

기도하기

내가 사랑하는 사람들의 구원을 위해 서로 도우며 기도합니다.

실천하기

우리는 종종 좋은 투자를 보며, 베풀기 위해 더 많은 돈을 벌어들인다면 얼마나 좋을지 생각합니다. 그러나 영적 금융기관들은 우리가 개인으로서 지니고 있는 것보다 더 큰판을 원합니다. 일부 사람들이 하느님의 나라를 위해 한 일을 시도해 봅니다. 개인적으로 제한된 자원들을 끌어냅니다. 예금 증명서 또는 높은 이자를 얻기 위해 다른 사람들과 합류합니다. 영적으로 더욱 부자가 될 것입니다!

나 말씀묵상

• **하느님의 일을 하는 집사(루카 16,1-8), "집사가 자기의 재산을 낭비한다는 말을 듣고... 집사 일을 청산하게, 자네는 더 이상 집사 노릇을 할 수 없네"(루카 16,1-2):** 우크라이나 - 러시아의 대극작가 니콜라이 고골(1809-1852)의 희극 '회계감찰관'(집사)에서, 도시에 사는 사람들은 국가공무원, 곧 세금 징수원을 기다린다. 그가 도착하면, 너나 할 것 없이 모두가 각자의 자리에서 뇌물과 선물들을 주고받는 부패한 모습이 포착된다. 그런데 부패와 오류는 확실히 재물이 나뉘고 분배될 때 일어난다. 민중들은 바른 세

금을 징수하는 공무원을 원한다. 그래서일까 참 집사 곧 바른 징수원을 기다리는 사람들에게 이 말씀은 커다란 격려와 위안을 줄 수 있다. 이 복음은 아주 재미있는 상황극과 같아 보인다. 처음 이 장면을 마주하게 되면, 고개가 갸우뚱해지고 만족스럽지 않을 것이다. 니콜라이 고골은 민중의 반응들 때문에 슬픔과 울음까지 쏟아 냈다. 곧 민중의 목격자들은 하나의 비극적인 현실에 처해지고 그렇게 취급된 것을 이해하지 못하였다. 그러면 고골에게는 당시 러시아 사회에서 불의를 저지르는 부패하는 거짓 징수원이 누구일까? 결코 길지 않은 세상에서 사는 시간 동안, 횡령하고 부패에로 이끄는 악마를 상징한다. 사람들은 적어도 우리 생명의 소중함을 조절하며 실천할 수 있을 하느님과 바른 징수원을 함께 만나도록 바라며 기다린다. 복음에서 집사는 부자의 재산을 낭비했다는 소문에 집사 일에서 해고되지만, 그 후 부자는 그렇게 불의하게 행동하는 집사를 칭찬한다. 왜냐하면 루카는 이 불의한 집사 이야기를 통해 하느님의 가치를 드러내고 있기 때문이다. 부자의 재산은 하느님의 축복이고 재화이기 때문이다. 그런데 세상에서 벌어지고 있는 재산과 세금에 대한 것, 그렇게 바른 집사를 우리도 기대를 하고 선한 징수원을 만나려고 기다리는 그 순간에도 세상의 불의한 악마들은 사기를 친다. 비유로 보면 아마도 종말의 시간과 대비해 볼 수 있다. 우리도 하느님의 집사로서 그분의 일을 충실히 하는 시간이 되기를 기도한다.

• **인간 손에 있는 돈(루카 16,9ㄴ-15), "너희는 하느님과 재물을 함께 섬길 수 없다"(루카 16,13):** 돈(mammona)은 사회생활에서 중요한 수입을 만들어 살림을 하도록 유통되는 화폐다. 돈벌이, 수입은 비즈니스나 상업 없이 불가능하고, 수입과 돈벌이 없이 비즈니스 상업을 생각할 수 없다. 오늘 복음에서 충고하고 있는 예수님의 생각은 어떤 점에서 비현실적인 듯하다. 교회에서 복음 가르침은 현실적으로 합당한 돈벌이와 부당한 것 사이를 구분하고 있다. 하지만 정당한 수입과 부당한 것을 말하기란 단순하지 않다. 삶의 환경과 양심이 해결할 문제이다. 복음은 살기 위해 돈 버는 것을 추구해야 하고, 그것으로 또한 하느님을 위해 살아야한다고 말한다. 그러므로 삶을 위한 돈이어야지 돈을 위한 삶이 되어서는 안 된다.

• **"돈을 좋아하는 바리사이들이 이 모든 말씀을 듣고 예수님을 비웃었다."(루카 16,14):** 교부들은 돈에 대한 애착을 우상과 비교했다. 세상을 비추는 그리스도의 사랑을 볼 수 있어야 한다. 초기 그리스도교인들처럼 우리는 떠오르는 해를 향해 주님께 기도를 드릴 수 있다. 그러나 해를 공경한다면 우리는 우상행위를 하는 것

이다. 사람들과 하느님께 봉사하고 살기 위해 필요한 돈을 준비해야 한다. 하지만 오직 이기적으로 그것을 즐기고 소유하기 위해서 돈을 추구하면, 우상행위자이다.

• **"아주 작은 일에 성실한 사람은 큰일에도 성실하고"(루카 16,10):** 좋은데 쓰는 돈을 운영하는 자는 주인이 아니라 관리자이다. 착한 관리자의 기본적인 자질은 정직과 신뢰이다. 돈을 바르게 사용하도록 자녀들의 교육과 부모님의 가치관이 중요하다. 예전에 어린이들은 돈을 가지지 않았다. 필요한 것이 집에 있고 무언가 사고자한다면 부모님께 요청해야 했다. 그러나 오늘날은 지갑에 돈이나 신용카드 없이 경제생활을 하기가 불가능해 졌다. 현대의 교육자들은 아이들에게 일주에 약간의 돈을 줄 것을 충고 한다. 그리고 어떻게 사용하였는지를 생각하도록 비용을 적어 놓도록 가르친다. 과거부터 오늘날 아니 내일도 세상에서 부자와 빈자의 차이는 항상 더욱 늘어난다. 적은 가치든 큰 것이든 모든 돈은 하느님의 계산대에 속한다는 것을 인식할 필요가 있다. 우리가 우리의 것을 쓴다하더라도 하느님의 계산대를 통과해서 쓰는 책임을 져야 한다.

• **부자와 가난한 자. "어떤 부자가 있었는데, 그는 자주색 옷과 고운 아마포 옷을 입고 날마다 즐겁고 호화롭게 살았다."(루카 16,19):** 예수님의 설교는 "가난한 자의 행복"(마태 5,3)선언으로 시작을 하고 있지만, 구약 곧 이스라엘의 역사는 반대로 하느님께서 당신 믿는 이들의 일에 축복을 주시고 풍요로움을 주시는 예를 많이 보이고 있다. 아브라함은 가축, 금, 은을 많이 소유한 부자였고(창세 13,2), 그의 아들 이사악도 수확을 백배나 올리는 부유함을 누렸으며(창세 26,12), 야곱도 양, 염소, 남종, 여종 등 풍요롭게 살았다(창세 30,43). 욥은 모든 것을 잃었지만 그것은 그의 믿음을 시험하기 위한 것이었고 결국 욥도 최고 부유함을 누리도록 주님께서 불러 돌아온다. 그러나 모든 부유함의 원천은 무엇보다 하느님의 강복이다. 이 기초위에 인간의 노력이 열매를 맺는 것이다.

• **부자의 위험:** 성서에 따르면 복지와 안녕을 누리는 것은 하느님의 선물이다. 부유함은 하느님께서 주신 선물인 것이다. 따라서 인간은 그 선물을 교환하면서 상호 애정과 관심에 주의를 기울이면서 살아가야 한다. 다시 말해서 하느님께서 주신 선물에 먼저 감사를 드려야 한다. 그럴 때 하느님께서 선물하신 목표를 이룰 수 있다. 그러나 불행하게도 현실에서 발견하는 것은 반대로 나

타나곤 한다. 부자는 하느님의 선물을 더 이상 필요로 하지 않는다. 왜냐하면 모든 것을 소유하였기 때문이다. 성서는 "부유한 자의 재산은 그에게 견고한 성읍이 되고"(잠언 10,15)라고 말하면서 부자의 재산을 견고한 성채로 표현하며, 이스라엘을 "내가 먹여 주자 그들은 배가 불렀고 배가 부르자 마음이 우쭐해져 나를 잊어버렸다."(호세 13,6)라며 질책하고 있다. 부유함이 문제가 아니라 하느님의 강복의 뿌리를 잊고, 이제는 그 강복에 감사하지 않고 오만함으로 의심 없는 죄를 짓게 되고 결국 모든 것을 잃어버리는 부자의 신세가 된다는 것은 불 보듯 뻔 한일이다. 성서는 근본적으로 부유함을 반대하고 있나? 답은 간단하다. 그렇지 않다. 복지와 안녕, 풍요는 현실에서 살아가는 문제이다. 하느님께서 우리를 기억하셔서 주신 선물을 나의 안녕 복지 부유함만을 위해 소유한다면 그것이 문제라는 고발이 성서의 가르침이다. 그러면 어떻게 할 것인가? 가난한 자를 위해 사용할 의무를 성서는 말하고 있다.(가난한 자들을 위한 본당친교의 날 라플10%는 신의 한수이다)

• **"그의 집 대문 앞에는 라자로라는 가난한 이가 종기투성이 몸으로 누워 있었다."(루카 16,20):** 부자 곧 부유함이 만들어가는 위험은 매우 크고 영향력이 있음을 신약성경의 적지 않은 부분에서 고발하고 심지어 그것을 단죄하는 듯 하는 말을 우리에게 던지고 있다.

- **“불행하여라, 너희 부유한 사람들 너희는 이미 위로를 받았다.”(루카 6,24):** 부유함과 부자가 나쁜 것은 절대 아니다. 부자는 가난한 자를 위해 자비를 베풀어야 하는 책임을 가지고 있다 것이 오늘 주님의 메시지이다. 가난 자체는 좋지 않은 악이 아니다. 하느님으로부터 가난한 자들은 배려되고 치료될 존재들이다. 사람들이 다른 가난한 자를 어떤 형태로든지 책임을 질 때 엄청난 사랑의 사건이 발생할 것이다.

돈보스코 성인의 예방교육 체크하기

✓ 자녀들을 알아주기:

✓ 자녀들을 믿어주기:

✓ 자녀들을 사랑하기:

19. 포기하지 않는 모습들
(루카 17,1-18,14)

끔직한 재앙에서 꿋꿋이 견디며 생존한 사람들의 기사나 사진은 우리를 매료시킵니다. 1967년 8월 22일 충남 청양의 구봉광산에서 막장의 물을 퍼내던 일을 하고 있던 광부 양창선씨(당시 35세)는 갱도가 무너져 암흑천지가 된 곳에서 16일을 버티고 살아났습니다.

쿠바로부터 탈출을 시도하다가 엄마와 다른 사람들은 모두 물에 익사한 반면 고무보트에 이틀 동안이나 매달려 살아난 6살 쿠바 소년 엘리언이 있습니다. 지진으로 무너진 지 8일 만에 12층짜리 건물에서 살아난 대만의 50세 여성이 있습니다. 시베리아에는 공산주의의 박해를 받은 후에도 여전히 예수 그리스도께 헌신한 가족이 있습니다.

• **그룹 나눔** 그리스도인으로 인내하는 것이 가장 힘들었던 때는 언제였습니까?

• **개인 성찰** 당신은 얼마나 기꺼이 실패를 인정하고, 일어나 주님과 동반하겠습니까?

예수님께서는 버티는 것에 대해서 직접 알고 계셨습니다. 그분은 가족의 오해, 잔인한 반대, 쉬운 길을 택하려는 유혹에도 불구하고 자신의 목표를 지켜내야 했습니다. 루카 17,1-19를 읽습니다.

가 질문과 나눔

1. 17,5에서 제자들은 왜 예수님께 그렇게 강하게 반응했습니까?

2. 예수님께서는 두 그림을 가지고 대답하십니다(17,6. 7-10). 각 그림은 제자들에게 어떻게 신앙이 자라는지 알려줍니까?

3. 사마리아인만 예수님께 돌아왔습니다. 그의 행동은 “자라나는” 신앙을 어떻게 보여줍니까?

4. 루카 17,20-37을 읽습니다. 바리사이들은 하늘나라가 볼 수 있고 세속적이기를 기대했습니다. - 다시 말하면, 이스라엘의 정치 상황이 로마의 통치에서 자유롭게 되기를 기대했습니다. 예수님의 하늘나라 가르침은 어떻게 그들의 생각과 부딪힙니까?(17,20-21)

5. 예수님께서는 거짓 예언자에게 잘못 이끌리지 않도록 경고하십니다(17,22-23). 현대에는 어떤 거짓 예언자가 사람들을 잘못 인도합니까?

6. 예수님의 빛에 관한 은유는 사람의 아들이 오실 때의 특징에 대해 무엇을 경고합니까?(17,24)

7. 예수님께서는 구약의 두 가지 예를 이용하여 사람들이 하느님 심판에 대한 준비가 부족하다고 경고하십니다. 나는 아마 구약시대의 세대들과, 현재 우리 세대들의 평행선을 볼 수 있을 것입니다(17,26-29). 우리 문화에 미치는 강한 영향들을 생각해 봅니다. 이 영향들은 어떻게 우리를 잘못 인도합니까?

8. 루카 18,1-14를 읽습니다. 예수님께서는 그분이 돌아오실 때까지 어떻게 살아야 하는지에 대한 지침을 계속 주십니다(18,1.8). 기도를 멈추지 마십시오. 사람들이 기도를 멈추는 이유는 무엇입니까?

9. 우리가 계속 기도하도록 격려하기 위해서, 예수님께서는 매정한 재판관에게 고집스럽게 청하는 무력한 과부의 초상화를 그리십니다. 그러나 하느님은 재판관과 어떻게 다르십니까?

아마도 우리의 하느님에 대한 시선은 매정한 재판관과 같을 것입니다. 우리는 어떻게 그 시선을 고칠 수 있을까요?

10. 반면에, 꾸준한 기도는 하느님에 대해서 추측에 이르게 할 수도 있습니다. 예수님께서는 바리사이와 세리의 비유를 가지고 이 유혹의 균형을 잡으십니다(18,9-14). 바리사이의 기도에서, 그의 하느님과 자신에 대한 개념을 어떻게 설명하겠습니까?

세리의 견해는 무엇입니까?

11. 나의 기도가 하느님과 나 자신에 대한 개념에 대해 무엇을 드러낸다고 생각합니까?

기도하기

세리처럼 정직하고 간략하게 기도합니다.

실천하기

유명한 미국의 여론조사에 따르면 미국인의 3분의 1이 집에서 기도 한다고 합니다. 만약에 질문이 "다른 사람과 규칙적으로 기도하기"라고 하면 몇 퍼센트일까요? 예수님께서는 그렇게 하라고 촉구하십니다(마태 18,19-20). 초기 그리스도인들이 함께 꾸준히 기도했을 때 무슨 일이 일어났었는지 봅니다. 사도 1,14.24; 2,42; 4,23-31; 6,6-7; 12,12; 13,1-3; 14,23

내가 만약에 아직 기도 모임에 속해 있지 않다면, 한명 또는 두 명과 시작합니다. 하느님 나라를 위해 내가 같이 견딜 때 성장하는 것을 바라봅니다.

④ 말씀묵상

• **매일생활에서 분쟁들(루카 17,1-6):** "네 형제가 죄를 짓거든 꾸짖고", "'회개합니다.' 하면 용서해 주어야 한다." "하루에도 일곱 번 죄를 짓고."

• **믿음과 겸손의 힘(루카 17,5-10), 쓸모없는 종들(루카 17,7-10). "종이 있으면":** 성경에서 '종'과 '친구'의 비유가 함께 사용된다. 하느님께 봉사하는 섬기는 '종'의 모습과 그분과 함께 우정을 나누는 '벗'의 모습으로 이 두 가지 모습은 서로 만나는 예수님의 표현이다.

• **"너희도 분부를 받은 대로 다 하고":** 영혼을 구하고 영생을 보존하는 일이야 말로 모든 것 가운데 가장 중요한 일이다.

• **"저희는 쓸모없는 종입니다."(루카 17,10):** 로욜라의 이냐시오 성인께서는 "모든 것은 너희에게 달려 있듯이 일을 하라. 그러나 모든 것이 하느님께 달려있듯이 기도하라."고 말씀하였다. 이는 기적적인 그리스도교 생활의 경험을 종합하는 문장이다. 하느님께서는 홀로 모든 것을 할 수 있다. 하지만 협동할 수 있

는 사실이 우리에게 특권이다. 쓸모없는 종이라며, 종의 일을 하였을 뿐이라고 고백한다. 하지만 이는 종으로서 일을 한 것이지만 주인 편에서는 주인의 일을 한 '벗'으로 생각하고 있다고 볼 때, 종과 벗은 성경 안에서 방향의 문제이지 존재의 본질문제는 아니라는 말씀일 것이다. 예수님은 "만일 너희가 믿음을 지녔다면"으로 시작하신다. 곧 "'겨자씨 한 알만 한 믿음이라도 있다면' 하고, '작은 겨자씨 같은 믿음으로 뽕나무를 옮길 수도 있다(17,6).'"고 하신다. 예수님은 제자들을 성경에서 이미 믿음으로 살아간 선인들에게로 안내한다. 제자들은 믿음의 아버지 아브라함이 살았던 신앙을 알아야 한다. 아브라함, 그는 누군가? 분명한 방향을 모르고도 유랑을 가기 위해 살던 땅을 떠났다(창세 12,1-3.4). 아들 이사악을 주님께 봉헌할 때도 아브라함의 믿음이 드러났다(창세 22,1-16). 모세도 실망한 백성들에게 물을 주기 위해 바위를 부수었다(탈출 17,1-17). 적들과 대항하여 기도하기 위해 지팡이를 들어 올렸다(탈출 17,8-16). 계약을 맺고 얼굴을 맞대고 주님과 함께 말하기 위해 시나이 산에 올라갔을 때(탈출 24,12-18), 이 모든 것이 모세의 믿음을 나타낸 일이다. 믿음이란 자신과 가족 그리고 형제를 부르시는 하느님께 사랑으로 응답하고 충실한 것이다. 하여간 믿음은 모든 이에게 공짜로 부연된 선물이다. 그런데 우리는 나의 믿음을 어떻게 고백할까? 믿음이 부족하다? 믿음이 없다? 약하다? 믿음은 크기와 무게와 강약도 아니며, '있다' '없다'도 아니다. 이런 식의 표현이 도대체 뭘까? 겸손한 게 아니다. 믿음은 총체적인 삶의 신비이다. 그래서 삶 자체가 모두 기적이다. 믿음은 선물이다. 특별한 상황에서 신앙(믿음)이 더욱 제공된다. 복음에서 힘겹게 일을 마치고 돌아온 종은 주인의 저녁을 먼저 준비하고, 시중을 모두 들고 나서야 음식을 먹는다. 종이 명령대로 했다고 해서 주인이 좋아할 이유는 없다. 그저 종은 '보잘 것 없는 소인이 그저 할 일을 했을 뿐입니다.'라고 말해야 한다. 결론은 매우 무겁다. 이것이 은총이다. 제자들도 같은 조건에 처해있다. 우리는 보잘 것 없는 종들이다. 믿음이 없다 약하다 하기보다 우리가 해야 할 일 만큼을 했을 뿐이다(10). 이처럼 해야 할 일을 한 게 믿음이고 은총이다. 주어진 하느님의 은총은 어디에 있을까? 은총이란 그들이 할 일을 하는 동안, 그리고 일을 마친 다음에 공짜로 주어진 것이 은총(은혜)이지, 은총이 사람들의 능력 안에 있지 않다. 은사를 받은 사람들은 어떤 자랑이나 요구를 얻으려 하지 않고 오직 믿음을 갖고 이웃사람과 일치하는 것이 필요하다. 은총을 선사하시는 전능하신 하느님은 종이 자신의 일을 성실히 마친 다음에 선물하신다. 하지만 제자들은 보상을 받기 위해서 일하지 말아야한다. 제자들 곧 지금 우리도 주님을 위해 일한다. 그것으로 충분하다. 이것이 예수님께서 제자들에게 더해 주시는 믿음이다.

• **유용한 일과 무용한 일. "너희 가운데 누가 종이 있으면"(루카 17,7):** 시에나의 가타리나 성녀께서 하느님과 완덕의 단계에는 세 가지가 있다고 말한다. 첫째는 종의 관계, 둘째 자유인, 셋째 가족관계이다. 그러나 어느 시점 최고의 단계에서는 이 모든 관계의 단계가 동일하게 나타난다고 말한다. 곧 종, 자유인, 가족은 모두 동의어라는 것이다. 지상에서는 먼저 일을 한 다음에 그에 따른 보상이 따르게 마련이다. 그러나 반대로 하느님께서는 시간 밖에 계시는 영원성이시기 때문에 꼭 그런 논리적 단계를 나타내지는 않으신다. 합당하고 좋은 일을 한 다음에 따르는 보상이나 봉급 곧 돈은 바로 하느님께서 주시는 영원한 생명이다. 포도원에서 아침부터 일한 자나 오후 늦게부터 일한 자에게 같은 돈을 준 것도 이와 같은 비유이다. 교회의 교부들은 이 비유를 어떻게 알아들을까를 묵상하였다. 보상의 돈은 영원한 생명이다. 영원성은 나눌 수가 없다. 늘 내면적이다. 영원성의 개념을 분명하게 제시해주고 계신다. 하느님의 자유로운 선물이지 우리의 공적의 결과가 절대 아니다.

• **“너희도 분부를 받은 대로 다 하고나서”(루카 17,10), “그런 다음에 먹고 마셔라.”(루카 17,8):** 보상은 은혜이자 생명이다. “종이 밭에서 일을 한 다음에 와서, 그 종에게 ‘어서 와 식탁에 앉아라.’ 하겠느냐? 오히려 ‘내가 먹을 것을 준비하여라. 그리고 내가 먹고 마시는 동안 허리에 띠를 매고 시중을 들어라. 그런 다음에 먹고 마셔라.” 농담이라고 하더라도 종에게 다음에 먹고 마시라고 하니 다행이지 않겠는가? 포도원 비유처럼 돈을 받는 것도 중요하지만 포도원에서 일하는 그 자체가 핵심이다. 포도원이나 식탁에 앉아 먹는 다는 것은 바로 세상의 구원계획 안에 이미 들어와 있는 것이다. 얼마의 노동의 대가를 받든, 밥을 언제 먹든, 식탁에 앉아 먹는다는 것이 영원한 생명을 받았다는 의미이다. 그 보상으로서의 식탁의 밥을 먹는 것은 지금부터 주어진 것이고 더 늘어날 것이며 그 결과는 이미 지금 세상구원에 협력하는 것이다. 화가가 자신의 그림을 3년간 노력을 해서 완성하였다. 그림은 성공적으로 완성되어 비싼 값으로 팔렸다. 그러나 화가의 마음은 매우 아팠다. 자신의 그림을 자신의 집에 소장했으면 얼마나 좋았겠는가? 관대하고 위대한 후원자를 발견했더라면 그렇게 할 수 있었건만... 우리의 생명은 마치 그 화가가 그린 그림과 같다. 우리 안에 바로 하느님의 모상인 하느님의 그림이 있다. 그런데 우리는 그 화가처럼 우리의 그림을 팔지 않아도 된다. 하느님께서 든든

한 후원자이기 때문이다. 그림을 잃어버리지 않도록 늘 도와주실 것이다. 그러니 우리는 영원한 생명을 위해 그 그림을 보존해야 한다.

• **하느님께 감사(루카 17,11-19). "아무도 하느님께 영광을 드리러 돌아오지 않았단 말이냐?"(루카 17,18):** 성경과 전례에서 하느님을 찬양하고 영광을 드리는 것이 종종 발견된다. 그런데 '찬양하다'는 용어는 희소한 구식이 되었는데, 혹시 독재 국가나 옛 사회주의 국가에서 종종 들을 수 있었지만, 지금은 찾아보기가 어렵게 됐다. 또한 그 표현의 의미도 약화되었다. 이유는 사람들이 마음에도 없는 찬양을 크게 하는 것보다 오히려 선한 일을 크게 해야 한다고 믿기 때문이다. 히브리말과 다른 셈족 언어에서 '찬양하다는 동사'는 다른 의미를 가지고 있었다. 곧 히브리인에게는 '감사하다'는 말도 없었다. 그래서 감사하는 마음은 칭찬과 축복과 함께 표현되곤 하였다. 따라서 성경에서 축복을 하고 하느님을 찬양하는 것이 종종 감사한 마음을 전하는 것으로 나타난다.

• **"이 외국인 말고는"(루카 17,18):** 종종 일어나는 일이다. 가족 식구가 아니라 외국인에게 고맙게 생각하는 자들이 많다. 심리적

인 설명이 있어야 한다. 가족한테 귀하고 존중받는 것이 당연하고 정당하며 권리까지 느끼는 것이 보통으로 생각하듯이, 우리는 부모, 남편, 부인, 선생님에게 은혜를 잊고 살거나 생각하지 못하거나 혹은 저버리는 경향이 있다. 특히 은총을 충만히 주시는 하느님을 향해서도 배은망덕한 경우가 있다. 이냐시오 성인은 영신수련에서 양심성찰의 근본 목적이란 각자의 부족함, 결점을 인식하고 그것을 교정하는데 있다고 말했다. 성 이냐시오가 조언을 하고 있는 것은, 우리가 하느님과 이웃들로부터 얼마나 많은 은혜를 받는지에 관해 설명을 하고 있다. 그렇다. 우리는 살아가는 생명을 주신 모든 분들 위해 양심을 통해서 하느님께 감사와 기도를 드려야 한다.

• **"하느님을 찬양하며... 그는 사마리아사람이었다."(루카 17,16):** 오늘 복음에서 예수님께서 치유를 하셨다. 그런데 사마리아 사람만 돌아와서 감사를 드렸다. 하느님께 영광을 드린 사람은 한 사람이었다. 신앙인은 즉각 발생하는 모든 것에 그 원인이 무엇일까? 질문하면서 하느님께 감사를 돌리는 자들이어야 한다. 의사가 환자를 치료할 때, 성심껏 환자를 대하는 의사에게 우리는 감사의 마음을 갖고 있을 뿐 아니라 그 표시를 한다. 그런데 우리는 선한 의사 예수님을 보내주신 하느님에게 특히 감사를 드려야 하

지 않을까. 오늘 복음에서 열 사람 모두 병이 나았지만, 예수님께서 "네가 구원을 받았다."라는 선언을 들은 사람은 예수님께 감사를 드리러 온 사마리아인 한 사람뿐이었다는 것도 생각해볼 내용이다. "어떤 사람이 자기 연인에게 잘 해주고 나면 비싼 이태리 명품 가방을 하나씩 받다가, 더 이상 연인이 가방을 사주지 않으면 헤어지자고 한다거나 모른 척 한다면 그 사람은 연인을 사랑한 것이 아니라 가방을 사랑했던 것이다. 마찬가지로 신앙생활을 하면서 하느님과의 관계를 다른 어떤 것을 얻기 위한 도구처럼 생각한다면 올바른 신앙생활을 하는 것이라고 말할 수 없다. 그래서 십자가의 요한 성인은 "하느님보다 하느님의 선물을 사랑하는 것은 심각한 악이다."라고 까지 말씀하셨다. "하느님의 선물을 감사하게 여기는 것"과 "하느님보다 하느님의 선물을 더 사랑하는 것"은 완전히 다른 문제다(한현택 신부 강론). 오늘 치유를 받은 사마리아 사람은 하느님의 선물인 치유를 받은 것에 그치지 않고, 그 치유를 주신 주님께 찾아와 감사를 드렸다. 이제 어떤 형태로든 투병생활을 하시는 분들에게 완전한 치유의 비법을 말씀드린다. 먼저 사마리아인처럼 감사하자. 그렇다면 당신 안에서 완벽한 병의 치유가 일어나는데, 그 치유의 기적이 감사이다. 이처럼 치유는 감사와 함께 하느님과의 관계 안에 들어가는 것이다. 그래서 예수님은 그에게 이렇게 선언하신다. "네 믿음이 너를 구원하였다." 미사를 그리스어로 Ευχαριστία다. 이를 직역하면 "감사제"라는 말이다. 우리는 하느님께 감사를 드리며 그분을 믿는 자체로, 그분과 사랑의 관계 안에 사는 기쁨 자체로 모든 보상을 받는다. 이 세상은 과연 좋은 세상일까, 또는 나쁜 세상일까? 성경에 따르면 세상이란 하느님과 함께 우리와의 관계를 다시 반영한다. 선한 자에게는 선하게, 악한 자에게 악하게 보인다. 곧 구약에서 홍해 바닷물이 이스라엘 백성들에게는 구원의 물이었으나, 이집트 병사들에게는 죽음에 빠트리는 물이었던 것과 같다. 그러면 하느님께서는 지금 누구와 함께 계실까? 모든 성인들은 하느님 그분과 함께 계신다. 다만 성인이 그것을 느끼지 못하다면, 하느님께서 무디거나 쌀쌀하게 대하셔서 그럴까? 그러므로 내가 하느님께 감사드리는 것을 안다는 것은, 내가 이웃과 함께 하는 관계도 역시 단순하게 감사 하는 것이다.

• **땅위에 하느님 나라(루카 17,20-25). "하느님의 나라는 눈에 보이는 모습으로 오지 않는다."(루카 17,20):** 하느님 나라의 도래가 그렇게 제시되지 않는다. 조심하여라. 하느님의 나라는 오직 마음 안에서 본다. 우리는 하느님의 신비 앞에 서 있다. 그 신비는 하느님께서 모두를 구원하시길 원하는 것이다. 다만 우리가 모르는 것은 언제 그리고 어떻게 이다.

• **"하느님의 나라는 너희 가운데에 있다."(루카 17,21):** 하느님 나라는 비가시적인 내면의 첫 장소에 있다. 물론 비가시적인 하느님은 또한 외적으로도 계시된다. "땅 위에 하느님의 계시는 교회, 우리 가운데 성령이시다." 사회 안에 교회제도도 내적 비가시적 교회로 정의할 것인지 제2차 바티칸 공의회는 오랫동안 토의하였다. 그렇다. 내적인 비가시적인 교회이다. 외적인 제도, 전례. 거룩한 징표가 그리스도와 일치하는 것을 소개한다. 우리가 기도할 때 성체성사에 참여할 때 우리는 하느님이 우리 가운데 계시고 하늘과 땅에 그의 나라가 실현되도록, 우리 마음으로부터 시작된다.

• **"번개가 치면 하늘 이쪽 끝에서 하늘 저쪽 끝까지 비추는 것처럼, 사람의 아들도 자기의 날에 그러할 것이다."(루카 17,24):** 세례 때 이마에 물을 부음은 마음의 정화, 내적인 정화가 삶으로 충만하게 성장하는 것이다. 공동기도역시 그리스도와 내적 일치의 모상이다. 회개, 보속이 중세 때 설교 곧 종말에 대한 설교로 오늘 종말로 보았다. 악의 심판은 선의 승리를 의미했다. "누구든지 주님을 사랑하지 않는 자는 저주를 받으라! 마라나타!"(1코린 16,22; 묵시 22,12-13)

• 하느님께 돌아온 질문(루카 18,1-8). "하느님께 선택된... 그들에게 올바른 판결을 내려 주지 않으신 채...시겠느냐?"(루카 18,7): 구약의 메시지는 하느님의 자비이고 신약은 그것을 완성한다. 곧 하느님은 하늘에 계신 아버지라는 계시로 완성한다. "밤낮으로 부르짖는데", "사람의 아들이 올 때에 이 세상에서 믿음을 찾아볼 수 있겠느냐?"

• 바리사이와 세리의 기도(루카 18,9-14). "두 사람이 기도하러 성전에 올라갔다."(루카 18,10): 그리스도 신자들이 기도를 할 때 과연 하느님께서 그것을 들어주실까? 곧 청원하는 것을 허락해 주실까하는 의문이 남는다. 하느님께서 세상사 모든 것을 돌보셔야 하는데, 모든 기도를 승낙해주실까? 복음은 우리가 믿음으로 청하는 모든 것을 하느님께서 주신다는 것을 허락하고 있다. "주님, 제 아들에게 자비를 베풀어 주십시오. 간질병에 걸려 몹시 고생하고 있습니다."(마태 17,15) 신앙인이란, 하느님의 마음으로 생각하고, 하느님의 뜻을 실천하는 사람이다. 우리가 청원을 드릴 때, '아버지의 뜻이 이루어지게 하소서.' 하고 기도한다면, 우리는 분명히 그것을 받게 된다. 한편 우리가 청원하는 것이 참으로 하느님의 뜻인가를 어떻게 확신할 수 있을까? 요한 금구성인께서 '죄의 용서를 청하는 것 역시 그 분의 뜻이다.'라고 말씀하신다. 죄

까지 용서받는데 그 이외의 다른 것에 대한 청원이 어찌 이루어지지 않겠는가. '주님 죄인인 저에게 자비를 베풀어 주소서' 미사 때마다 드리는 자비의 기도야 말로 참으로 아름다운 기도이다. 이 기도를 드리면서 우리는 주님께서 주시는 바를 확신하게 된다.

• **"오, 하느님! 제가 다른 사람들... 같지 않으니, 하느님께 감사드립니다."(루카 18,11):** 전통교리서에서 우리는 일곱 가지 무거운 죄(7죄종)에 대해 배웠다. 교만, 질투(시기), 탐욕(인색), 음욕, 폭식(폭음), 분노, 나태(게으름). 동방그리스도교회는 죄 목록에서 교만이 반대로 마지막에 위치한다. 즉 교만은 하느님으로부터 가장 멀리 있는 최악단계를 뜻한다. 그러나 교만은 허영 또는 헛됨과 구별된다. 자만으로 나타나는 허영과 헛됨은 하느님과 사람들의 눈에 가치 없는 특이한 것에 과도한 중요성을 두고 있는 것이다. 요즘으로 말하면 아름다움에 대한 지나친 욕구 곧 성형, 웰빙 미용..., 특이한 목소리, 좋은 옷, 귀족태생, 부유함, 힘과 능력 등 이러한 것들은 교만은 아니지만 한편으로는 가볍고 귀엽게 나타날 수 있는 허영심의 표현이기도 하다. 허영과 헛됨이 과연 죄일까? 일반적으로 조소와 비웃음으로 갈 때 교만을 향해가는 죄의 범주에 든다. 그렇지만 교만은 매우 무거운 죄이다. 교만한자는 하느님께서 주신 선물, 은혜까지도 자만한다. 교만은 다른 것들보다

우월하다고 그 가치를 나타낸다. 이것이 참이라면, 3세기 사막의 영성가 에바그리오는 "일곱 가지의 죄악을 아무리 몰아낸다하더라도 마지막 8번째 교만의 영은 남아 있는 것이며, 교만의 영은 또다시 7가지의 죄악을 만들 것이다."라고 하였다.

• **"그러나 세리는 멀찍이 서서 하늘을 향하여 눈을 들 엄두도 내지 못하고 가슴을 치며 말하였다. '오, 하느님! 이 죄인을 불쌍히 여겨 주십시오.'"(루카 18,9-14):** '무신론적 인문주의의 드라마'의 저자 다니엘 루는 자신의 책에서 "오늘날 대중은 믿기를 포기하였다. 그들이 지은 죄악을 잘 모르기 때문이다."라고 이 시대의 불신 문화를 고발하고 있다. 하느님이 존재함은 하나의 이상이지만, 반대로 인간에게 그분은 채무자가 되셨다. 이 모습은 바로 오늘이 '성인들의 세상'인듯하나 하느님과 그분의 나라가 없는 세상이다. 도스토예프스키는 이런 세상에 역설적인 선언을 하였다. "종종 하느님께 가장 가까이 있는 자들이 대죄인들이다." 각자의 죄에 대해 자각할 때 우리 사회는 서로간의 믿음과 신뢰가 쌓인다. 도스토예프스키의 유작 '카라마조프가의 형제들'에서 조시마 큰 수도자 사부가 말씀을 남긴다. "사랑스런 아들들아, 죄를 두려워하지 마라." 감동적이고 열정에 가득하서 우리의 직관력을 일깨우는 문장이다. "죄를 지었음을 자각하는 것을 두려워하지 마라.

하느님께서 용서하시고, 그분께서 하늘에 계신 자비로운 아버지이시고 당신나라가 이미 이 땅 위에 현실로 나타났음을 다시 비추시리라. 이것을 발견하도록 힘쓰시오."

돈보스코 성인의 예방교육 체크하기

✓ 자녀들을 알아주기:

✓ 자녀들을 믿어주기:

✓ 자녀들을 사랑하기:

20. 하느님께서 하늘나라에서 원하시는 존재감 없고 작은 자들 (루카 18,15-19,10)

우리는 아마 인식하지 못할 수도 있지만, 많은 우리 교회들은 상당히 중산층으로 보이고, 그렇게 느끼며, 행동합니다. 나는 그리스도께 완전히 개종한 전 교도소 수감자를 초대한 적이 있었습니다. 그런데 그는 끊임없이 꿈틀거리면서 무슨 일이 일어나고 있는지에 대해 주의를 기울였습니다. 나는 마침내 그가 괜찮은지 물어 보았고 그는 "네, 네" 하고 대답했습니다. 내가 그에게 소개한 다른 교우들이 그보다 오히려 더 신경이 거슬렸습니다. 나중에 그는 "나는 여기서 아무것도 아닌 사람처럼 느껴집니다." 하고 털어 놓았습니다. 그는 이제 재활원 경당에서 활발한 전례 봉사자입니다.

• **그룹 나눔** 내가 속한 공동체에서 누가 가장 중요하지 않은 존재감 없는 사람으로 보여 집니까?

• **개인 성찰** 아주 솔직하게 말해서 내가 속한 공동체에서 누구를 암암리에 무가치한 존재로 여깁니까?

예수님께서는 관습적으로 지역 회당에서 기도하고 가르치셨습니다. 그러나 그분은 꾸준히 거리에, 들판에, 시장에 나가셨습니다. 이제 그분이 보여주신 삶의 마지막 몇 주 동안, 그분과 제자들이 예루살렘 근처에 있을 때 군중들은 메시아 열병으로 점점 더 커지고 뜨거워집니다. 그리고 "무가치한 자"가 계속 길을 따르며 주님을 방해합니다(루카 18,15-19,10).

가 질문과 나눔

1. 예수님께서는 아이들에게 영원한 의미를 부여하신 반면에, 제자들은 그들의 사회가 아이들을 하찮게 여기는 태도를 보여줍니다(18,16-17). 예수님께서는 아이들이 하늘나라 사람의 자격을 가졌다고 하십니다. 어떤 특징들을 포함할까요?

2. 18,18-30에서 우리는 부자 젊은 권력가에 대해 무엇을 알 수 있습니까?

18,22에서 예수님의 특별한 시험은 어떤 면에서 우리에게 적용될 수 있을까요?

3. 제자들은 부자들에 대한 예수님의 언급에 놀라워합니다 (18,24-26). 구약에서는 부(富)는 하느님의 축복이라고 생각했습니다. 예수님께서는 그들에게 무엇이라고 대답하십니까?

4. 예수님의 죽음에 대한 세 번째 예언은 18,31-34에서 발견됩니다. 그러나 그들은 여전히 그분이 무슨 말씀을 하시는지 모릅니다! 나는 이 이해 부족을 어떻게 설명하겠습니까?

우리가 하느님, 그분의 목소리를 선택적으로 듣는 이유는 무엇입니까?

5. 두 번째 "존재감 없는 자"는 예수님의 행렬을 방해합니다(18,35-43). 왜 예수님은 가시던 길을 멈추었다고 생각합니까?

6. 눈먼 거지에게 하신 예수님의 질문이 흥미롭습니다. 예수님께서 이 명백한 질문을 하신 이유를 호기심 많은 구도자에게 어떻게 설명할 수 있습니까?(18,40-42)

7. 19,1-10에 집중합니다. 예리코는 번성하는 농업, 상업 도시이고, 왕족과 성직자들에게 인기 있는 오아시스 리조트입니다. 그런 도시의 세관장은 어떤 성격을 가지게 되겠습니까?

8. 19,3-6과 8절에서 자캐오의 어떤 다른 모습이 표면으로 떠오릅니까?

9. 어떤 학자들은 자캐오 이야기를 작은 복음으로 봅니다. 이 이야기 안에서 그리스도 복음의 어떤 요점을 식별할 수 있습니까?

10. 이 예수님과의 만남에서, 루카는 세 명의 "존재감 없는 사람들"과 한명의 "누군가"에 대한 사람들의 반응을 상세하게 기록하고 있습니다(18,15. 26. 39; 19,7). 루카는 어떤 가르침을 우리에게 주고 있습니까?

기도하기

지역사회나 공동체에서 "존재감 없는 사람들"을 무시했던 죄들을 고백합니다. 하느님께 어떻게 그들에게 다가가는지 물어봅니다.

실천하기

지역사회에서 적어도 떨어져서라도 알고 있는 아웃사이더나 존재감 없는 사람들을 생각해 봅니다. 예수님의 예를 생각하면서 교회가 그들에게 다가가기 위해 무엇을 할 수 있는지 구체적으로 의논해 봅니다.

교회 공동체에서 우리는 전문직 사람들, 영향력 있는 사업가들, 지역사회 지도자들, 소위 말해서 쥐고 흔드는 사람들에 의해 깊은 인상을 받습니다. 반면에 다른 사람들이 중요하게 느끼지 않는 사람들도 보이지는 않지만 오고 갑니다. 눈에 띄지 않는 교우들도 편하게 참여 할 수 있는 정기적인 창작 활동을 계획합니다.

나 말씀묵상

• **잃어버린 자를 구하기(루카 19,1-10). "저 이가 죄인의 집에 들어가 묵는 군"(루카 19,7):** 누군가의 집에 들어가는 것은 쉬운 일이 아니다. 그리고 겸손한 접촉이 없이는 진리를 말하기란 매우매우 어렵다. 성 토마스 모로의 딸은 일부러 종종 작은 과실들을 저지르곤 하였다. 아버지께서 잔소리를 하기 때문이다. 그녀는 예절바르고 우아하게 행동해야 하는 것을 모르지 않았다. 그러나 아버지의 훈계 역시 사랑(caritas)의 행동으로 기쁘게 전달해야 한다. 프란치스코 하비에르 성인께서 인도에 도착했을 때, 식민지 통치를 하던 유럽인들이 기본의 윤리 없이 살아가는 것을 보았다. 모국에서 멀리 떨어졌기에 모든 의무를 면제 받은 것처럼 행동하였단다. 성인은 그들의 집에 친구로서 초대를 받아 가는 기회를 만들었고, 그들의 호의를 얻은 다음에 그들에게 좋은 길을 제시하고 훈시를 나누었다.

• **"제 재산의 반을 가난한 이들에게 주겠습니다."(루카 19,8):** 뭔가를 잃어버린 것을 찾을 때, 잃었던 장소에 얼마나 많이 가보는가? 열쇠, 서류, 귀중한 물건, 휴대폰... 하느님과 사람 사이의 관계 역시 그렇게 귀하게 생각할 수 있는가? 그리스 철학자 아리스

토텔레스는 하느님은 무한한 복 자체라고 기록하였다. 아무것도 필요치 않고 잃어버릴게 없기 때문이다. 죽을 운명의 사람이 길을 잃었다는 사실이 얼마나 괴롭고 혼란스러울 것인가? 많은 이들이 실제로 그렇다. 우리도 길을 잃었던 같은 여정 위에 여러 번 있었다. 복음은 하느님의 다른 얼굴을 우리에게 드러내 보인다. 그분이 바로 아버지이신데, 길 잃은 아들을 찾고 계시는 아버지이다.: 젊은이들에게 성격과 윤리 형성이 언제 끝나는가? 어떤 이들은 매우 빠르다고 한다. 혹시 12살에 이미 형성된다고 하고 어떤 다른 이들은 더 빠르다고 하는데, 3-4살 앞선 나이에 형성된다고 본다. 이 이론에 따르면 사람은 변화할 수 없다. 심리학자들은 변화가 있다면 자신 안의 인격에 관한 것이 아니라 추구하고자 한 목적이 변화한 것이라고 대답한다. 예를 들어 한 사람이 정당에 가입을 했지만 반대정당에 등록을 하였다. 그는 생각을 바꿨다. 하지만 그의 성격은 같다. 심리적으로는 항상 그 사람이다. 복음과 교회의 역사에서 우리는 심리적 스케마에 따라 설명할 수 없는 많은 어려운 회개의 경험을 가지고 있다. 하느님 은혜의 기적들이다. 몸의 치유기적보다 더 중요한 내면의 기적들이다. 기적을 체험한 자들은 증언할 것이다. "이 기적들이 오늘도 발생하고 있음을..." 우리는 스스로 그리고 가까이 있는 사람을 위해서 기도 안에서 청할 수 있다.

• **"사람의 아들은 잃은 이들을 찾아 구원하러 왔다."(루카 19,10):** 뭔가를 잃어버린 것을 찾을 때, 잃었던 장소에 얼마나 많이 가보는가? 열쇠, 서류, 귀중한 물건, 휴대폰... 하느님과 사람 사이의 관계 역시 그렇게 귀하게 생각할 수 있는가? 그리스 철학자 아리스토텔레스는 하느님은 무한한 복 자체라고 기록하였다. 아무것도 필요치 않고 잃어버릴게 없기 때문이다. 죽을 운명의 사람이 길을 잃었다는 사실이 얼마나 괴롭고 혼란스러울 것인가? 많은 이들이 실제로 그렇다. 우리도 길을 잃었던 같은 여정 위에 여러 번 있었다. 복음은 하느님의 다른 얼굴을 우리에게 드러내 보인다. 그분이 바로 아버지이신데, 길 잃은 아들을 찾고 계시는 아버지이다.

돈보스코 성인의 예방교육 체크하기

√ 자녀들을 알아주기:

√ 자녀들을 믿어주기:

√ 자녀들을 사랑하기:

21. 하느님 왕국에 대한 망상들
(루카 19,11-48)

우리 상사 곧 보스들은 모두 우리를 정기적으로 짜증나게 하는 강한 조종자들입니다. 그러나 장기적으로 조직의 목표에 전념하기에 더불어서 생산적인 일을 하게 됩니다. 만일 우리가 상사를 존경하고 좋아하면, 우리는 기꺼이 열심히 일합니다. 하지만 우리가 그들의 동기를 의심하면 대개는 열심히 일하지 않게 되고, 그러면 우리가 하는 일은 비생산적으로 됩니다.

• **그룹 나눔** 무엇이 좋은 상사를 만든다고 생각합니까?

• **개인 성찰** 나는 상사나 혹은 권위 있는 자들과의 관계에 있어서 어떤 문제가 있습니까? 어떻게 그 상황이 변했으면 좋겠습니까?

마찬가지로 하느님을 궁극적인 상사로 보는 개인적인 견해는 그분과의 일 관계에 영향을 미칩니다. 생산성은 영원한 결과를 가져옵니다(루카 19,11-27).

가 질문과 나눔

1. 19,10에서 일부 키워드는 군중들의 메시아적 기대에 불을 붙였습니다. 예수님의 비유는 거짓 희망에 맞서는 것을 목표로 합니다. 12-15절에서 귀족과 예수님의 어떤 공통점을 볼 수 있습니까?

2. 주인은 종들에게 각각 한 미나(3개월분 임금, 연봉의 4분의 1과 동일한 금액)씩 나누어 줍니다. 그의 지시는 자신이 돌아올 때까지 "벌이를 하여라."입니다. 내가 만약 종들 중 한명이라면 최상의 수입을 위해 무엇을 가장 처음으로 하겠습니까?

3. 심판의 날이 이르렀고, 주인이 왕이 되어 돌아왔습니다(16-26절). 처음 두 종에게 주어진 보상은 간단합니다. 세 번째 종에게 주어진 벌은 얼마나 공정하거나 혹은 공정하지 못합니까? 설명합니다.

4. 예수님의 비유는 우리에게 26절에서 요약된 집사직의 원칙을 가르쳐 주십니다. 나의 경험이나 관찰에서 이 원칙이 작동하는 것을 어디에서 보았습니까?

5. 귀족에서 왕이 된 주인의 적들은 처음과 끝에서만 언급됩니다(14.27절). 예수님은 이스라엘의 국가 지도자들을 언급하십니다. 그렇다면 그분의 예언적 비유는 하나님 나라에 대한 그들의 망상을 어떻게 지적합니까?

6. 예수님 최후의 마지막 주간의 전주곡인 루카 19,28-48을 읽습니다. 그다음 아래의 표를 채웁니다.

예수님의 활동

(1) 예루살렘 입성 준비(28-36절)

(2) 예루살렘에 다가가심(37-40절)

(3) 예루살렘을 돌아보심(41-44)

(4) 성전에 들어가심(45-46절)

(5) 성전에서 가르치심(47-48절)

예수님에 대해 드러난 것

(1) 그분이 제자들에게 지시할 때 사건/세부 사항을 통제

(2)______________________________

(3)______________________________

(4)______________________________

(5)______________________________

7. 메시아 예수님에 대한 이 큰 관점에서 당신은 그분에 대해 무엇을 이해하기 어렵다고 생각합니까?

8. 내가 긍정적으로 반응하는 예수님에 대해 여기에서 무엇을 발견했습니까? 왜입니까?

9. 생활 방식과 새로운 분야의 어떤 변화가 나를 더 책임감 있는 종이 되게 합니까?

기도하기

특별히 다가오는 심판을 고려해서, 책임감 있는 종이 되는 것에 대한 더 깊은 확신을 하느님께 구하십시오.

실천하기

최후의 심판은 아마 역사의 절정일 것입니다. 심판에 대한 성서적인 가르침들은 겁주는 전술이 아니라 우주의 악과 정의의 본성에 대한 실제적인 경고입니다. 그들은 우리에게 하느님께 대한 책임을 촉구합니다. 시편 96,13; 사도 17,31; 로마 14,12; 1코린 3,10-15; 15,24-28; 2코린 5,9-10; 2테살 1,7-9; 히브 9,27; 묵시 20,10을 봅니다.

나 말씀묵상

• **맡겨진 탈렌트(루카 19,11-28). "열 미나를 나누어 주며"(루카 19,13):** 고대 로마법에 따라, 개인 재산은 각자의 재물을 활용하고 사용할 수 있었다. 곧 내 자전거를 내가 망가트렸고, 새 옷을 쓰레기통에 버려도, 국가는 나를 벌 줄 수 없다는 것이다. 법이 사회에서 주도적으로 개인의 자유를 안전하게 보장한다. 하느님은 당신 선물을 내어주시는데, 우리는 그것을 쓰고 주도권을 갖는 자유를 가지고 있다. 그러나 선의 목적에서만 그렇다.

• **"주인님의 한 미나로 열 미나를 벌었습니다."(루카 19,16):** 중세 때는 이자로 대여하는 것을 금지하였다. 고리. 이자에 대한 방어였다. 돈들은 죽은 것이다. 새끼를 가질 수 없다. 모든 것들이 하느님의 선물이라면, 모두 삶 안에서 그리고 삶을 위해서 선교의 본질을 갖는다. 영의 선물, 마음의 선물을 위해 특히 가치가 있지만, 물질의 선물을 위해서도 그렇다. 죽은 돈으로도 이웃사랑(caritas)의 살아있는 업적을 이루게 될 수 도 있다. 모든 선물은 성장하고 발전하는 생명의 부분이 되게 한다. 예술가가 일에 집중할 때 얼마나 기쁜가! 먹고 쉬는 것을 잊은 채 그의 창조적 노동에만 집중한다. 우리는 시인도, 화가도 아니지만 어느 면에서 예술가이

다. 하느님은 모두에게 탈렌트를 주셨다. 마음에 거처하는 선의 모든 것 위에 노래하고, 삶에서 아름다움의 이미지를 그린다.

• **"누구든지 가진 자는 더 받고"(루카 19,26):** 적게 가진 자는 더 가질 권리를 주는 것이 통례가 아닌가? 복음은 이것을 어떻게 말하는가? 복음은 돈 분배를 말하지 않는다. 은총을 말한다. 은총은 생명이다. 힘이고 생명력이다. 은총은 하느님과의 대담, 좌담이며 기도이다. 기도하는 자가 더 기도하는 것을 배운다. 하느님과의 우정은 본질이 되고 삶의 기쁨을 더 느끼게 된다. 하느님의 은총을 가진 자가 더한 은총을 가진다.

• **하느님의 집(루카 19,45-48). 나의 집은 기도의 집이 될 것이다.(루카 19,46):** "어디서 기도할까? 교회일까? 또는 우리가 머무는 곳일까?" 하고 초기 그리스도인들이 묻곤 하였다. 예수께서 승천 하신 후, 사도들은 성전에 가서 계속 기도하곤 했다. 로마군이 점령해 성전이 파괴가 되었을 때, 사도들은 하느님을 접촉하며 찾도록 초대된 표시로서 성전을 해석하였다. 이것이 초기 그리스도교 영성가들 안에서 종종 회자되던 생각이다. 요한 금구 성인은 말한다. 하느님께서는 장소들을 선호하지 않는다고, 요한 금구 성인이 기록하듯이, 하느님은 또한 우리로부터 오직 한 가지

를 바라신다. 곧 이는 열렬하고 겸손한 영혼이다. 하지만 우리는 성인의 작품에서 이런 본문들을 취하지 않는다. 왜냐하면 주로 반론을 펴기 때문이다. 다음 페이지에서 금구성인은 말한다. 집에서 기도하는 것이 가능할까. 하지만 교회에서처럼 그렇게 똑같지가 않다는 것이다. 오리게네스 역시 같은 것을 말한다. 그리스도인은 비록 더욱 적합한 장소가 성전이라도... 어디서든지 기도해야한다. 우리에게 주님과 성인들과 함께 천사들과 같이 기도를 공동으로 드리는 것이 더욱 적합하며, 또한 우리는 성전에서 기도를 드리는데, 이것이 하느님과의 약속이기 때문이다.

돈보스코 성인의 예방교육 체크하기

✓ 자녀들을 알아주기:

✓ 자녀들을 믿어주기:

✓ 자녀들을 사랑하기:

22.하느님 나라에 대한 거부
(루카 20,1-21,4)

우리는 80년대 캠퍼스에서 한 때 극렬한 운동권 멤버들이 정의와 신앙을 편 가르면서, 그리스도교 학생들을 패배자 무리로 낙인찍으려 했던 상황을 기억합니다. 그들은 그리스도인들이 하는 것처럼 종교를 지지대처럼 필요로 하지 않는 것에 대해서 자랑스러워했었습니다. 청년 신앙인들은 그들의 강한 적대감이 할 말을 잃게 하고, 그날 밤 침대에서 확실한 대답을 생각하게 했었습니다. 그 당시 대한민국은 신앙과 정의가 같은 길이라는 진리를 미처 만나지 못하였습니다. 이제 말씀과 영으로 믿음과 의로움의 길을 함께 걸어갑시다.

• **그룹 나눔** 나는 언제 내 신앙을 옹호하고 언제 옹호하지 않는지 어떻게 압니까?

• **개인 성찰** 나는 내 신앙에 대해서 거침없이 말합니까? 아니면 쥐처럼 겁이 많습니까?

우리 대부분은 확실히 예수님처럼 빠르고 날카롭게 생각하지 않습니다. 우리는 갈릴래아에서 그분을 두려움 없는 논쟁가로 보아 왔습니다(14장). 이제 우리는 예루살렘 수도에서 그분을 볼 것이며, 사람들이 그에게 신학적인 돌을 던질 때 4개의 뚜렷한 권위의 그룹을 차지할 것입니다. 루카 20,1-26.

가 질문과 나눔

1. 20,1-8에서 지도자들은 우주적 주장을 하는 인기 있는 교사의 권위에 의문을 제기할 권리가 있습니다. 하지만 그들의 태도와 예수님과 토론하는 스타일에 대해서 나는 어떻게 인지했습니까?

2. 일반적으로 예수님께서는 이야기에서 하느님에 관한 측면을 보여주려고 기회를 잡으십니다. 그분은 포도밭 소작인의 비유와 해설에서, 그들이 대표하는 이스라엘에 다가오는 하느님의 심판을 경고 하십니다(20,9-18). 나는 하느님에 관한 엄격한 특성화(특별하거나 두드러져 비중 있게 되는 것)에 대해 어떻게 반응했습니까?

3. 같은 그룹이 두 번째 덫을 놓습니다. 예수님께서 그들의 정치와 종교에 대한 잘못된 추측에 도전하시자 그들은 자신이 놓은 덫에 빠집니다. 그분은 어떻게 그 견해를 고치십니까? (20,23-26)

내가 그리스도인으로 아직 해결하지 못한 정치 종교적 긴장은 무엇이 있습니까?

4. 루카 20,27-47을 읽습니다. 예수님과 죽음 후의 삶에 대한 그분의 가르침을 조롱하기 위해서 사두가이들은 가상의 이야기를 합니다. 그러나 예수님께서는 그들의 견해와 반대되는 사실을 가지고 대응하십니다. 그 사실들은 무엇입니까? (20,34-38)

5. "똑똑한" 사람들은 오늘날 여전히 그들의 인본주의적 신념 체계(사람으로부터의 관점으로 세상을 바라보는 사상)로 인해 느끼는 불편한 사실을 조롱하고 설명합니다. 어떤 예를 알고 있습니까?

6. 이 가르침은 죽음 후의 삶에 대한 나의 견해와 어떻게 비교되나요?

7. 예수님은 마지막 논쟁을 시작합니다(20,41-44). 그분은 어떤 문제를 끄집어내십니까? 이는 예수님이 제자들에게 하신 마지막 말씀입니다(그들이 그분이 십자가에 못 박히시기 겨우 나흘 전). 그분이 이 모든 토론들 후에 어떻게 느끼셨을 것이라고 생각합니까?

8. 예수님께서는 이론적인 토론에서 실제적인 현실로 옮기십니다. 그분은 제자들에게 율법학자들의 악행(다른 사람들을 등쳐먹는)에 대해 경고하십니다(45-47절). 교육받은 종교인(어디서나)이 그토록 마음을 닫게 만드는 원인은 무엇입니까?

9. 네 그룹(바리사이, 사두가이, 율법학자, 에세네) 모두 메시아/왕으로서의 예수님을 거부합니다. 이 이후로 더 이상의 진리에 대한 토론은 없고 오직 체포, 재판 그리고 죽음만이 있습니다. 우리는 오늘날 어떻게 그리스도인의 적을 반대하여 성서적인 진리를 지킬 수 있을까요?

10. 루카 20,47과 연결되는 21,1-4를 읽습니다. 이 짧은 에피소드는 예수님이 가치를 두시는 어떤 신념에 대해 이야기 합니까?

기도하기

나의 믿음이 과부의 믿음과 같다고 상상해 봅니다. 하느님께 내가 보는 것에 대해 말씀드립니다.

실천하기

우리는 예수님을 진리를 위한 투쟁에서 강력한 논쟁자로 보아 왔습니다. 그분은 하느님의 말씀과 실질적인 함축에 근거하여 진리를 말씀하십니다. 현대 그리스도교는 그들의 성서적 신념을 변호할 줄 아는 남녀 변증인을 절실히 필요로 합니다. 내가 일어서서 분명하고 강하게 진리를 말할 수 있도록 훈련 시켜줄 누군가를 찾아봅니다.

나 말씀묵상

• **"그분은 죽은 이들의 하느님이 아니라 산 이들의 하느님이시다."(루카 20,38):** 남자와 여자가 죽음에 이르기까지 서로 믿고 사랑한다는 약속이 혼인이다. 그런데 예수께서 "그분은 죽은 이들의 하느님이 아니라 산 이들의 하느님이시다."(루카 20,38)라고 하신 말씀의 의미를 곰곰이 생각해보면, 사랑이란 살아있을 때까지만이 아니라 그 이후의 삶에 까지를 말하고 있는 듯싶다. 곧 만나고 헤어지는 것까지를 모두 말하고 있는 것이 사랑이다. 왜냐하면 하느님 안에서는 이별이라는 죽음이 존재하지 않기 때문이다. 부부가 둘이 하나로 살다가 한 쪽이 먼저 세상을 떠났다. 그런데 부활이 없다는 사두가이들은 한 여인이 여럿 남편들과 살았는데, 죽어서 누가 남편이란 말인가를 묻는다. 그들은 영원한 삶을 믿지 않으면서도 그런 죽음 이후의 삶을 이 지상생활처럼 생각한다. 부활한 다음의 세상은 전혀 다른 상상할 수 없는 새로운 세상인데도 말이다. 예수께서는 그들의 반론을 거부한다. 그것이 잘못 생각한 이미지라는 것이 예수님의 생각이다. 우리는 살았다와 죽었다를 구분하지만 하느님에게는 모두가 산 사람이라는 것이 예수님의 생각이다. 그런데 그리스도인들은 영원한 삶을 믿기 때문에 우리는 하느님 안에는 모두 살아 있다. 이것이 부활신앙이고

그리스도인의 믿음이다. 결혼이란, 남자와 여자가 죽음에 이르기까지 서로 신뢰하고 믿고 사랑하는 약속이다. 둘이 한 몸을 이루고 살다가 한 사람의 죽음으로 혼인한 한 쪽의 끈도 풀린다. 그런데 그리스도인들에게 삶이란 영원하다는 믿음이다. 하느님과 함께 그리고 하느님을 위해 사는 사람도 사람의 인격을 영적인 모양으로 만나 살아간다. 곧 인간의 모든 범주를 뛰어넘는 하느님 사랑을 끝없이 사는 사람을 다시 만나게 될 것이다. 남자와 여자는 이 지상에서 함께 살아간다. 하지만 하느님의 은총 속에서 그들의 생명은 시간과 공간을 이루며 살아가지만, 한편 모든 이들과 만남이라는 끝없는 차원을 또한 선물로 받게 될 것이다.

• **과부의 선물. "내가 참으로 너희에게 말한다. 저 가난한 과부가 다른 모든 사람보다 더 많이 넣었다. 저들은 모두 풍족한 데에서 얼마씩을 예물로 넣었지만, 저 과부는 궁핍한 가운데에서 가지고 있던 생활비를 다 넣었기 때문이다."(루카 21,3-4):** 단지 경제적인 시각으로 교회에서 이루어지는 봉헌의 가치를 따져 본다면, 부유한 자와 유복한 자들만이 그것을 해야 했을 것이다. 곧 가난한 자들은 봉헌에서 면제되어야 했을 것이라는 의미다. 그렇지만 교회 안에서 성인들은 가난한 자들에게서 역시 봉헌을 위한 조력을 받는 것을 선호하였다. 나폴리에서 대중들에게 알려진 사도 한 사

람의 이야기가 회자되어 왔다. 그는 부자의 돈을 거부한 헌금으로 교회를 건설하였다면, 쇠퇴되었을 것이라고 말하였다. 선물은 내적인 태도의 이미지이고, 한 사람의 영혼을 표현한다는 그런 의미를 지니고 있다. 하느님은 외적인 것을 필요하지 않는다. 영혼은 기도할 때, 하느님과 함께 접촉하는 것이다. 그래서 우리가 무엇인가를 하느님을 위해 봉사하고, 이웃사랑charity을 위해 어떤 행동을 선물로 드린다면, 그리고 우리가 사랑을 실천한다면, 이것이 바로 기도하는 길이다. 기도란 무엇일까? 기도는 하느님의 선물이 필요하다는 나의 자각이고, 의식인데, 이것들로 인해 영감 되는 것이 기도이다. 그러므로 우리에게 말하는 봉헌이란 이미 하느님께 받은 커다란 선물, 곧 은혜의 부채를 할 수 있는 만큼 갚아가는 작은 이자로 이해할 수 있다. 그러니 과부의 헌금이나 부자의 헌금이 돈의 양에 비교되는 것이 아니라, 각자가 받은 축복과 은혜에 대한 이자율로 헌금하는 것이라고 오늘 말씀을 이해할 수 있는 듯싶다. "저 과부는 궁핍한 가운데에서 가지고 있던 생활비를 다 넣었기 때문이다."(루카 21,4)

돈보스코 성인의 예방교육 체크하기

√ 자녀들을 알아주기:

√ 자녀들을 믿어주기:

√ 자녀들을 사랑하기:

23. 마지막 날에 대한 예수님의 예언
(루카 21,5-38)

마지막 날에 대한 성경적 해석은 특별히 중동에 대한 뉴스가 나올 때, 사람들에게 동요를 일으킵니다. 어떤 사람들은 종말에 대한 성경 예언을 회피함으로써 그것이 단지 감각적인 인식을 반대해 반응하곤 합니다. 심지어 세속적인 잡지와 신문도 마지막 날의 종교 서적을 보급하지는 않습니다. 어떤 것은 읽을 가치가 있고, 어떤 것은 없습니다. 그렇지만 그런 서적이 잘 팔리는 데는 사람들이 미래에 무슨 일이 일어날지 말해 줄 어떤 권위를 원하기 때문일 것입니다.

• **그룹 나눔** 보통 마지막 날에 관한 성경 본문이나 토론에 나는 어떻게 반응합니까?

• **개인 성찰** 마지막 날이 나를 기쁘게 하는 것은 무엇입니까? 그리고 무엇이 나를 두렵게 합니까?

이번 공부에서 주 예수님은 우리에게 적절하게 정보를 제공하시고 그분의 지시에 순종함으로써 균형을 유지하는 방법을 보여주십니다. 루카 21,5-38을 읽습니다.

가 질문과 나눔

1. 예수님께서 말씀하시는 이 시대의 종말에 대한 전체적인 인상은 어떻습니까?

2. 예수님께서 하신 예루살렘과 성전 파괴에 대한 예언이 제자들에게 어떻게 정치적이나 종교적으로 힘을 얻을 수 있을까에 대한 기대를 무너뜨렸습니다. 나는 하느님 나라에 대한 어떤 생각과 기대를 가지고 있습니까?

3. 일어날 수 있는 문제의 종류에 대해서 설명해 봅니다(8-17절).

4. 예수님께서는 제자들이 이 가르침으로 부터 무엇을 얻기를 원하셨습니까?(8절, 9절, 14-19절)

5. 왜 일부 그리스도인들은 예수님의 가르침들보다 표징에 더 열중합니까?

6. 25-28절에서는 예수님께서 다시 오시기 바로 전에 일어날 마지막 징조들을 말씀하시는 것 같습니다. 이것들은 10-11절의 표징들과 어떻게 다릅니까?(17,19에서의 그분의 말씀을 상기합니다)

7. 예수님의 무화과 비유(29-31절)는 영광 중에 다시 오심(재림)에 관한 이전의 가르침과 어떤 관련이 있습니까?

8. 예수님께서는 다가오는 사건들과 심화되는 문제들에 대해 어떻게 살아야 하는지 가르치십니다. 그분의 조언과 경고를 모아봅니다(8, 9, 14, 28, 29, 34-36). 어떤 특별한 경고가 나를 사로잡습니까? 왜 입니까?

9. 예수님의 약속 중 어느 것이 내게 그분의 다시 오심을 준비하도록 강한 동기를 부여합니까?(14-15, 19, 24, 31, 33절)

10. 세속적인 집착들이 우리를 영적인 현실에 무감각하게 하고, 그에 따라 사람의 아들 앞에 설 준비가 되지 않게 할 수 있습니다(34-36절). 어떤 세속적 활동이 나를 그렇게 유도합니까?

11. "예수님이 오늘 다시 오실 것처럼 살고 삼십 년이 지나도 다시 오시지 않을 것처럼 일하라"는 말이 있습니다. 이 균형을 유지하기 위해 우리가 할 수 있는 실제적인 일은 무엇입니까?

기도하기

이 균형이 실제적인 방법으로 나의 삶에서 일하도록 기도합니다.

실천하기

메시아 예수님께서 사람의 아들로 두 번째 오심은 다니엘서(7,13-14)에서 예언으로 보입니다. 신약에서는 그분의 다시 오심에 관한 다음과 같은 측면이 강조됩니다. 갑자기 그리고 틀림없이(마태 24,27; 36-41), 보는 앞에서, 그 모습 그대로(사도 1,11), 보편적으로(묵시 1,7); 의기양양하게(필리 2,9-11), 결정적으로(1테살 4,13-17) 그리고 실제로(1테살 5,1-11) 오십니다. 이 주제에 대한 추가 공부를 위해 1테살 4,13-5,11; 2테살 1-3; 2티모 3,1-9; 2베드 2-3 그리고 요한 묵시록을 봅니다.

나 말씀묵상

• **세상과 도시의 파괴.(루카 21,5-35) "너희가 보고 있는 저것들이 돌 하나도 다른 돌 위에 남아 있지 않고 다 허물어질 때가 올 것이다."(루카 21,6):** 세상은 바르게 변하게 두지 않는다. 그래서 천천히 일할 필요가 있다. 신앙을 가진다는 것은 무엇일까? 희망을 잃지 않는 것이다. 복음의 예언은 바위 위에 바위가 남지 않을 것이고 희망이 없어지는 듯하다. 우리의 건물이 과연 헛되고 헛된 것일까? 마치 죽음을 통해 영생 안으로, 십자가를 통해 그분의 영광 안으로 사람이 들어가듯이 우리가 건설하는 세상도 십자가 징표 안에서 그 완전함에 도달할 것이다. 그러나 마지막 성공은 수많은 실패와 함께 이루어 질것이다.

• **"민족과 민족이 맞서 일어나고 나라와 나라가 맞서 일어나며, 큰 지진이 발생하고 곳곳에 기근과 전염병이 생길 것이다."(루카 21,10-11):** 이 복음말씀을 읽을 때면, 세계대전을 방불케 한다. 언제 어떻게 이 예언의 의미가 이해될까? 아마도 내면의 세계를 배경으로 할 때 이해될 수 있는 듯싶다. 복음의 첫 번째 기본적인 선언은 하느님의 나라, 평화의 나라의 도래이다. 이 현실들은 현실의 상황에 의해 무용하게 될 수 없다. 그 안에서 백성은 서로

반대하고 증오한다.

• 박해를 준비 하여라! "변론할 말을 미리부터 준비하지 마라."(루카 21,14): 오늘날 이 말은 참으로 아름다운 말로 들리는 것이 현실이다. 유전무죄, 무전유죄란 말이 이를 대신하고 있는 듯싶다. 수임비용을 수없이 대면서 변호사를 충분히 활용해 법정에서 승소한 예가 어디 한둘이랴... "변론할 말을 미리부터 준비하지 마라"(루카 21,14)는 이 말은 단순히 하느님께서 방어해주신다는 것을 토대로 하지만, 역사가 늘 옳음을 준다는 의미로 이해할 수 있다. 그 당시에는 법정에서 패소한다하더라도, 역사가 진실과 사실을 밝힐 것이라는 것이 세상역사의 경험이다. 이점에서 하느님은 역사의 주님이시다. 하느님은 구원의 발전단계와 시기 안에서 움직이시기 때문이다. 수세기 동안 신앙의 반대자들이 있었지만, 그 믿음에 하느님께서 계시하셨고, 옳은 순간에 말씀하시며, 세상 앞에서 그렇게 이기는 진리를 교회를 통하여 고백하도록 인도하셨다.

• 세상과 도시의 파괴(루카 21,5-35). "많은 사람이 내 이름으로 와서 '내가 그리스도다.'"(루카 21,8): 하느님의 나라는 이 땅에서 그리스도의 재림으로 나타난다. 언제일까? 모른다. 하지만 분명

한 것은 그리스도 없이는 누구든지 적(anti)그리스도가 된다. 오직 예수 그리스도, 인간-하느님만이 할 수 있는 것을 사람에 의해 기대되는 것이 바로 항상 위험하다는 메시지를 말하고 있다.

• **"너희는 내 이름 때문에 모든 사람에게 미움을 받을 것이다."(루카 21,17):** 종교적인 가치는 매력 또는 반감이 교차한다(성직주의, 반성직주의). 음악에 흥미가 없다면 콘서트에 가지 않는다. 무신론자는 오직 지적확신의 질문만 하는 것이 아니다. 믿지 않는 자의 대부분이 하느님을 두려워한다. 그리고 하느님을 기억하는 모든 것에 그들의 자세(행동)를 옮긴다.

• **"너희는 머리카락 하나도 잃지 않을 것이다."(루카 21,18):** 외국에 가기 위해서는 여권이 필요하다. 옛 여권은 허가증이고 인증증이다. 편지가 서류 소지자의 증거서류이며 국가보호이다. 중세기의 이 서류는 여행을 위한 통행권이다. 우리는 하느님으로부터 여권을 받았다. 밖으로 나가는 통행증이다. 기록되지 않았지만 우리는 그의 보호 하에 있는 개인적인 보험을 갖는다.

• **예루살렘의 붕괴 (루카 21,20-28) "예루살렘이... 황폐해 질 때가 가까이 왔음을 알아라."(루카 21,20):** 구약의 많은 예언자들이

온 땅과 예루살렘 위에 재앙을 선포하였다. 예루살렘에 대한 예수님의 선포도 같은 내용이다. 예언은 신속하게 이루어지고 있다. 예루살렘은 어디일까? 예루살렘 도시는 미래 세상의 이미지이다. 이스라엘을 통해 그려지는 교회이다. 그래서인지 재앙에 대한 예언 역시 우리에게 해당된다. 그 점에서 예루살렘의 재앙이 과연 무엇을 지향하고 있는 것일까? 왜 그런 일이 벌어질까? 예언자들은 천리안 곧 선견지명을 지니고 있다. 통찰이다. 통찰이란 무엇일까? 그냥 딱 보면 아는 것이다. 그들은 그 시대 사람에게 말하는 자다. 그들의 예언은 명의 또는 선의들이 내리는 진단과 유사하다. 곧 살고자 한다면 이렇게 살고, 이것을 하고, 이런 결과를 얻게 된다는 것이다. 모든 죄는 재앙적인 결과를 얻게 된다. 곧 죄를 계속 지으며 살기를 원하는가? 만일 그렇다면 우리에게 은혜와 무관한 재앙의 비가 계속 내릴 것이다. 이 예언 안에서 역시, 긍정적인 의미가 있다면, 예고하는 재앙을 막기 위해 회개하고 변화하라는 것이다. 주님은 우리가 변화하고 회심하는 시기가 되기를 초대하신다.

• **루카 21,25-28:** 그리스도교 신앙은 주님과 구원에 대한 기다림의 연속이다. 이 복음은 가깝게는 주님의 탄생을 기다리지만 궁극적으로 종말에 오실 부활하신 재림 예수님을 기다린다. 그리

스도교 신앙은 이렇게 하느님, 예수님, 성령님의 삼위일체 하느님께서 각 시간과 공간 안에 있는 우리 인간에게 다양한 모양으로 '오심'을 준비하고 받아들이는 것이다. 이 복음은 하느님의 구원계획(경륜)을 다시 요약하는 종말과 구원의 장엄한 선포로 시작한다. 주님이신 그분이 오신다. 그 분은 두 가지 모양으로 오신다. 첫째, 그 분은 생각지도 못하게 오신다. 즉 상징적으로는 밤중에 도둑이 닥치는 것처럼 오신다(루카 12,39; 1테살 5,2.4; 2베드 4,15). 도둑은 환한 대낮에 들이닥치는 일이 드물다. 예수님 스스로가 역설적인 이미지로 그것을 가르친다(묵시3,3; 16,15). 둘째도 역시 받아들이기 어려운 위험이며 역설이다. 즉 오심에 대한 냉혹한 징표들을 통고하신다. 이 두 가지 모양의 오심에 대해 주의를 주시고 알려주시는 것은, 그 분은 시작부터 하느님 은혜(19,11-27)를 이미 받고 있었던 인간에 대한 자비와 사랑의 선물 자체라는 것을 의미한다. 이 복음은 종말론적인 가르침을 전하고 있다. 25절-28절은 사람의 아들의 오심과 엄한 그 징표들이다.

• **세상은 사라질지라도(루카 21,29-33). "하늘과 땅은 사라질지라도..."(루카 21,33):** 최후심판의 이콘을 보면, 두 천사가 하늘 천장의 두루마리를 닫고 있다. 두루마리가 열려있을 때, 태양과 별, 달이 빛나 보인다. 그런데 이제까지 그 두루마리가 읽혀지고 있던

때이고, 지금 말아 올려 치워지고 있는 순간이 다가 온 것이다. 이런 모습이 오늘 우리가 사는 지구에서 벌어지고 있다. 기후 과학자들이 이구동성으로 말한다. 지구의 한계점tipping point이 도달했다고... 호주의 재앙적인 산불catastrophic bush fire, 지속적인 가뭄, 이탈리아 베네치아의 폭우... 신화이야기에서 시간은 영원하고, 신의 시간인 크로노스가 인간들과 신들을 낳았다. 그 상징이 바퀴인데, 돌고 돌아가며 또는 뱀이 꼬리를 문다. 이 세상에서 우리는 이처럼 모두 표시된 시간을 소유하고 있으며, 이제는 삶의 바퀴는 수명을 다해 파괴될 것이다. 하지만 땅은 더욱 긴 시간을 소유하고 있다. 그렇지만 성경의 개념은 다르다. 하느님은 시간 안에 태어나지 않으신다. 오히려 반대로 땅과 인간들에게 시간을 선물로 주신다. 사람들은 이 세상에서 하느님한테 선물로 받은 시간을 통해 하느님의 사명과 숙제를 실행하고자 원한다. 세상에서 각자의 사명과 숙제를 마친 자들은 이런 목적 때문에 이미 받은 시간을 사용한 것이다. 선한 자와 불선한 자가 쉽게 나뉘는데 누구는 스스로 "나는 법 없이도 살 자다. 나는 이 세상을 선한 세상으로 만들고 싶다."고 하면서 세상은 둘로 쪼개진다. 자기가 보는 선한 세상과 선하지 않는 세상으로 보는 것이다. 술 값 내기를 싫어하는 자의 경우에 돈이 없어서 술값을 내지 않았지만 다른 것에서는 후하게 지불한다. 선이 그 사람의 선이기 때문이다. 자신의 선만을 선으로 알고, 자기가 가지고 있는 선과 안 맞는 어떤 것은 쉽게 악으로 놓아버리는 것이다. 세계에 대한 인식이 좁을수록 선, 정의, 믿음을 이 세상에 적용하려 할 때, 문제는 그게 주관적인 판단일 경우가 많다. 자기의 주관 판단에서 벗어나 더 넓게 확장하는 것은 사실에 대한 정확한 인식에 해당한다. 위대한 자, 득도한 자는 남을 해치지는 않지만 그렇다고 은혜를 베풀고 따뜻하게 하는 것을 그렇게 치켜세우지도 않는다. 이익을 추구하지는 않지만, 이익을 추구하는 사람을 비난하지도 않는다. 재물을 다투지 않지만 남에게 양보하는 일이 훌륭한 일이라도 칭찬하지 않는다. 남의 힘을 빌려서 살면 안 된다고 말 하지만, 남의 힘을 빌려 사는 자를 비난하지 않으며, 스스로 살아가는 자를 훌륭하게 여기지도 않는다. 탐욕을 부리는 것을 천하다고 하지 않아, 그 사람 행동을 다르지만 남들하고 특별할 정도로 다르게 보지도 않는다. 노자는 이것을 화광동지(和光同塵) 자기가 내는 빛을 조화롭게 만들어서 잘 단련해서 석쇠와 같아진다고 한다.

• **깨어 기도하라(루카 21,36):** 루카 21,34절-36절은 '깨어 기도하라.'이다. 종말론적인 엄한 징표들 가운데서도 늘 깨어 기도한다면 우리는 주님 앞에 서게 될 것이다. 첫째 단락 25절-28절은 예언적이며 묵시적인 징표들인 하늘, 땅, 바다, 해 달 별들의 변화

를 말한다. 그러나 중요한 것은 그 때 사람들이 사람의 아들이 구름을 타고 권능을 떨치며 영광에 싸여 오시는 것을 볼 것이다. 구름과 함께는 주님께서 성령과 함께 오시는 것을 말한다. 사실 예수님은 전 생애가 성령 없이 활동하지 않으신다. 탄생도 성령과 함께, 세례도 성령과 함께, 거룩한 변모도 성령과 함께 부활도 성령과 함께, 승천도 성령과 함께.. 그러니 재림도 구원도 성령과 함께 오시리라. 권능과 영광에 싸여 오시는 것은 산 이와 죽은 이 모두의 심판자로 오시는 것이다. 당신 백성의 삶과 행동을 늘 유익하게 구해주시고 사랑하시는 영광의 왕이자 자비의 심판자이다. 그러나 냉혹한 순간과 역사와 모든 일들의 종말 순간에 그 분이 오신다. 견디어 낼 수 있는 자가 누구일까? 주님은 말씀하신다. 세상 걱정에 마음을 빼앗기지 말고 결국 사람의 아들 앞에 서도록 늘 깨어 기도하라고... 항상 깨어서 기도하면서 주님의 탄생을 준비하자. 이는 결국 종말에 오실 주님을 준비하는 것과 같다. 늘 깨어 기도하는 교회의 모습이길...

돈보스코 성인의 예방교육 체크하기

✓ 자녀들을 알아주기:

✓ 자녀들을 믿어주기:

✓ 자녀들을 사랑하기:

24. 우리의 파스카 어린양 예수
(루카 22,1-46)

하와이에는 양이 없습니다. 그러나 하와이인들은 양이 어떻게 생기고 무엇을 좋아하는지 압니다. 어느 성경모임에서 양 사진을 놓고 묵상했습니다. 양이 옆으로 누워 있었습니다. 양의 발은 두발이 한 쌍씩 묶여있었습니다. 이 사진은 그룹원들에게 호기심을 불러 일으켰습니다. 몇몇은 즉각 그것이 누구를 나타내는지 알아차렸습니다. 그룹원들은 몇 분 동안 묵상 후 나눔을 했습니다. 그것은 희생양의 개념을 그래픽으로 소개한 것이었습니다.

• **그룹 나눔** 가장 감동적인 미사의 성찬례를 기억하십니까? 무엇이 그것을 그렇게 감동적으로 만들었습니까?

• **개인 성찰** 마지막으로 미사의 성찬례에 참여한다면 당신의 마음에 무슨 일이 일어나고 있을 것이라고 생각합니까?

성경에서 이 부분은 역사에서 가장 슬픈 날들로 입니다. 유다의 도움으로 나라의 지도자들은 하느님의 아들을 죽일 음모를 완성합니다. 그러나 이 날들은 또한 예수님을 위한 지상에서 가장 위대한 날들입니다. 그분은 인생의 사명을 완수했습니다. 그분은 열두 제자가 자신의 세계적인 사명을 수행할 것임을 확인했습니다. 그래서 그들과 함께 옛 파스카를 대신할 새 파스카를 세우십니다. 루카 22,1-38을 읽습니다.

가 질문과 나눔

1. 1-6절은 지도자들의 어떤 점을 드러냅니까?

2. 역사에서는 친구나 가족의 배신이 특별한 일이 아님을 보여 줍니다. 그러나 유다의 배신을 그 자체로 한 부류에 두는 것은 무엇 때문입니까?

3. 예수님의 계획들과 권위자들의 계획들을 비교합니다. 예수님의 계획들을 검토할 때 예수님 자신이 내게 주시는 감동은 무엇입니까?

4. 예수님은 어렸을 때부터 자신도 그렇게 될 것을 아시면서 예루살렘 성전에서 양이 희생제물이 되는 것을 보아 오셨습니다. 주님의 가까운 친구들과 함께하는 친밀한 파스카 저녁 동안, 이 모든 것이 주님에게 어떤 의미가 있는지 알아보도록 합니다. 그분의 가장 깊은 걱정은 내가 무엇을 알아차리도록 합니까?(14-23절)

5. 예수님께서는 새로운 파스카 양이십니다(19-20절). 이것이 내게는 어떤 의미가 있습니까?

6. 24-38절에 집중합니다. 그룹에서 이러한 종류의 리더십 경쟁에 직면했을 때 어떻게 했습니까?

7. 제자들의 소심함을 볼 때 예수님께서 그들에게 하신 다음의 말씀은 놀랍습니다(28-30절). 어떻게 그분은 이 미성숙하고 둔하고 이기적인 사람들에게 그런 자신감을 가지실 수 있었습니까?

8. 예수님은 그들을 특히, 몇 시간 후에 다가올 위기들을 위해 베드로를 더욱 준비시키십니다. 그분은 베드로를 팀 리더로 대신하기 위해 단장시켜 왔습니다. 베드로처럼, 예수님의 말씀을 들을 때 어떤 생각과 느낌이 들까요?(31-32절)

9. 22,39-46을 읽습니다. 예수님의 예(본보기)와 말씀에서 기도에 관한 어떤 지침을 발견할 수 있습니까?

10. 나를 제자들과 비교했을 때 어떤 약점과 실패를 인정하고 싶습니까?

기도하기

우리의 새로운 파스카 어린양, 예수님은 우리 각자의 죄 때문에 돌아가셨습니다. 그분께 봉사하러 나가기 전에 새로운 힘을 가지고 그 죄들을 고백합시다.

실천하기

이른 봄, 이스라엘의 이 사랑받는 축제를 기념하기 위한 배경과 자세한 지침들을 위해 탈출기 11장-12장을 읽습니다. "파스카 양 예수님"(1코린 5,7)과 "하느님의 어린양"(요한 1,29)의 상징주의는 하느님 백성의 새롭고 보편적인 구원을 가져옴으로써 이스라엘의 의식을 완성하고 성취시켰습니다.

유다인 회당이나 메시아를 고대하는 유다인 회중에서 그들의 유월절 축하 행사에 참여하는 것에 대해 상상을 해봅니다. 그들은 아마 환영할 것입니다. 성경의 안식일을 이해하고 축하하며, '신이 정하신 시간'의 주일을 잘 지키도록 하려면 우리는 무엇을 어떻게 해야 할까요?

나 말씀묵상

• **정말 예수께서 수난을 겪으셔야 하나요?(루카 22,14-23,56):** 그리스도의 십자가 고통은 하느님의 사랑을 드러내는 최고의 계시다. 그리스도를 믿는 신앙인으로서 이렇게 말하는 이유가 있다. 신앙인들은 '정의'라는 미명하에 의로움만이 '맞고 틀리다는 기준'이고, 이것으로 모든 문제를 해결해 버리려는 판단의 위험을 갖지 말아야 한다. 곧 의로움만이 모든 것을 해결하는 것은 아닐 수 있다. 하느님께서는 인간이 주장하는 한 가지 기준인 정의가 모든 것을 해결할 수 없다고 말씀하신다. 곧 정의(의로움)와 자

비는 분명 두 가지가 모순이지만, 하느님 안에서 모순으로 보이는 이 두 가지가 하나로 만나는 사실을 알아차려야 한다. 우리는 죄지은 자들을 향해 부분적으로 의롭고, 부분적으로 자비로운 모습을 취할 수 있다. 우리가 그 죄인을 한 번은 전자의 의로움으로, 다음은 후자의 자비로 대할 수 있다. 이 두 개의 행동들 사이에서 이상적인 꿈은 올바른 방법과 수단의 과정이 남는 것이다.

그리스도의 십자가 안에서 하느님은 최고의 의로움을 최고의 자비와 하나 되게 하셨다. 그리스도께서는 의로움인 정의가 죽음 안에서, 그리고 충만한 자비는 부활 안에서 나타나 모든 형벌에서 인간을 결정적으로 해방하셨다. 교부들은 악이란 오직 내면으로부터 이길 수 있다고 알려주신다. 곧 내면에 악의 근원이 도사리고 있다고 한다. 사람은 그 마음에서 죄를 범한다. 거기서 악이 모든 인간의 삶 안으로 침투해 간다. 그리고 그 악은 하느님을 향해 순명하지 않는다. 그리스도께서는 아버지께 총체적인 순명과 함께 인간의 마음을 해방한다. 모든 것은 이 마음먹기에 달려 있다. 구원의 원리는 이 원칙에 따라 형성되었다. 곧 그리스도께서 떠맡은 모든 것은 구원된다. 그리스도는 인간을 구원하기 위해서, 우리 인간들 같이 태어났어야 했다. 인간의 일을 거룩하게 하기 위해서 예수님께서 인간으로서 일하셨고, 인간의 약함 속에서 힘을 주기 위해, 예수님은 어린 아기, 도망자, 지치고 오해받으며 미움 받은 설교자로 사셨다. 그리고 오늘 십자가를 지고 그곳에서 죽음을 맞이하신다. 결국 죽음에서 우리 죄인을 해방하시기 위해 예수님은 참혹한 모습으로 인간죽음을 받아들이셨다. "당신 자신을 비우시어 종의 모습을 취하신" 그리스도께서 스스로 비우셨다. 인간의 존엄성은 자유롭게 행동할 때 나타난다. 다른 자의 뜻을 조건 없이 받아들일 때 그의 존엄성, 정체성이 마치 텅 빈 것처럼 된다. 하느님의 아들 그리스도께서는 하늘에 계신 아버지를 향하여 움직인다. 이는 천상행동으로서 육화하신 그리스도께서 그것을 인간의 삶 안으로 역시 옮겨놓으신다. 하늘 아버지의 뜻을 따르는 것은 역시 최고의 행복을 사는 것이다. 부활이 아니라면 우리는 그것을 우리의 눈으로 볼 수 없었다. 그러나 하느님 안에서는 모든 것이 동시에 현실이다. 어떤 모양으로도 신인 그리스도 안에서인 동시에 지금이었다. 고통 속에서 행복은 미학적 뿐만이 아니라 오직 신비와 영적 모양으로 이해하는 그렇게 모순되는 일치이다. 모든 것이 그렇게 되었었다. 오상의 비오 신부의 마지막 사진은 무엇을 나타내고 있을까? 손에 생긴 상처들과 행복한 미소, 흉내 낼 수 없는 모습이다. 우리는 이 모든 경험을 통해 반성하고, 교회와 함께 더 이해하면서 기도할 수 있다. "십자가 안에서 구원이 있고, 십자가 안에서 우리의 구속이 있다." 만일 우리가 하는 모든 것 안에서 작은 십자가를 만난다면, 모든 것 안에서 하느님께서 우리를 당신에게 인도하신다.

돈보스코 성인의 예방교육 체크하기

✓ 자녀들을 알아주기:

✓ 자녀들을 믿어주기:

✓ 자녀들을 사랑하기:

25. 십자가에서 하느님의 말씀
(루카 22,47-23,56)

십자가의 상징은 많은 곳 - 가톨릭교회와 모든 그리스도 교회 안에서, 적십자사에 의해서 많은 유럽국가에서 발견되고 있습니다. 특히 야간에 항공에서 서울 경기지역을 바라보면 수많은 붉은 십자가의 교회를 볼 수 있습니다. 한편 그것은 그리스도에 대한 믿음이 없는 사람들에 의해서도 반지, 팔지, 목걸이 등의 보석으로 사용됩니다.

로마법에 따르면 예수님은 범죄자로 돌아가셨습니다. 하느님의 영원한 계획 속에서 예수님은 최악의 범죄자들을 위한 희생적 대속물로 돌아가셨습니다. 많은 성가와 복음 찬가들은 이 핵심 진리를 유지합니다. 예수님의 죽음에 대한 더 깊은 이해를 위해 기도하는 마음으로 이 공부에 접근합니다.

• **그룹 나눔** 어떤 상황에서 예수님의 십자가의 의미를 처음 이해 하셨습니까?

• **개인 성찰** 예수님의 죽음에 대한 묵상이 나를 깊이 감동시킨 적이 있습니까? 왜 혹은 왜 아닙니까?

| 루카 22,47-62를 읽습니다. 올리브 산에서의 예수님 체포의 드라마를 느껴봅니다.

가 질문과 나눔

1. 체포되시는 동안 각 개인이나 그룹과 관련이 있는 예수님을 단어나 구절로 어떻게 설명하시겠습니까?

2. 시몬 베드로가 예수님께 특별한 충성을 맹세한 지 불과 몇 시간 후에 그는 180도 바뀝니다. 어떤 상황에서 나는 예수님과 그분의 대의를 동일시하지 않습니까?

3. 예수님을 유대인 의회에서 처형하려면 로마 총독 빌라도와 헤로데 왕의 반역죄에 대한 정치적 기소가 필요합니다. 루카 23,1-31을 읽습니다. 예수님께서는 빌라도와 헤로데 왕 앞에서 침묵 혹은 거의 침묵 하셨습니다(23,3.9; 22,67). 그분의 침묵에 대해 어떤 이유를 생각할 수 있습니까?

4. 빌라도는 3번이나 예수님에 대한 정당한 혐의를 찾지 못하고 그분을 석방하려고 했습니다(23,4. 13-17. 22). 그렇다면 그가 궁극적으로 사형을 선언하는 이유는 무엇이라고 생각합니까?

5. 23,32-56을 읽습니다. 십자가에 달린 사람을 바라보는 각 그룹이나 개인의 얼굴 모습을 어떻게 상상합니까?

루카는 예수님의 육체적 죽음에 대해 거의 말하지 않습니다. 대신 그는 중앙 십자가에 달린 분을 바라보는 사람들의 태도에 대해 중심을 둡니다. 예수님을 향해 어떤 태도를 각 그룹이나 개인은 드러냅니까?

6. 루카는 예수님께서 개인적으로 대화를 나누신 유일한 사람인 범죄자 중 한 사람을 강조합니다. 이 초점에 대한 루카의 이유는 무엇입니까?(23,39-43)

7. 예수님께서는 십자가에서의 여섯 시간 내내 그분의 아버지와 대화하셨습니다. 아버지께 한 그분의 짧은 말들은 그들 관계에 대해 무엇을 보여줍니까?(23,34.46)

8. 루카는 예수님께서 마지막 숨을 거두신 순간 발생한 육체적 현상에 대해 자세히 기록합니다(23,44-45). 이 사건들로부터 우리는 어떤 의미를 얻을 수 있을까요?(히브 10,19-25를 봅니다)

9. 교회로서 우리는 십자가에서 들은 하느님의 말씀이 우리의 궁핍한 세상과 관련되도록 무엇을 할 수 있습니까?

10. 십자가가 어떻게 내 자신의 삶에서 더 중심적이고 중요해질 수 있습니까?

기도하기

예수님의 십자가에서 하느님의 말씀을 들었기 때문에 나와 다른 교우들이 지역사회에 변화를 일으킬 수 있도록 기도합니다.

실천하기

복음은 예수님의 죽음이 지니는 뜻을 해석하지 않습니다. 하지만 성경의 다른 부분에서는 예수님 죽음의 의미를 다양하게 다음과 같이 강조를 합니다. (1) 그의 희생적 죽음에 대한 대속의 성격(이사 52,13-53:12) (2) 우리의 정의가 아닌 하느님의 정의(로마 3,21-26) (3) 사탄 왕국의 멸망(콜로 2,15; 1요한 3,21-26) (4) 하느님과의 새로운 관계(로마 5,8-11; 1코린 5:15-19) (5) 부서진 자에 대한 죄의 힘, 확실한 승리(로마 6,5-11; 갈라 3,13-14; 히브 2,14-15; 1요한 1,7-9) (6) 하느님과 함께하는 영원이 보장됨(로마 5,6-11; 8,31-39).

예수님의 죽음에 대한 좋은 소식을 구도자에게 어떻게 설명할 것인지 생각해 봅니다. 루카 23,32-43 (또는 23,44-49)을 2코린 2 또는 8,9, 또는 티토 3,4-6과 같은 복음요약과 함께 결합합니다. 내가 배운 것을 나눌 기회를 찾아봅니다.

나 말씀묵상

• **예수 성심은 십자가의 주님 옆구리에서 흘러나온 피와 물, 성체성사의 영성:** 군사 하나가 십자가에 매달려 있는 예수님께 창으

로 그분의 옆구리, 예수성심을 찔렀다. 그러자 곧 피와 물이 흘러나왔다(요한 19,33). 요한복음은 주님의 첫 기적 카나혼인잔치에서 물을 포도주로 만들었다. 사랑의 성체성사에서는 그 포도주가 주님의 피가 되는 기적을 베푸셨다. 그 피가 오늘 복음에서 군사의 창에 찔린 예수성심의 옆구리에서 물과 함께 흘러나왔다고 증언한다. 이는 식탁의 성체성사가 아니라 온 인류를 위한 세상의 성체성사이다. 식탁의 성체성사에서 주님은 빵을 쪼개고 떼어 제자들에게 주시며 말씀하셨다. "받아먹어라. 이는 너희를 위하여 내어줄 내 몸이다. 쪼개진 몸. 받아 마셔라, 내 피의 잔... 너희와 모든 이를 위해 흘릴 피다." 성체성사는 당신의 몸을 '떼어 쪼개 주시는 사랑'이다. 모든 이를 위해 자신의 피를 '흘리는 사랑'이다. '쪼개고 흘리는 사랑'이 주님이 우리에게 주시는 성체성사의 사랑, 예수성심의 사랑이다. 그리스도의 전 생애를 한 마디로 말한다면 '십자가'이다. 그리스도께서는 그 고통 속에서 인간을 위한 진정한 하느님의 사랑과 희망을 보이셨다. 따라서 고통, 죽음, 아픔은 피해야할 적이 아니라 우리가 인생에서 만나는 삶이다.

• **예수 성심은 고통의 십자가이고 동시에 사랑의 표지, 겸손과 섬김, 사랑:** 그리스도의 십자가는 고통이면서 동시에 사랑의 표지이다. 그런데 인간이 고통 속에서 사랑을 발견하기란 쉽지 않다.

하지만 우리는 십자가를 통해 이 두 가지, 고통과 사랑의 상태를 유일하게 살아가신 예수님으로부터 성심을 배워야한다. 십자가의 본질을 체험하는 길은 오직 예수성심처럼 하느님 사랑 안에서 사람을 사랑하는 것이다. 예수성심의 사랑, 곧 십자가의 사랑을 살아간 성인들, 이태석 신부, 마더 데레사, 한국의 순교자들, 김대건, 최양업 신부 등이 계시다. 그리고 메르스 감염자를 성실하게 진료하는 의료진, 의사, 간호사를... 그들도 예수성심, 하느님 아들의 십자가를 기꺼이 짊어 질 수 있었다. "이스라엘이 아이였을 때 나는 그를 사랑하여, 나의 아들을 이집트에서 불러내었다."(호세 11,1) "나는 인정의 끈으로, 사랑의 줄로 그들을 끌어당겼으며... 내 마음이 미어지고, 연민이 북받쳐 오른다. 나는 ...내 분노대로 행동하지 않고, '거룩한 이'분노를 터뜨리며 너에게 다가가지 않으리라."(호세11,4-9) "아버지께서 당신의 풍성한 영광에 따라 성령을 통하여 여러분의 내적 인간이 당신 힘으로 굳세어지게 하시고, 여러분의 믿음을 통하여 그리스도께서 여러분의 마음 안에 사시게 하시며, 여러분이 사랑에 뿌리를 내리고 그것을 기초로 삼게 하시기를 빕니다."(에페 3,16-17) "인간의 지각을 뛰어넘는 그리스도의 사랑을 알게 해주시기를 빕니다."(에페 3,19)

돈보스코 성인의 예방교육 체크하기

✓ 자녀들을 알아주기:

✓ 자녀들을 믿어주기:

✓ 자녀들을 사랑하기:

26. 빈 무덤에서 하느님의 말씀
(루카 24장)

어떻게 그리스도교를 망하게 할 수 있습니까? 예수님의 부활을 설명합니다. 예를 들면, 무덤에서 매우 감정적인 여성이 속았다고 말할 수 있습니다. 또는 그들이 다른 무덤에 갔다고 논쟁할 수 있습니다. 혹은 제자들의 목격을 그들이 환각 상태에 있었다고 말함으로써 기각 할 수 있습니다. 다른 모든 것이 실패하면 부활이 육체적인 것이 아니라 영적인 것이라고 주장할 수 있습니다. 첫 번째 부활절부터 지금까지 교회의 지도자들은 역사적인 사실을 지우려고 시도했습니다(마태 28,11-15). 그러나 어느 것도 성공하지 못했습니다. 빈 무덤을 또 어떻게 설명하겠습니까?

• **그룹 나눔** 부활절과 성탄절 중 어떤 것을 더 기념합니까? 왜입니까?

• **개인 성찰** 부활절을 어떻게 기념했습니까? 특별했습니까? 아니면 그냥 휴일이었습니까? 루카 24장을 읽습니다.

가 질문과 나눔

1. 1-12절에서 무덤에 간 여성들은 십자가와 빈 무덤 사이의 개인적인 연결고리입니다(23,55-56). 내가 들떠서 제자들에게 빈 무덤을 설명하는 그들 중 한명이라고 가정합니다. 그들이 “말도 안 돼! 당신 미쳤어?”하고 반응한다면 기분이 어떻겠습니까?

2. 내가 만약 무덤으로 달려간 베드로라면(12절), 무엇을 생각하고 느낄까요?

3. 13-35절에서, 두 제자들은 어떤 사람들로 보여 집니까?

4. 낯선 사람의 접근과 그들과의 대화와 관련해서 나를 놀라게 하는 것은 무엇입니까?(12-27절)

5. 예수님은 제자들이 메시아의 수난에 대한 성경(진정한 의미)을 받아들이지 못하고 실망하는 원인을 꾸짖으십니다(25절). 마지막으로 성경의 주요 사건이나 가르침에 대해서 나의 견해를 바꿔야 하는 도전을 받은 때를 설명합니다.

6. 24,36-53을 구도자로서 바라보고 예수님의 부활에 대한 사실들을 진지하게 검토합니다. 어떤 사실이나 의미가 나를 흥미롭게 합니까?

혹은 혼란스럽게 합니까?

7. 예수님께서는 3년 정도 제자들이 그분의 세상에서의 임무를 계속하도록 준비시키셨습니다. 그분은 이제 체계적이고 깊이 있는 성경 이해를 강조함으로써 이 훈련을 절정에 이르게 하십니다(25-27. 32. 44-47절). 나의 삶과 증거에서 이 중요성을 어떻게 입증할 수 있습니까?

8. 49절은 요한복음 14,16과 사도행전 1,4-5에 설명되어 있습니다. 선교를 위해 우리는 성경공부와 성령이 모두 필요합니다. 내가 한쪽은 강하고 다른 한쪽은 약하면 어떻게 될까요?

9. 나의 예수님 공부- 그분의 사람들과의 삶, 죄인으로서의 죽음, 그분의 부활을 성찰해 봅니다. 예수님을 증언하는 나의 구체적인 동기(계기)는 무엇입니까?(48절)

10. 새 희망과 새 기쁨에 대한 예수님의 메시지를 어떻게 공동체에 전할 수 있습니까?

기도하기

예수님의 부활을 위해 천사들과 함께 하느님을 찬양합니다. 나와 나의 교회에 있는 그분의 새 생명이 나의 삶에서 퍼져 나가도록 기도합니다.

실천하기

1코린 15장에서, 그리스도 교회의 존재 자체와 우리의 개인적인 부활에 대한 예수님 부활의 보편적 의미에 대한 바오로의 고전적인 변증을 검토합니다. 로마 6,5-14; 필리 3,10-11; 1테살 4,13-17도 봅니다.

예수님의 부활은 추종자들에 대한 그분의 위임과 분리될 수 없습니다. 모든 그리스도교인은 궁극적으로 최초의 그리스도교인과 마찬가지로 예수님 부활의 사실과 의미를 잘 알고 있어야 합니다. 이것은 열두 사도의 설교, 가르침, 치유 및 기타 사역에 대한 믿음의 기반이었습니다(사도 2,24-26; 3,15-16; 4,2, 10-12, 33등). 이것은 사도 바오로에게도 마찬가지였습니다(사도 1,29-35; 17,18. 31-32; 23,6; 24:15, 21).

예수님의 부활은 그분이 희망과 기쁨의 왕이심을 증명하고, 하느님과 함께 하는 영원한 생명의 유일한 희망을 보증하시며, 세상에 그분의 증인이 되라고 촉구합니다. 얼마나 기쁩니까!

나 말씀묵상

루카 24,5-7: 우리는 사순시기 동안 악/죄를 끊어버리고 회개와 보속의 삶을 살았다. 그러면 악/죄란 무엇일까? 하느님의 자비로부터 도망가는 것이다. 하지만 하느님께서 초대하신 영생으로 들어가기 위해서는 회개와 보속을 통해 나의 죄와 함께 죽는 것으로 불충분하다. 무엇이 필요할까? 그리스도와 함께 죽는 것이 필요하다. 그분과 함께 죽는 것이란 대체 무엇일까? 그 의미를 곰곰이 묵상하시길 초대한다. 예수께서는 오후 3시경 십자가에서 돌아가셨다. 부활은 주일 아침 새벽에 발현하셨다. 새 주간의 시작에 구원역사의 새로운 때가 시작한 것이다. 그 첫날 아침 새벽에 여인들은 준비한 향료를 가지고 무덤으로 갔다. 가보니 예수님의 시신이 없었다. 여자들이 당황하자, 눈부시게 차려 입은 남자 둘이 나타나 "어찌하여 살아 계신 분을 죽은 이들 가운데서 찾고 있느냐? 그분께서는 ... 되살아나셨다. 그분께서 갈릴래아에 계실 때 너희에게 무엇이라고 말씀하셨는지 기억해보아라. 사람의 아들은 죄인들의 손에 넘겨져 십자가에 못 박히셨다가 사흘 만에 다시 살아나셔야 한다고 말씀하셨다."

"그러자 여자들은 예수님의 말씀을 기억해 내었다. 그리고 무덤에서 돌아와 열한 제자와 그 밖의 모든 이에게 이 일을 알렸다."(루카 24,8-9) 그런데 사도들에게는 헛소리처럼 여겨졌다. 사도들은 그 여자들의 말을 믿지 않았다. 하지만 사도들과 다른 태도를 취한 베드로는 무덤에 가서 들여다보았다. "그는 일어난 일을 속으로 놀라워하며 돌아갔다."(루카 24,11-12)

예수께서는 십자가 죽음으로 성금요일에 저승인 죽음의 세계에 내려가셨다. 그렇게 그리스도의 죽음이 인간들의 죽음을 이겼다. 부활성야의 이 전례가 오늘날 전 세계에서 교회라는 상징과 참 모습을 드러낸다. 우리는 모두 죽어야 하고, 현 세상과 작별을 고해야 하지만, 영적으로는 우리가 이미 세례 때 성사의 신비 안에서 죽었다. 우리는 하느님의 아들로서 물에서 다시 일어났다.

이제 우리 육신의 죽음이 오는 그 순간, 우리가 세례 때 이미 태어나 살았던 것을 다시 취하는 이 신비가 눈에 보이며 완성될 것이다. 자! 우리 성금요일이 부활주일과 만난 것이다. 그리스도의 죽음이 우리의 죽음을 이기시고 살리셨다.

엠마오로 가는 제자들에게 발현(루카 24,13-35). "안식일 다음날 제자들 가운데 두 사람이 예루살렘에서... 엠마오라는 마을로 가고 있었다.(루카 24,13): 팔레스타인에 두 개의 엠마오 마을이 있다. 제자들이 어느 곳 엠마오로 갔는지는 모른다. 분명한 것은 제자들은 예수살렘에서 멀어지면 멀어질수록 만족한 듯하다. 그렇게 낙향하는 제자들은 자기들끼리 이야기하지 누구하고도 말을 하지 않고 침묵하며 내려가고 있다. 그들은 그동안 공들어 쌓아 왔던 삶이 한 순간에 무너진 꼴로 떠나가고 있다. 심리적으로 공허하고 비탄에 차 있으며 실망이 역력한 듯 보인다.

성경 전체에 걸쳐 당신에 관한 기록들을 그들에게 설명해 주셨다.(루카 24,27): 아우구스티노 성인은 특별한 경험을 살았다. 깊은 위기 동안 분명히 할 수 없는 것은 마음의 생각들이다. 그때 그는 '목소리로 느끼시오' "성경을 손에 쥐고 읽어라" 하는 음성을 들었다. 성예로니모 성인역시 어려운 순간을 살았다. 많은 유혹 속에서 괴로웠다. 세상에서 도피하는 것은 도움이 되지 않았다. 그러나 성경을 읽으면서 많은 것을 위로받았고, 삶을 이야기하는 참 경험을 만났다. 오리게네스는 다음과 같이 그 이유를 설명한다. 성경은 하느님 말씀을 포함하고 있다. 그 말씀은 우리 영곧 정신과 마음을 창조하였고, 생각과 의식 안에서 말씀하고 있다. 성경을 읽을 때 우리는 정신과 함께 하느님을 닮아 서로 친근감을 느낀다. 드디어 역전이 일어났다. 엠마오 길을 가던 제자들이 경험한 것은 실망과 허탈함이 더 이상 아니다. 각자의 경험에서 우러난 삶이 성경에 투사되어 이제 기쁨, 슬픔이 하나가 된다. 이 조화 속에서 정신과 성경은 참 현실을 알도록 가르친다.

"그것을 떼어 그들에게 나누어 주셨다. 그러자 그들의 눈이 열려 예수님을 알아보았다."(루카 24,30-31): 구약에서 하찮은 떨기나무에도 하느님의 불길, 성령의 불이 따 올랐는데 제자들도 성경 말씀을 들으면서 그들 마음이 뜨거워졌다. 성령의 감도로 말씀이 그들 마음을 불살랐고 그 말씀과 그들의 희망 사이에서 친근감을 느꼈기 때문이다. 빵을 떼어 쪼갤 때 그리스도를 알아보았다. 예수님은 우리 마음과 좋은 호흡 속에 말씀과 성체로 살아계신다. 예수님은 성경과 성체 속에서 말씀하시며, 우리는 교회의 미사성제에서 주님의 인격을 만난다.

사도들에게 발현하신 예수님(루카 24,35-48). "그들은 너무나 무섭고 두려워 유령을 보는 줄로 생각하였다."(루카 24,37): 왜 사람들은 유령들을 두려워하는가? 사도들도 예수님을 그렇게 보았다. 아는 자, 사랑하던 자인데 그들은 왜 무서워할까? 유령으로 보았기 때문이다. 왜 그럴까? 대답은 어렵지 않다. 유령으로 불리는 존재들은 이세상의 현실이 아니기 때문이다. 우리와 함께 살던 누군가가 죽어서 지금은 더 이상 우리와 함께 있지 않는데... 우리 삶에 나타났다. 유령에 대해 서양과 한국의 생각은 매우 다르다. 서양에서 유령은 죽음과 악을 옮기는 전염성이 그 중심에 있다. 그러나 한국 귀신으로 표현되는 유령은 오히려 불쌍하고 억울하게 생을 마감한 존재들이다. 그러면 왜 한국 유령이 사람을 죽이는가? 그것은 귀신이 그러는 것이 아니라, 사람 스스로 놀래서 죽는 것이다. 실은 유령도 하루속히 자기 자리로 가고 싶어 떠돌고 있다. 하여간 오늘 유령을 서양의 자리로 볼 때 사람들의 이미지 안에서 유령들은 숲들, 늪지, 마법의 성들 안에서 숨어있다. 그들은 죽음의 나라에서 살아있는 사람들을 자신의 나라로 끌어들이고 악의를 모두에게 전염시킨다. 그런데 부활하신 그리스도께서 원하시는 바는 사도들이 영광된 부활하신 그리스도의 몸을 만지고 그것으로 양육되는 것이다. "그들에게 손과 발을 보여주셨다." 제자들은 너무 기쁜 나머지 아직도 믿지 못하고 놀라워하는데 예수님께서는 "여기 먹을 것이 좀 있느냐?" 하시며 구운 물고기 한 토막을 제자들 앞에서 잡수셨다. 마치 제자들에게 신뢰를 안겨주기 위하신 듯, 영광된 부활하신 몸은 보통의 인간들처럼 배고픔을 말씀하신다. 부활하신 그리스도께서 사도들에게 확신을 주시는 드라마 주인공 같다. 분명 그리스도의 부활은 사도들이 죽음과 함께 중단된 모든 상태 곧 삶, 구체적 현실, 관계들이 즉시 회복되는 것이다. 본래 삶의 형태로 돌이키는 것이다. 예수님은 이제 사도들에게 당신이 죽음의 나라를 물리친 그 능력을 넘기신다.

"너희는 이 일의 증인이다."(루카 24,48): 사도는 누구일까? 죽은 이들로부터 예수님이 부활하셨다고 신앙을 증거하고, 그 선포 중심에 서 있는 자들이다. "예수님을 하느님께서 다시 살리셨고 우리는 모두 그 증인이다(사도 2,32). 증인은 그리스어 martyrs 순교자다. 그리스도를 위해 죽음을 수락한 자가 순교자이다. 증인, 순교자는 삶의 더욱 중요한 의미와 원리를 생각하게 한다. 순교자들은 그리스도를 위해 죽지만 삶을 부수지는 않는다. 지상에서 그리스도 재림의 신앙을 믿으며 주님을 기다리며 함께 하는 신앙인이다. 순교자들은 "그리스도께서 우리 안에 살아계십니다. 왜냐하면 우리에게 그분의 영을 주셨기 때문입니다."라고 말한다.

"그러니 보라, 내 아버지께서 약속하신 분을 내가 너희에게 보내 주겠다. 그러니 너희는 높은 데에서 오는 힘을 입을 때까지 예루살렘에 머물러 있어라."(루카 24,49): 예수께서는 사도들에게 그저 증인이 될 것만을 주장하지 않았다. 사도들은 예수님이 죽은 자들로부터 부활하고 살아있다고 전 세계에 증거 하였다. 그 증인들은 지금 어디에 살아계실까? 그리스도가 우리 안에 살아 계신다. 그의 영을 우리에게 주셨기 때문이다. 사도신경에서 영은 생명을 주는 살아 있는 속성을 지닌다. 그리스도께서 부활하셨다. 아버지와 성령께서 함께 하나이기 때문이다. 그리스도인은 그리스도와 아버지와 하나가 되도록 생명 자체를 수락한다. 그들도 죽은 이들로부터 부활하려는 안전을 취한다. 약속하신 성령을 보내주신다. 그러므로 우리는 부활의 증인이 된다. 그것은 우리 안에 그리스도가 사시기 때문이다 . 왜냐하면 성령께서 주셨기 때문이다. 영은 어원이 '숨 쉬다. 호흡하다'이다. 이것은 친밀한 관계를 지닌다. 숨을 쉬는 자는 살아있다. 그러므로 성령은 하느님의 숨이다. 유령은 죽은 나라로 살아 있는 자를 끌어들이지만, 반대로 하느님의 영은 단절하지 않고 삶과 영생 안으로 우리를 인도하신다.

부활하신 주님의 승천(루카 24,46-53): 초대 교회 특히 예루살렘 모교회는 신앙적으로 신약성서 본문을 따른다. 예루살렘 모교회가 잘 알고 있었던 것은 부활, 성령 강림이 사실 오십 일간(7×7+1) 은총의 기쁨의 날이었다는 것이다. 오늘 복음은 부활이 지금 주님의 현실적 삶에 대해 처해진 설명을 제시하고 있다. 주님 말씀들은 구원의 원천적 선포 케리그마의 세 부분, 약속으로서의 구약, 실현으로서의 부활, 궁극적 완성으로서의 성령을 취하고 있다. 성서가 미래에 선포하는 것은 영광 받는 왕, 메시아는 고난 받는 종이어야 했다는 것이다(24,26.44). 비록 이것이 명백하게 스캔들을 일으키고 충격을 주지만 그 안에서 그리스도는 스스로 당신 동시대 사람들을 위해 전대미문, 즉 전례에 없는 총체적인 비교와 대조에 직면했다. 그러나 결론은 아직 들어보지 못했다. 사흘 만에 다시 살아난다는(46절; 1코린 15,3-4) 이 선포는 가려져 있지만 밀봉된 것은 아니다. 미리 선포된 말씀은 메시아-종의 이름으로 모든 이방 국가에 회개와 죄의 용서에 대해 논쟁하는 것이었다(사도 5,31;1,8). 회개와 용서는 예수님의 복음이 제자들에 의해 선포되고 이방인들이 그것을 청취한 열매이다. 이제 모든 이방 나라에 제자들이 파견되는 것이 그들의 사명으로 이해된다(마태 28,19). 더구나 마르코 복음은 그것을 모든 창조세계로 확대하고 있다(마르 16,5). 모든 민족들에게 기다림이지만, 이 선포는 오직 하느님의 구원경륜(계획)에 따라 이스라엘 이후 결국 상징적으로 일어난다. 아브라함의 부르심에서부터 시작하여(창세 12,3), 시편(21,28), 예언서(이사 2,2; 49,6; 호세 2,22; 말라 1,11) 결국 예루살렘 또 다시 시작한다(47절). 루카는 주님 그리스도의 행적과 업적으로 밀접히 연결하고 있다(사도 10,37). 예수님은 예루살렘에서 하늘로 오르시고, 성령의 은혜는 모든 사람에게 예루살렘으로부터 내리신다. 주님은 지금 제자들을 모든 것의 증인으로서 구성하신다. 그런 특별한 권한과 권리와 의무는 독점적으로 그들에게 기다려진다. 왜냐하면 그 제자들은 주님과 함께 먹었고, 마셨으며(사도 1,4.8;10,4) 그분과 함께 늘 있었기 때문이다(사도 1,21-22.32). 그들은 그것을 사실적으로 선포하였고(사도 2,32) 그 분에 의해 증인(48절)으로서 파견되었다(10,39). 이제 커다란 선포가 이루어진다. 제자들에게 부활 자체가 그 같은 능력이 부여될 수 있기 위해서 아버지의 약속은 그들 위에 총체적 소유의 징표로서 드러난다. 동시에 영의 힘은 함께 머무는 조건에서 높은 곳에서 아버지로부터만 오시어 다시 취해진다(49절). 주님은 마지막 행동을 당혹하며 단순하게 표현하신다. 그들을 베타니아로 인도하신 후, 마치 새롭게 묘사되듯(사도 1,12) 거룩한 손을 들어 올리시어 사제 모습으로 그들을 축복하신다. "축복은 축복자 위에 돌아오고 그 분과 축복된 자들을 하나 되게 한다." 이것이 사제의 축성이고 영원한 대사제에 일치하는 것이다. 이제부터 제자들은 하느님 최고의 행동과 성령을 선물하며 그들의 축복된 손들로 그들 하느님과 주님과 함께 거룩한 백성을 일치와 친교 안에 모으고 있다(50절). 주님은 이제 마치 영원한 당신 거처인 아버지의 신적 영역을 향해 높은 곳으로 옮겨가야 하므로 출발한다(51절; 마르 16,19; 사도 1,9-10). 이제 부활은 영원히 우리를 위해 살아있고 중개하기 위해 하느님의 오른편에 좌정하시는 영광과 고양의 순간이다(히브 7,25). 예수님 탄생 때 착한 목동들처럼 제자들은 그분을 경배한다(마태 28,9.17). 목동들처럼 큰 기쁨으로 예루살렘에 돌아가 하느님 파견에 순명한다(52절; 요한 14,28;16,22). 이제부터 제자들은 하느님 영광의 성전에 항상 머물러 있다(사도 2,46; 31,21.42). 그들의 영원한 행동은 이제 하느님을 경배하고 축복하며 그들 자신이 새로운 성전으로 변화된다(53절). 영광스러운 승천은 바오로에 의해 명확하게 된다(에페 1,15-23). 승천과 함께 하늘과 땅도 부활의 모든 것인 하느님 영광으로 가득 찬다. 이제 제자들은 신비적 생명, 신적 모든 거행 안에서 당신 영광의 하늘과 땅으로 가득 차 노래한다. 그런 영광이 사람들 위에 내려오는 그 사건이 바로 부활과 승천의 유일한 사건으로써 성령강림이 이루어지고 있다. 하느님의 영광과 성령은 주님의 제자 공동체 안에 늘 함께 거처하신다. 여기서 하느님의 사명을 위해 세상에 더 가까이 간다.

돈보스코 성인의 예방교육 체크하기

✓ 자녀들을 알아주기:

✓ 자녀들을 믿어주기:

✓ 자녀들을 사랑하기:

에필로그 루카복음의 이해

오늘날에도 많은 사람들이 예수 그리스도를 알지 못합니다. 만민 선교는 여전히 가장 시급한 과제이며, 우리도 참여하도록 부르심을 받고 있습니다. 교회는 그 본성상 선교적이기 때문이며, 태생적으로 '밖으로 나아가게' 되어 있습니다. 지금은 구체적인 연대 활동에 전념하는 탁월한 시기이고, 은총과 기쁨의 기념일입니다.

1. 루카 복음사가는 주님께서 일흔두 명의 제자들을 둘씩 짝을 지어 모든 고을과 고장으로 보내시며 하느님의 나라가 가까이 왔다고 선포하게 하시고 예수님을 만나 뵙도록 준비시켰다고 전합니다. "그때에 예수님께서 성령 안에서 즐거워하며 말씀하셨다. '아버지, …… 아버지께 감사를 드립니다.' 그리고 예수님께서는 돌아서서 제자들에게 따로 이르셨다. '너희가 보는 것을 보는 눈은 행복하다.'"(루카 10,20-21.23) 루카 복음에서 예수님께서는 제자들에게 말씀하시고, 이어서 아버지께 말씀드리신 다음, 다시 제자들에게 말씀하십니다.

2. 제자들은 기쁨에 가득 차 있었고, 사람들을 마귀에게서 벗어나게 하는 권한을 지니게 되어 매우 신나하였습니다. 그러나 예

수님께서는 제자들에게 그들이 받은 권한을 두고 기뻐하지 말고 그들이 받은 사랑에 기뻐하라고 당부하시며 이렇게 말씀하십니다. "너희 이름이 하늘에 기록된 것을 기뻐하여라."(루카 10,20).

3. "그렇습니다, 아버지! 아버지의 선하신 뜻이 이렇게 이루어졌습니다."(루카 10,21). 예수님의 이 말씀은 그분의 내적 환희를 드러내는 것으로 이해되어야 합니다. 루카 복음사가는 성모님의 환희가 이와 비슷하다고 말합니다. "내 영혼이 주님을 찬송하고 내 마음이 나의 구원자 하느님 안에서 기뻐 뛺니다."(루카 1,46-47). 이것이 바로 구원으로 이끄는 기쁜 소식입니다. 아버지께서는 기쁨의 샘이십니다. 이 기쁨을 아드님께서 드러내 보이시고 성령께서 그 기쁨에 생기를 북돋워주십니다. "복음의 기쁨은 예수님을 만나는 모든 이의 마음과 삶을 가득 채워 줍니다. 예수님께서 주시는 구원을 받아들이는 사람들은 죄와 슬픔, 내적 공허와 외로움에서 벗어나게 됩니다. 예수 그리스도와 함께 있는 기쁨이 끊임없이 새로 생겨납니다."(「복음의 기쁨」, 1항).

4. "오늘날 세상의 가장 큰 위험은 온갖 극심한 소비주의와 더불어 개인주의적 불행입니다. 이는 안이하고 탐욕스러운 마음과 피상적인 쾌락에 대한 집착과 고립된 정신에서 생겨나고 있습니다."(「복음의 기쁨」, 2항). 이 때문에 더욱 인류는 그리스도께서 가져다주신 구원의 샘물을 길어 올려야 합니다. 주교들은 이 선포

의 첫째가는 책임자로서 선교 노력을 기울이는 가운데 지역 교회의 일치를 촉진해야 하는 의무가 있습니다. 주교들은 예수 그리스도를 전하는 기쁨이 지리적으로 가장 먼 곳에까지 그분을 선포하려는 관심으로 표현되도록 배려해야 합니다. 그러나 이에 못지않게 주교들은 그들 지역에서 이 메시지를 기다리고 있는 가난한 이들이 매우 많은 변두리로 끊임없이 나아가는 것으로도 이 기쁨이 표현되어야 한다는 것을 알아야 합니다. 많은 지역에서 사제직과 봉헌 생활에 대한 성소가 부족합니다. 이는 흔히 공동체 안에 강렬한 사도적 열정이 없어서 매력이 사라져버리기 때문입니다. 복음의 기쁨은 그리스도와의 만남과 가난한 이들과의 나눔에서 생겨납니다. 따라서 저는 본당 공동체와 협의회와 단체들이 예수님의 사랑에 바탕을 두고 가장 궁핍한 이들의 필요에 관심을 갖는 뜨거운 형제적 삶을 살아갈 것을 권고합니다. 기쁨이 있는 곳에서 그리스도를 다른 이들에게 전하는 열정과 갈망이, 곧 참다운 성소들이 솟아납니다. 이 가운데 우리는 평신도의 선교 성소를 소홀히 여기지 말아야 합니다. 교회 안에서 평신도의 신분과 사명에 대한 의식이 커졌고, 이와 함께 복음 전파에서 평신도가 한층 더 중요한 역할을 맡도록 부름 받고 있다는 인식 또한 확산되고 있습니다. 따라서 평신도는 효과적인 사도 활동을 위하여 적절한 양성을 받을 필요가 있습니다.

이 책 [천상 순례자가 만난 예수 루카복음][1)]의 구성 곧 그룹 나눔, 개인 성찰, 물음과 나눔, 기도하기, 실천하기, 말씀 묵상을 통해서 각자가 예수 그리스도를 영적으로 만나는데 도움이 되기를 기도드립니다.

충남 태안 천주교회에서

곽 승 룡 비오 신부

---

1) 직접 참고문헌 공동번역 성경, 한국 성서공회, 1999. 성경, 한국 천주교 주교회의, 2006년. Tomas Spidlik, Il Vangelo di ogni giorno, Riflessioni sul vangelo, vol I-IV, Centro Aletti, Pontificio Istituto Orientale, 2004. T. Federici, I Commenti del vangelo, vol. I-III, PUU, 1995. 루크 티머시 존스 지음, 루카복음서, 다니엘 해링턴 편집, 조장윤 옮김, Sacra Pagina, 성경 연구 시리즈 제2권, 대전가톨릭대학교 출판부, 2017년. 존 도나휴, 다니엘 해링턴, 마르코복음서, 다니엘 해링턴 편집, 조장윤 옮김, Sacra Pagina, 성경 연구 시리즈 제2권, 대전가톨릭대학교 출판부, 2017년. 프랜시스 J. 몰로니 지음, 요한복음서, 다니엘 해링턴 편집 조장윤 옮김, Sacra Pagina, 성경 연구 시리즈 제4권, 대전가톨릭대학교 출판부, 2019년. David Jeremiah, MARK, The Messiah in Action, Jeremiah Bible Study Series, Pub. Thomas Nelson Since 1798, 2019. James Hoover, Mark, Follow Me, Life Guide Bible Studies, IVP Connect, 1999.

간접 참고 문헌 베네딕토 16세 교황, 나자렛 예수 I, II, 유년기, 바오로 딸 2003. M. 세렌타, 어제도 오늘 항상 계실 예수 그리스도, 곽승룡 역, 대전가톨릭대학교 출판부 1998. W. 카스퍼, 예수 그리스도, 박상래 역, 분도출판사 1984. R. 슈낙켄부르크, 복음서의 예수 그리스도, 분도출판사 1997. 곽승룡, 복을 부르는 마음, 마음나무 2009. 곽승룡, 뒤통수가 멋진 사람, 마음나무 2012.

천국을 향하는 순례자가 만난 예수!

루카복음

교회인가 | 2023년 6월 8일(서울대교구)
초판 1쇄 | 2023년 6월 20일

지 은 이 | 곽승룡
펴 낸 이 | 전갑수
펴 낸 곳 | 기쁜소식
등 록 일 | 1989년 12월 8일
등록번호 | 제1-983호

02880 서울 성북구 성북로5길 44(성북동1가)
☎ 02·762·1194-5 FAX 02·741·7673
E-mail : goodnews1989@hanmail.net

가격 30,000원

ISBN 978-89-6661-287-1 03230